Heibonsha Library

平安貴族

平凡社ライブラリー

Heibonsha Library

平安貴族

橋本義彦

平凡社

本著作は一九八六年八月に平凡社より刊行されたものです。

目次

源氏物語の舞台

賜姓源氏の登場

『源氏物語』の舞台で活躍したのは、言うまでもなく宮廷の貴族である。彼らは、我が国に律令制度が導入され、大和朝廷を支えた畿内豪族が律令官僚に組み変えられる過程で、次第に成長した官僚貴族である。

律令官人社会は、正一位から少初位下《しょうそいのげ》まで三十階に及ぶ位階によって秩序づけられているが、そのうち三位《さんみ》以上は「貴《き》」、四、五位は「通貴」と言われ、俸禄や給与の面でとくに厚い待遇を受け、法律の適用でも特別の考慮が払われた。

しかもこの「貴」とか「通貴」とかいう言葉は、本来、個人に適用されたものであるが、一面、蔭位《おんい》の制度によって、三位以上＝「貴」の子と孫、及び四、五位＝「通貴」の子は、父祖と同じ地位に上りやすいように仕組まれていた。それを規定した選叙令《せんじょりょう》の条文によると、一位の嫡子が仕官する際は、最初から従五位下《じゅごいのげ》、嫡孫の場合は正六位上に叙され、以下、二位・三位の子と孫は六位から七位の位階を、四位・五位の子も七位から八位の位階を授けられた。

これに対して、蔭位の恩恵に浴さない者は、大学の課程を終え、官吏登用試験に合格して仕官した場合、最高の成績でも正八位上に叙されるにすぎなかった。しかも、初叙の年限も二十五歳以上とされ、蔭《おん》子孫のそれが二十一歳以上であるのに対して大きく格差がつけられていた。

(1) 位階に伴う俸禄

位階＼俸禄	位田（町）	位封（戸）	位禄 絁（疋）	位禄 綿（屯）	位禄 布（端）	位禄 庸布（常）	季禄 絁（疋）	季禄 綿（屯）	季禄 布（端）	季禄 鍬（口）
正一位	80	300					30	30	100	140
従一位	74	260					30	30	100	140
正二位	60	200					20	20	60	100
従二位	54	170					20	20	60	100
正三位	40	130					14	14	42	80
従三位	34	100					12	12	36	60
正四位	24		10	10	50	360	8	8	22	40
従四位	20		8	8	43	300	7	7	18	30
正五位上下	12		6	6	36	240	5	5	12	20
従五位上下	8		4	4	29	180	4	4	10	20
正六位上下							3	3	5	15
従六位上下							3	3	4	15
正七位上下							2	2	4	15
従七位上下							2	2	3	15
正八位上下							1	1	3	15
従八位上下							1	1	3	10
大初位上下							1	1	2	10
少初位上下							1	1	2	5

(2) 官職に伴う俸禄

官職＼俸禄	職田（町）	職封（戸）
太政大臣	40	3000
左大臣	30	2000
右大臣	30	2000
大納言	20	800
中納言		400
参議		80

(3) 蔭位と科挙出身との比較

授与される位階	蔭位（特権）			科挙（試験）			
	皇親	蔭子	蔭孫	秀才	明経	進士	明法
従四位下	親王の子						
従五位下	諸王の子 五世王	一位の嫡子					
正六位上	五世王の嫡子	一位の庶子	一位の嫡孫				
正六位下	五世王の庶子	二位の嫡子	一位の庶孫				
従六位上		二位の庶子 三位の嫡子	二位の嫡孫				
従六位下		三位の庶子	二位の庶孫 三位の嫡孫				
正七位上			三位の庶孫				
正七位下		正四位の嫡子					
従七位上		正四位の庶子 従四位の嫡子					
従七位下		従四位の庶子					
正八位上				上上第			
正八位下		正五位の嫡子		上中第	上上第		
従八位上		正五位の庶子 従五位の嫡子			上中第		
従八位下		従五位の庶子				甲第	
大初位上						乙第	甲第
大初位下							乙第

（俸禄表の説明）

1　この表は大宝令の規定を中心にして作成したが、その後いろいろな変遷がある。

2　参議以上の上級官僚は(1)(2)を併せて給与。

3　一般公民は生活を支える料として口分田（くぶんでん）2段を配分されたが、正一位の位田はその400倍。

4　位封・職封は、位階・官職に対して与えられる封戸。その戸が国に納めるべき租・庸・調を収得する。

5　絁（あしぎぬ）は普通のキヌ、綿はマユワタ、布はアサヌノ。

6　季禄は有位者で、出勤日数が半年に120日以上の者に春・夏の禄と秋・冬の禄として支給。表の数量は半年分。

7　(1)(2)表の外に、在京官人には月料として毎月米・塩等が支給される。

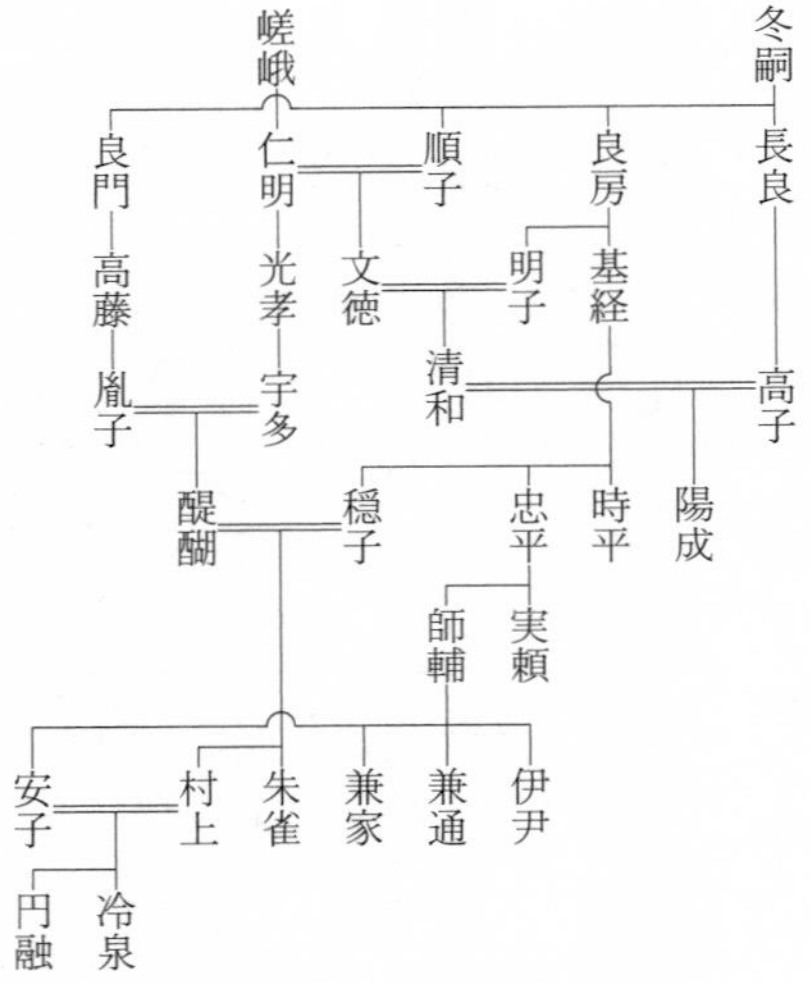

藤原氏の外戚関係

五位以上、つまり貴と通貴の子、あるいは孫が、官人社会に出身する際、いかに手厚い待遇を受けたかがよくわかる。そしてこの再生産の仕組みに支えられて、貴・通貴から貴族へと階級化の道を歩んだのである。

昭和二十二年まで存続した明治の華族制度でも、公・侯・伯・子・男、五爵の有爵者の嫡子または嫡孫は、二十歳の成年に達すると、すべて従五位に叙されることになっていたが、これももとをただせば、この蔭位制にたどりつくであろう。

こうして形成された官僚貴族のなかでも、藤原氏の擡頭は目ざましく、平安初期には、すでに他氏をしのぐ優位を公認されていた。桓武天皇の延暦十二年（七九三）に、

見任《げんにん》の大臣・良家の子・孫は、三世以下の王を娶《めと》ることを許せ。但し藤原氏は、累《るい》代相《あい》承け、政を摂《と》りて絶えず。此を以って之を論ずるに、等《とう》を同じくすべからず。殊に二世以下

の王を娶ることを聴《ゆる》せ。

との詔が下されたのはその一例である。継嗣令《けいしりょう》の、臣下は五世の女王を娶ることを許す、という規定を大幅に緩和した処置である。そのなかでも、とくに藤原氏は二世、つまり皇孫を娶ることも許されたわけである。しかも実際には、さらに一歩を進めて、間もなく藤原良房《よしふさ》は嵯峨天皇の皇女潔姫《きよひめ》を娶り、着々と外戚体制を築き上げていったのである。

そこに新たに登場したのが、いわゆる賜姓源氏《しせいげんじ》である。『源氏物語』の主人公が皇子に生まれ、臣籍にくだった賜姓源氏として設定されているのは周知のところであるが、皇子の賜姓は、延暦六年(七八七)光仁天皇の皇子諸勝《もろかつ》に広根朝臣《ひろねのあそん》の姓を賜わり、桓武天皇の皇子岡成《おかなり》に長岡《ながおか》朝臣の姓を賜わって、臣籍にくだしたのに始まるとされている。

しかし後世永く流例となった賜姓源氏は、弘仁五年(八一四)、臣籍にくだった嵯峨天皇の皇子四人・皇女四人に始まる。これに続いて、嵯峨・仁明・文徳・清和・陽成・光孝・宇多・醍醐各天皇の皇子女が源姓を賜わり、その数はほぼ百人に達した。さらに皇孫で源姓を賜わったものも数多く現われた。そして、「母氏過《あやま》ちあれば、その子源氏と為すを得ざれ」という嵯峨天皇の遺詔《ゆいしょう》により、源氏の姓は皇統につながる神聖なる姓と観念されるに至った。

ところで、皇子女に初めて源姓を与えた弘仁五年の詔には、「編して同籍と為し、公に従事せしめ、出身の初めは一に六位に叙せん」と見えている。しかしいま経歴の知り得る嵯峨源氏十三人について見ると、一、二の例外を除いて、みな四位から出身しており、これが後世まで一世ないし二世源氏の出身叙位の常例となった。選叙令の規定では、親王（令では天皇の兄弟及び皇子をいう）の子が父の蔭《おん》によって出身する時は、従四位下に叙されることになっているので、あるいはこの規定が一世ないし二世の源氏に準用されたのかも知れない。ともかく賜姓源氏は、その出自のゆえに、最高の「貴種」として特権的な優遇を与えられたのである。

しかし反面、その出自に依存する度合いが強ければ強いほど、その没落もまた早かった。嵯峨から光孝までの諸源氏では、公卿に列したものも多くは二代どまりで、その後は、急速に貴族社会から脱落していった。ただそれにもかかわらず、宇多・醍醐・村上の各源氏が長く貴族社会に踏み留まることができたのは、彼らが血の高貴にのみ頼らず、周囲の政治社会情勢に対応して独自の立場を築き上げたからである。それは一面では、体制固めに成功した摂関家が、自家に最高の「貴種」の血を取り入れようとして、盛んに源氏と婚姻関係を結んだことや、次の上皇政権が源氏を摂関勢力に対抗する社会的、政治的勢力として育成したことなどの外的条件に恵まれたからでもあるが、やはりこれらの源氏が積極的に摂関体制、あるいは院政体制に密着して、独自の政治的、社会的足場を固めることに成功したためにほかならない。

殿上人と受領

天皇	年次(西暦)	北家藤原氏 九条(師輔)流	北家藤原氏 小野宮(実頼)流	北家藤原氏 その他	北家以外の藤原氏	源氏 醍醐源氏	源氏 その他	その他の諸氏
冷泉	安和元(968)	2	3	5	0	4	2	2
円融	永観元(983)	6	2	5	0	4	2	2
花山	寛和元(985)	8	2	4	0	4	2	1
一条	寛弘七(1010)	13	4	2	1	2	2	1
三条	長和四(1015)	16	4	1	1	2	3	1
後一条	長元八(1035)	16	4	1	1	2	3	1
後朱雀	寛徳元(1044)	17	6	0	1	1	4	0
後冷泉	治暦三(1067)	12	4	3	0	3	5	0

摂関時代の公卿出身表

さて律令官人の貴族化が進むに伴い、次第に貴族内部の階層分化が表面化していった。

もともと三位以上を貴、四、五位を通貴と区別しているように、両者の間には待遇上いろいろ格差があった。また、三位以上は公卿とか上達部《かんだちめ》とか呼ばれ、これに若干の四位の参議を加えて太政官の最高幹部を構成していた。その数は、平安中・末期でも二十人から二十五人程度にすぎない。しかも『源氏物語』の生まれた時代には、その公卿がかなり限られた家系に集中している事実が上の公卿出身表に読みとることができる。ことに紫式部の活躍した一条ないし後一条朝では、藤原道長《みちなが》とその子弟を中心とする九条流出身者が全体の過半数を占めていること、藤原氏以外では、源氏だけが五人前後の公卿を擁していることなどが目につく。

一方、位階とか勲等とかいうものは、制定されてから時がたつにつれて、次第に値うちが下落するのはいつの時代も同じことである。平安時代も末期になると、田舎から「栄爵《えいしゃく》（従五位下）尋テ買ハムト思テ」（『今昔物語』）都にのぼってくる男も珍しくない世の中になった。こうして五位の関門も次第にくずれ、貴族のワク組みとしての位階の機能が低下するのと平行して、宮廷社会では新しい身分制が重んぜられるようになった。昇殿《しょうでん》の制がそれである。

昇殿とは、天皇の常御殿《つねごてん》である清涼殿《せいりょうでん》の殿上《てんじょう》の間《ま》に昇ることを許される資格である。公卿は原則として昇殿を許されたが、ほかに四位、五位の廷臣の中から選んでこの資格を与え、天皇に近侍させた。これを殿上人《てんじょうびと》と言い、また雲客《うんきゃく》とも、あるいは天皇の身辺の世話をする「女《にょう》房《ぼう》」に対して「男房《なんぼう》」とも言った。この制度は平安時代の中頃に起こり、人数には増減があったが、長治二年（一一〇五）の例では四十七人を数えている。そしてこの殿上人の上首が二人の蔵人頭《くろうどのとう》である。そのうち一人は近衛《このえ》の次将《じしょう》（中・少将）を兼ねる頭中《とうのちゅう》（少）将《じょう》、一人は弁官《べんかん》（太政官の事務官）を兼ねる頭弁《とうのべん》である場合が多いが、ことに頭中（少）将は上流貴族の子弟によって占められた。『源氏物語』に、光源氏のライバルとして頭中将が登場するのもこのためである。

こうして平安中・末期の貴族社会は、公卿と殿上人を中心として構成されたのであるが、この殿上人の一角に入り込み、特異な役割を果たしたのが受領《ずりょう》である。

受領とは、もともと官吏の交替事務に関する用語で、事務を引き継ぎ受領することを意味し、転じてその受領責任者を指す言葉となった。とくに交替事務の重視された地方官について多く用いられ、ついには専ら国司の官長の別称となった。その国司の交替においては、平安初期から次第に国務受領の責任が官長に集中し、掾《じょう》以下の任用《にんよう》国司はその責任を軽減された反面、官長つまり受領の属吏と化していった。すなわち守《かみ》—介《すけ》—掾《じょう》—目《さかん》の四等官より成る国司は、実質的に受領—任用の二段階に集約され、しかも両者の懸隔が時と共に大きくなっていったのである。そして任用の吏は、国司のワクから脱落していく一方、在地土豪が任用の吏に登用され、いわゆる在庁《ざいちょう》官人を形成した。

こうして一般に国務は在庁官人が国例によって取りしきり、受領はその上に乗って、財物の収奪に狂奔するだけであった。この実入りのよい受領の地位は、中央の要職からしめ出された中・下級貴族の争奪の的となった。しかし守が受領と呼ばれるようになっても、その地位が任期四年の官職で、その任免権が中央の上流貴族に握られていることには変わりがなかった。従って地方では中央の貴人と仰がれた彼らも、上流貴族の前では「あけくれひざまづきありく」(『かげろふ日記』)ものと見くだされ、その地位を保つためには、権門勢家《けんもんせいか》に明け暮れ奉仕せねばならなかった。

しかしその反面では、院宮権門も律令的封禄制度のくずれてゆくなかで、競って受領の財力を取り込むことに努めた。受領を院司・宮司あるいは家司《けいし》に任命して、家政の一端をになわせたのも、その有効な手段の一つである。そしてさらに、受領に昇殿を許し、あるいは内蔵頭《くらのかみ》に任じて、宮廷財政の重要な部分を請け負わせることすら慣例化したのである。

こうして受領の姿も、次第に宮廷社会においてクローズアップされるようになった。受領は、『源氏物語』に登場する空蟬《うつせみ》の夫伊予介、その子紀伊守、あるいは明石《あかし》の上《うえ》の父、前播磨守なる明石入道などのように、貴族社会の重要なわき役となったのである。

内裏と里第

平安貴族の活躍の舞台は、言うまでもなく平安京、なかんずく内裏《だいり》と貴族の第宅である。彼らはその第宅を、内裏に対照して里第《りてい》と言ったが、そこにも内裏を日常活動の中心にすえる、宮廷貴族としての姿勢を読みとることができる。

平安時代の初め、従来大極殿《だいごくでん》で行なわれた朝政が紫宸殿《ししんでん》で行なわれるようになった事実は、朝堂院《ちょうどういん》（宮城＝大内裏の正庁。大極殿を正殿とする）の機能が次第に内裏に移っていく傾向を象徴している。そして平安中期以降は、朝廷の恒例、臨時の儀式や政務の場も、多くは紫宸殿を中心とする内裏に移った。

もともと内裏は天皇の居住地域で、紫宸殿をその正殿とし、その北に接する仁寿殿《にんじゅでん》を平常の御在所として、その北に後宮諸殿舎を配置した。それが寛平・延喜のころから、清涼殿が多く天皇の御在所に用いられるようになった。その理由を推測すると、紫宸殿の公的な機能が増大したため、天皇の日常の御在所を紫宸殿に密接した位置から少し離れた位置へ移すことを意図したのではなかろうか。つまり宮城における朝堂院と内裏との位置関係の縮小版と言ってもよいであろう。

こうして平安中期以降、天皇の日常生活は清涼殿を中心にして営まれたので、清涼殿は『源氏物語』の主要な舞台の一つとなったのである。現在の京都御所の清涼殿は、安政元年（一八五四）焼亡のあとを受けて、その翌年造営されたものであるが、細部は別として、平安中・末期の清涼殿の大体はこれによって偲ぶことができる。

まず母屋《おもや》の中央に本座として御《み》帳台《ちょうだい》が据えられている。その前方、すなわち東廂《ひがしびさし》の中央に畳二枚を敷いて昼御座《ひのござ》と呼び、天皇の平常の御座所とした。その南には、床《ゆか》を

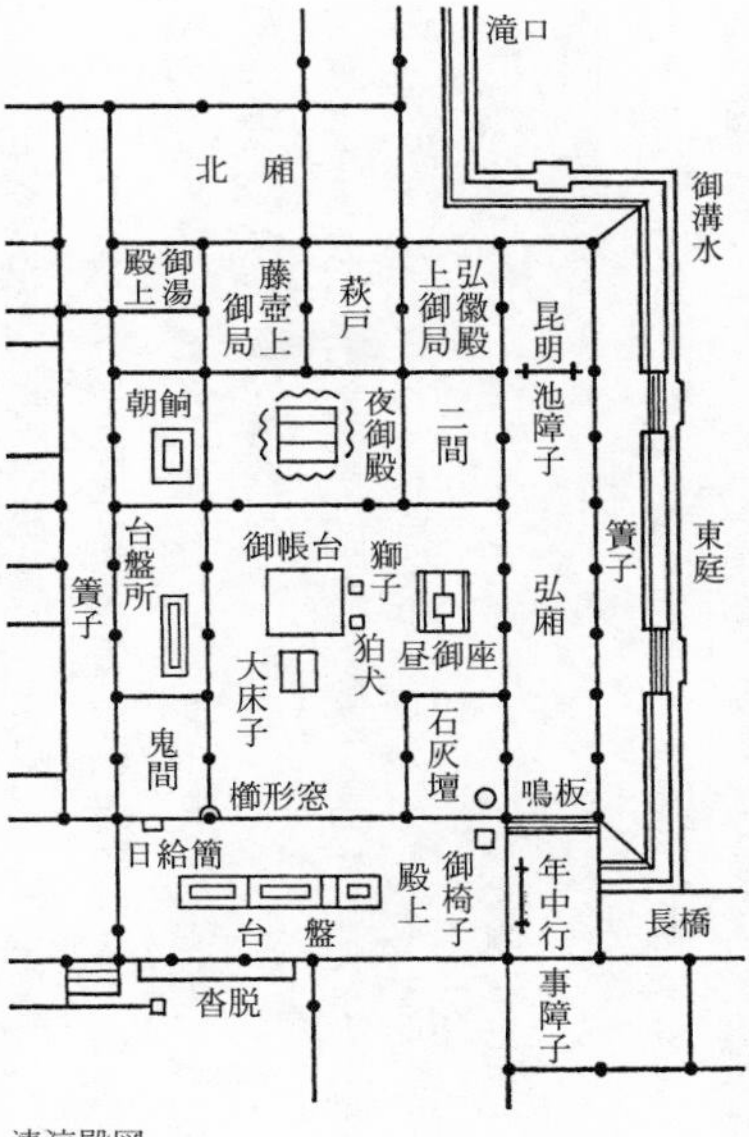

清涼殿図

漆喰《しっくい》で塗り固めた石灰壇《いしばいのだん》があり、天皇が神宮や賢所《かしこどころ》を遥拝した所である。地上に立って遥拝するのになぞらえたものという。東廂の東にはさらに弘廂《ひろびさし》（孫廂）が設けられ、その外側に簀子《すのこ》をめぐらしている。その外は言うまでもなく東庭《とうてい》である。日常の行事は、多くこの東廂から東庭にかけて繰り広げられたのである。

昼御座の北にあたる二間《ふたま》は夜御殿《よるのおとど》、つまり天皇の寝所の東隣になり、護持僧《ごじそう》（夜居僧《よいのそう》とも言う）が祈禱して聖体の安全を祈った所である。二間と夜御殿の北隣には、皇后や女御《にょうご》・更衣《こうい》が清涼殿に参上した時の控え室がある。その北側の北廂の外側、御溝水《みかわみず》の落ちる所を滝口《たきぐち》と言い、警固の侍を宿直させた。

西廂には、北から朝餉間《あさがれいのま》・台盤所《だいばんどころ》・鬼間《おにのま》が順次並んでいるが、これらはいわば勝手むきで、台盤所には女官が詰め、女房簡《にょうぼうのふだ》（女官の在籍簿）が置かれている。

南廂は殿上の間で、蔵人頭以下殿上人の詰所であり、殿上人の出勤簿の役も果たした日給《にっきゅう》簡《のかん》（ひだまいのふだ）が置かれている。その鬼間に接する北壁には半月形の窓があり、櫛形《くしがた》の窓と呼んでいるが、ここから女官がひそかに殿上の様子をのぞき見たという。また東壁の弘廂と接する所に小蔀《こじとみ》があり、一条天皇がここから殿上をのぞいて、藤原実方《さねかた》が藤原行成《ゆきなり》に乱暴しているのを見つけ、実方を陸奥守に左遷した、という話は有名である。

ところで現在の京都御所は、南北朝時代から里内裏《さとだいり》として定着した土御門東洞院殿《つちみかどひがしのとういんどの》の後身である。そして摂関時代には、内裏焼失が頻発したため、しばしば摂関や外戚の私第を仮皇居、すなわち里内裏とし、ついにはこの里内裏が大内《おおうち》の内裏にとって代わったように説くむきが多い。しかしこの説には、二つの面から疑問が持たれる。

第一は、この時代の天皇の仮皇居滞在期間である。冷泉天皇の践祚《せんそ》（九六七年）から後冷泉天皇の崩御（一〇六八年）までの約百年間について実際調べて見ると、それはせいぜい三十六年から三十八年にとどまるからである。

第二に、天徳四年（九六〇）、平安奠都《てんと》後に初めて内裏が焼亡して以来、仮皇居に使用されたものをおしなべて摂関などの私第とすることは穏当ではないからである。

それらの仮皇居はおおむね⑴後院《ごいん》（天皇の離宮の一種）、⑵臣下の私第、⑶里第皇居に色分けされる。まず平安初期に後院が設置されて以来、天皇が大内の内裏から遷御する場合は、第一に後院を用いることが定式とされた。実際、天徳四年の火災の際も、村上天皇は冷泉院《れいぜいいん》に遷御した。なお、冷泉院・朱雀院《すざくいん》は累代の後院と称して永く天皇または治世の上皇に伝領されたが、『源氏物語』に登場する天皇が朱雀院・冷泉院と称されているのは、天皇の御在所によって追号をつける慣例を背景として、この著名な後院の名称を借用したものであろう。⑵の例ももちろんあるが、多くは臨時的な使用にとどまり、しかも、その第の本主は他の場所に移り、決して天皇と同居するわけではないことを銘記しておく必要がある。

それに対して(3)は初めから皇居として造られたもので、そのため内裏の主要な規模が取り入れられることが多い。「いま内裏」と言われた一条院などはその早い例である。院政時代以降はいちだんとこの風潮が定着し、(2)を「臣下家」と言い、(3)を「里第皇居」と称して、明確に区別するようになった。この(3)の流れから、土御門烏丸《つちみかどからすまる》内裏・閑院《かんいん》内裏・富小路《とみのこうじ》内裏などが次々と造営され、前述の土御門東洞院内裏もその一つである。すなわち、(3)の里第皇居——大内に対する里第の皇居——こそ、名実ともに里内裏の語にふさわしいもので、里内裏を(2)に引きつけて解釈するのは穏当でない。もちろん、平安中・末期に、(2)の臣家の私第が内裏にとって代わったように解釈するのは正しくないであろう。

光源氏の六条院

さて当時の貴族の邸宅を寝殿造《しんでんづくり》と名付けたのは、江戸末期の国学者沢田名垂《さわだなたり》であるという。寝殿とは正殿の意味で、これを中心にして舎屋が配置されているところからこの名称が生まれた。

その標準的な形式を見ると、一町四方（一辺約一二〇メートル。約千五百坪）の敷地のやや北寄り中央に、南を向いて寝殿がある。屋根は檜《ひのき》の皮でふいた、いわゆる檜皮葺《ひわだぶき》である。寝殿の東西には東の対《たい》・西の対と呼ばれる別棟の舎屋がある。そこから南に中門廊がのびて寝殿の南庭を画《かく》し、その端に池に臨んで釣殿《つりどの》を設ける。寝殿の北側には北の対・東北の対・西北の対などが並び、さらにその北には下屋《しもや》と呼ばれる雑舎や蔵などがある。もっとも当時の寝殿造がみなこのような厳密な左右対称形とは限らず、東西の対や、釣殿の一方を欠いた場合も多く、ことに平安末期以降は簡略化の傾向が強まる。

寝殿は主人の居住する所で、また表向きの行事にも使われた。対屋《たいのや》は家族の居住にあてられたが、東西の対の一つは主人の用に供された。寝殿や対屋の内部の様子は、『源氏物語絵巻』などの絵巻物や、京都御所の紫・清両殿によって偲ぶことができる。屋内は厚さ一〇センチほどの板を敷きつめた板敷きで、必要な時と場所にだけ畳を置き、あるいは円座を用いた。柱は円柱で、母屋《おもや》の四面に廂《ひさし》の間があり、その外側は簀子《すのこ》(ぬれ縁《えん》)になり、高欄がめぐらされた。廂と簀子の境が長押《なげし》で、格子戸《こうしど》(蔀戸《しとみど》)がはめられた。

母屋はその舎屋の主人の居間兼寝所であるが、廂は母屋より明るく、風通しもよいので、平常の居間になったり、客間にも使われた。清涼殿の天皇の日常の御座が東廂に設けられたのもそのよい例である。しかし居間とか客間とか言っても、今日の家屋のように細かな間仕切《まじき》りがあったわけではない。母屋でも廂でも、間仕切りをするためには、御簾《みす》や壁代《かべしろ》(屋内の間切りなどのため懸け垂らすカーテン様のとばり。多く絹製)をかけ、あるいは几帳《きちょう》や屏風・障子などを立てた。いわゆる大和絵《やまとえ》も、この屏風や障子を飾るものとして急速に発達したのである。

こうした貴族の邸宅のうちでも、摂関《せっかん》家の邸宅がとくに宏壮を誇ったことは言うまでもない。例えば東三条殿《ひがしさんじょうどの》は、二条の南、西洞院《にしのとういん》の東（現在の御池通の北、西洞院通の東のあたり）の南北二町を占めた大邸宅である。もと醍醐天皇の皇子重明《しげあきら》親王の邸宅であったが、のち摂関家の所有に帰し、ことに兼家《かねいえ》が心のゆくかぎり手を加え、さらに兼家の女《むすめ》詮子（東三条院）がこの邸で一条天皇を生んだため、摂関家にとってとくに縁起のよい所とされた。次いで道長《みちなが》に伝領されてからは、「家嫡相継いで」伝領する、という摂関家の本邸的な地位を占めるようになり、平常の住居としてよりも、儀礼的な行事の場として使われることが多くなった。その東隣の御《み》倉町《くらまち》には、氏長者《うじのちょうじゃ》の地位を象徴する朱器《しゅき》台盤《だいばん》や渡荘《わたりしょう》券文《けんもん》が保管された。

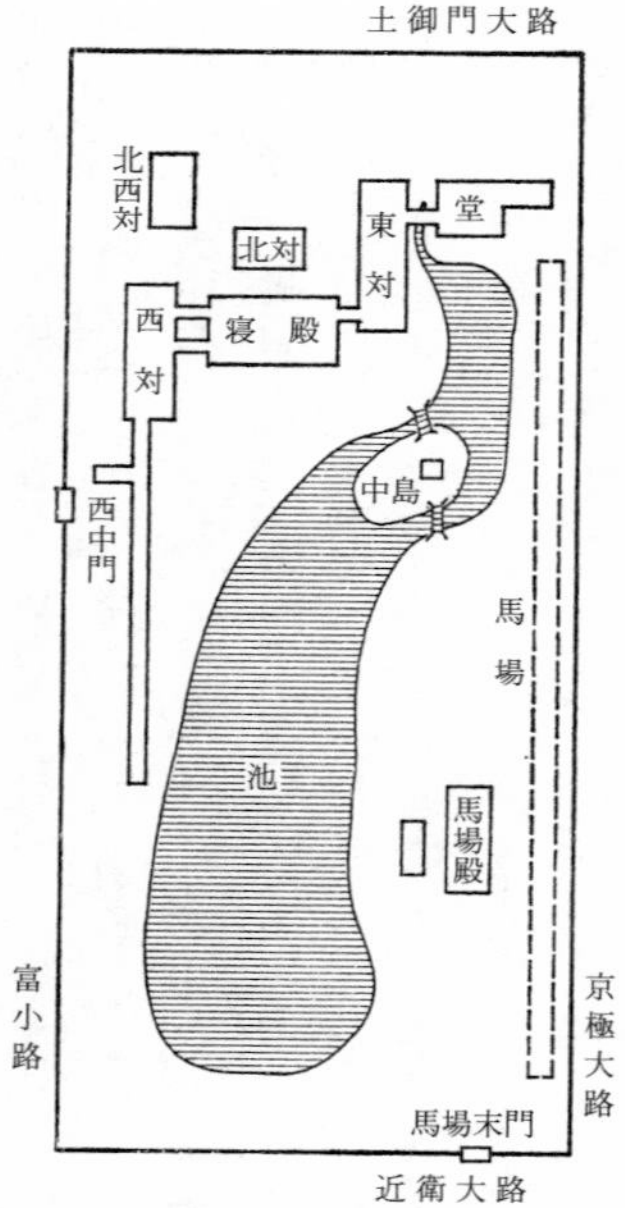

土御門殿推定復原図（杉山信三氏著『藤原氏の氏寺とその院家』所載）

また道長の土御門殿《つちみかどどの》も、土御門の南、京極の西の南北二町（現在の仙洞《せんとう》御所の敷地の一部）を占め、この邸で道長の女彰子（上東門院《じょうとうもんいん》）が後一条・後朱雀両天皇を

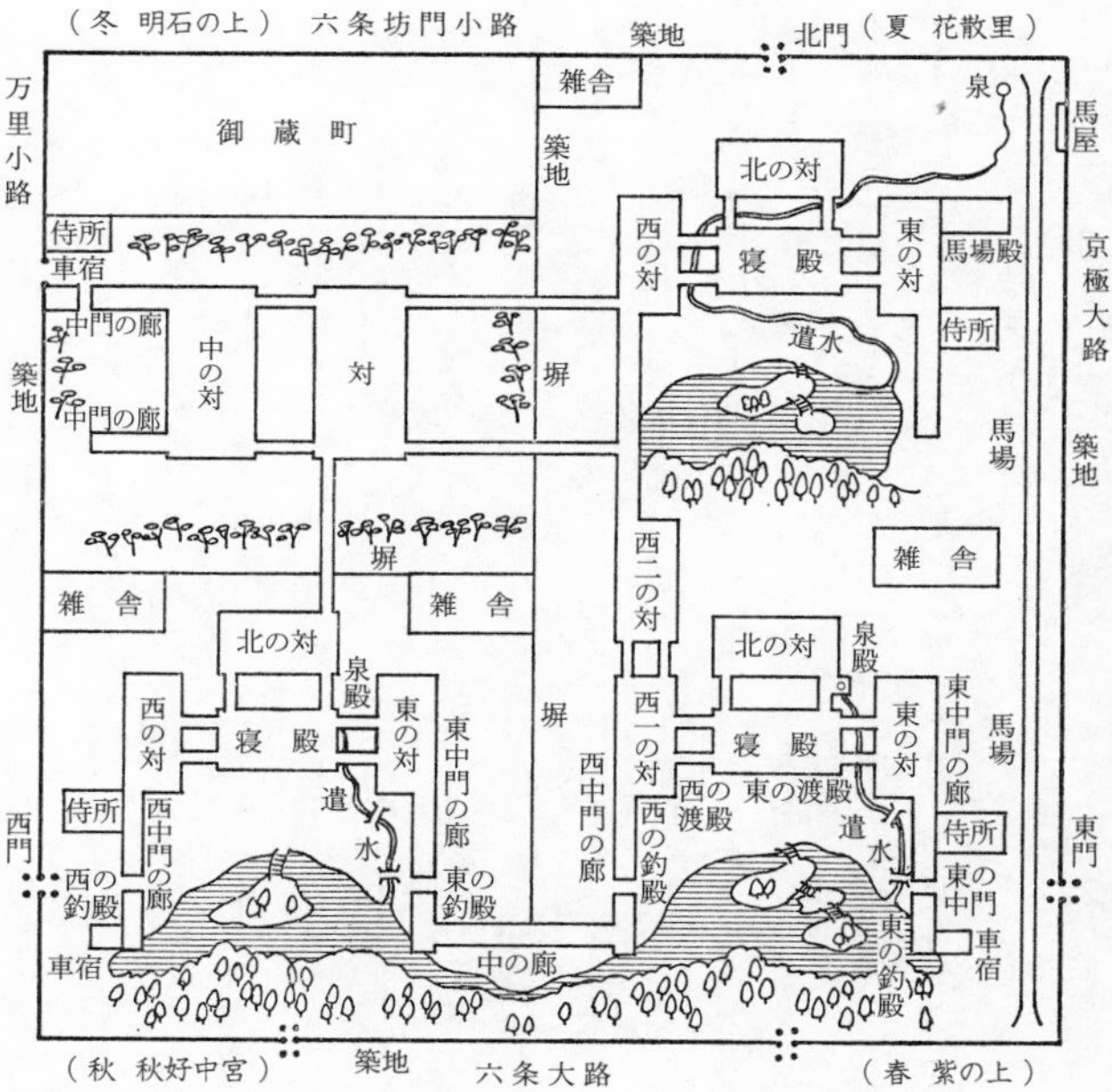

六条院復原想像図（玉上琢弥氏による）

生んだ。周知のように、彰子に女房として仕えた紫式部の『紫式部日記』の主要な舞台となったのはこの邸で、前頁の図は杉山信三氏が試みられた土御門殿の推定復原図である。

さらに頼通《よりみち》の高陽院殿《かやいんどの》は、北は中御門《なかみかど》から南は大炊御《おおいみ》門《かど》まで、東は西洞院から西は堀川までの四町（現在の丸太町通と油小路《あぶらこうじ》通の交叉点を中心とする周辺）を占める広大な邸宅で、『栄華物語』の作者は、「高陽院殿の有様、この世のことと見えず。

海龍王の家などこそ、四季は四方《よも》に見ゆれ、この殿はそれに劣らぬ様なり」と驚嘆の筆を走らせている。

ここで想い起こされるのは、同じく四町の広大な敷地を占めた光源氏の六条院である。光源氏は三十四歳の秋、六条院を新築したが、それは北は六条坊門から南は六条まで、東は京極から西は万里小路《までのこうじ》にわたる四町を占め、その内を四区分して、一町毎に春・夏・秋・冬の殿舎を建て、女人たちを配置した。すなわち東南の一町を春として紫の上に、東北を夏として花散里《はなちるさと》に、西南を秋として秋好中宮《あきこのむちゅうぐう》に、西北を冬として明石の上にあてたのである。

この六条院の模様は、大体「乙女」の巻に語られているが、前頁の図は玉上琢弥氏が試みられた想像図である。もちろん寝殿造の構成をとっているが、受領を父とする明石の上は他に比べて身分が低いため、寝殿はなかったと想像されている。ところでこれを前掲の土御門殿の推定復原図と比べると面白いことに気が付く。それは六条院の東半分、夏と春の二町をつづけ、春の寝殿や北の対、雑舎などを除いて、南北二町にわたる一邸宅と見ると、かなり土御門殿の平面図に似通ってくることである。紫式部が土御門殿を下敷きにして六条院を構想したと言っては言い過ぎになろうが、彼女の頭の片隅に土御門殿の構図がひそんでいたと考えてもそれほど見当違いではなかろう。

平安貴族の日課

藤原道長の祖父に当たる九条右大臣師輔《もろすけ》は、子孫のために『九条殿遺誡《ゆいかい》』と呼ばれる訓戒を遺したが、そのなかに次のようなことが書かれている。

人に会ってもむだ口をきくな。人の行為をあげつらうな。災《わざわい》は口から出るというから、よくよく口を慎しめ。朝夕の食事は多飲多食を慎しめ。時刻を待たずに食事をしてはならない。一日一日、戦々慄々として深淵に臨むが如く、薄氷をふむが如き思いで慎重に暮らせ。……みだりに誰とでも交際するな。軽々しく行動するな。たやすく他人の物を借用してはならぬ。公事《くじ》のためやむを得ず借用したときは、用がすんだらすぐ返せ。節会《せちえ》や公事の日は早目に参内せよ。なまけ者だとの評判が立たないよう注意せよ。小事をもって怒りを現わすな。大怒《たいど》してはならぬ。心中怒り思うことがあっても口には出すな。喜怒哀楽とも度を過ごしてはならぬ。

当代第一の実力者とうたわれた師輔の言葉としては、驚くほど消極的な処世訓である。全体として朝廷奉仕の心得に焦点が合わされているが、それも彼らが本質的に官僚貴族であることを思えば当然であろう。

その彼らの日常の生活を追ってみよう。まずその一日は丑《うし》と寅《とら》の刻の境、現在の午前三時に

方位と時刻

始まる。当時宮廷で用いられた時刻法は、一日を十二辰刻《しんこく》、一辰刻を四刻に分けている。これを現在の時刻法に合わせると、子《ね》刻が午後十一時から午前一時までの二時間に当たり、以下亥《い》刻まで二時間ずつ配当される。そして生活上の日付の境は丑と寅の境、つまり寅の一刻に置いたことが、当時の記録類によって裏付けできる。

ふたたび師輔の遺誡にもどると、「先ず起きたら属星《ぞくしょう》（北斗七星のうち、その年に相当する星）の名《みょう》号《ごう》を七反唱えよ。次に鏡を取って顔を見よ。次に暦を見て日の吉凶を知れ。次に口をすすぎ、手を洗え。次に仏名《ぶつみょう》を誦唱《ずしょう》し、日ごろ尊崇する神社を念じよ。次に昨日の事を記せ」と述べている。

彼らが日記をつけるのは、おもに朝廷の儀式や行事を記録し、のちに同じ儀式・公事を勤める場合の参考にするためである。師輔も「昨日の公事で若し得心のいかないことがあったら、忘れぬよう書き付けておけ。特に枢要の公事などは別に詳しく書きとめて、後鑑《こうかん》に備えよ」とその目的を明示している。この毎日つける日記を日次記《ひなみき》（暦に書きつけるので暦記《れきき》ともいう)、それに対し、別に詳しく書き記したものを別記《べつき》というが、現在伝えられている多くの公《く》家《げ》日記はこうして書かれたもので、その時代の歴史研究の根本史料となっている。

この師輔《もろすけ》自身、日次記や詳しい別記を書き残し、その内容の一部が『九条殿記』とか、『九《きゅう》暦《れき》』とか呼ばれて今日に伝えられているが、なかでも、道長の『御堂関白記《みどうかんぱくき》』や、源俊房《としふさ》の『水左記《すいさき》』は、記主の自筆の日記として有名である。

一例を康平七年（一〇六四）の『水左記』によって説明すると、それは具注暦《ぐちゅうれき》という暦の余白に書きつけられている。この暦は、毎年陰陽寮《おんみようりよう》の暦博士《れきはかせ》が作り、十一月一日に奏進して官司や公卿らに分配されたものである。一年分が正月から六月までと、七月から十二月までの二巻に仕立てられている。その体裁は一日分が四行あり、第一行に日付や日の吉凶などの暦注《れきちゅう》が詳しく載せられ、欄外に年中行事の項目が書き加えられている。第二、三、四行が空白になっていて、そこに記事を書き込むのであるが、それでも足りない場合はその裏面に書きつづけた。これを裏書《うらがき》という。それでも足りない時は、別に紙を張り継いで書くこともある。

束帯・衣冠・直衣

朝の日課が終わると、朝廷に出勤するために衣服を着ける。廷臣の第一の礼装は、礼服《らいふく》と言って、令に規定された中国風の服装であるが、平安中期以降では、礼服を着るのは即位式の時

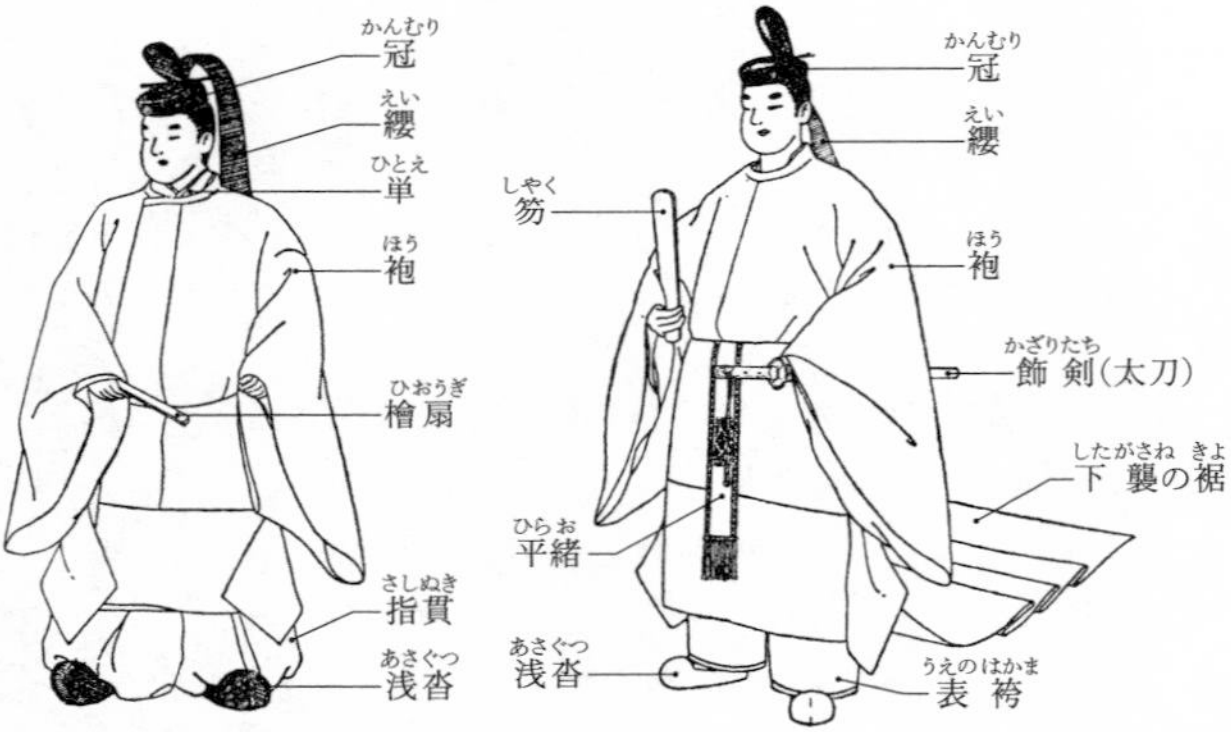

左・衣冠、右・束帯（文官）

だけとなり、一般の儀式や公事は、束帯《そくたい》と言われる服装で行なわれた。束帯とは、帯（革製）で束《たば》ねた装束《しょうぞく》という意味である。袍《ほう》とよぶ表衣《うえのきぬ》つまり上着は、位によって色がきめられ、それを位袍と呼んだ。それには変遷もあるが、平安中期以降は四位以上が黒、五位が赤、六位以下が緑（縹《はなだ》）と定まっていた。表衣の下に着る下襲《したがさね》は、裾を長く後方に引くのが特徴で、その長さを制限する禁令もしばしば出された。手には牙《げ》や白木（櫟《いちい》・桜・榊《さかき》・杉など）の笏《しゃく》を持つ。威儀をつくろうためと言われているが、時には儀式の際、上卿《しょうけい》（首席の公卿）がこれに笏紙《しゃくし》という儀式のあらましを書いた紙を張り、それを見ながら指揮をとるという便利な使いみちもあった。

この束帯から下襲を省き、束帯のズボンのような細い袴《はかま》の代わりに、ゆるやかな指貫《さしぬき》をはいたのが衣《い》冠《かん》である。その表衣はやはり位袍で、束帯に次ぐ公服とされ、のちには束帯に代用されることが多くなった。

これに対して平常服は直衣《のうし》と呼ばれ、宮中でも、天皇の御前を下がったあとなどにはこれを着用した。表衣は位袍の代わりに、禁色《きんじき》以外の好みの色を用いることができた。『吏部王記《りぶおうき》』に、村上天皇が蔵人の携帯していた包みを開かせ、その宿直衣《とのいぎぬ》の紅色がすこぶる濃いのを見とがめて切り裂かせたところ、或る人が「宿衣《とのいぎぬ》は私の物なり。人主の開き看るべきものにあらず。頗る苛酷に渉《わた》る」と評した話が載っている。この宿衣は直衣の袍を指すのであろう。

このように直衣や、それより軽装の狩衣《かりぎぬ》は本来私服であったが、次第に公式の場で着用することも許されるようになった。

多忙な勤務ぶり

服装を整えて参内した廷臣は、その身分や役職によって、太政官以下の諸司に出勤し、或いは清涼殿の殿上の間に伺候した。また摂関以下の上級の廷臣になると、宮中に直廬《ちょくろ》という控室を持った。

廷臣の出勤日数は上日《じょうにち》と呼ばれ、勤務評定や給与の基準とされた。『枕草子』に、中宮が主殿寮《とのもりょう》の官人を召して雪山を作らせ、報酬として「日三日賜《た》ぶべし」と命じた話が見えるが、これも上日つまり出勤日三日を与えるという意味で、当時の上日に関する観念をよく表現している。

村上天皇天暦五年（九五一）の太政官の上日を記載した文書が『政事要略《せいじようりやく》』に見えるが、それによると、前年八月一日から一年間、左大臣藤原実頼《さねより》は上日百十七日、右大臣藤原師輔は百九十七日、中納言藤原在衡《ありひら》は二百六十八日、大納言藤原顕忠《あきただ》は九十九日、同藤原元方《もとかた》は九十四日、中納言源高明《たかあきら》は百七十七日、同藤原師尹《もろただ》は二百一日などとあり、そのほか弁（太政官の事務官）や外記《げき》（太政官の書記官）・史（弁の下僚）らの上日は、多く三百日前後にのぼっている。

また清涼殿の殿上の間には、日給簡《につきゆうのかん》が置かれて、毎日蔵人頭以下殿上人の出勤を記し、毎月初め前月分の集計を天皇に奏上し、これを月奏《がつそう》と言った。堀河天皇の嘉承元年（一一〇六）正月の月奏によると、前年十二月には、蔵人頭源重資《しげすけ》が上日二十七、夜（宿直）二十、同藤原顕《あき》実《ざね》が上日二十七、夜二十四、五位蔵人藤原為隆《ためたか》が上日二十九、夜二十七、同藤原宗能《むねよし》が上日十九、夜十四、六位蔵人藤原仲光《なかみつ》に至っては、上日三十、夜二十八で、ほとんど内裏に詰めきりの有様である。概して当時の廷臣の精勤ぶりに驚かされる。

また宮廷貴族の上層を占める公卿は、朝廷の儀式や行事を主宰し、あるいはそれに参列するのを重要な役目としていた。恒例の儀式・公事については、あらかじめ主宰する公卿を行事ごとに割りふり、これを公卿分配と言った。しかし当日になって分配の上卿が参勤せず、急にほかの公卿にふり変わることも珍しくなく、有能でまじめな公卿は、とくに目をつけられて引っ張り出される傾向があった。そういう公卿はかなり多忙な毎日を送ったわけである。

ところで政務に熱心であった村上天皇が、ある時、古老の官人に政治を批評させたところ、「主殿寮に松明《たいまつ》多く入り候。率分堂《そつぶんどう》に草候」と答えたので、天皇はその率直な意見に感心し、いっそう政務に心を傾けたという有名な話がある。率分堂に草が生えているとは、そこに納める諸国からの調物《ちょうもつ》が途絶えがちであることを指し、松明の消費がふえたとは、儀式・公事が夜遅くまでかかることが多くなった事実を言ったのである。

実際、平安中・末期の日記を見ると、儀式や公事が子の刻に及ぶのは普通で、夜明け頃ようやく宮中から退出したという記事も珍しくない。もっとも先に述べたように、当時は現在の午前三時頃までは前の日の続きということになるので、夜明けと共にまた新しい日が始まるのである。

もちろん貴族たちは、このような堅苦しい儀式や政務にばかり追われていたわけではない。天皇や皇后を中心として、詩や和歌や管絃の会もしばしば催されたし、摂関の私第や上皇の御所でも色々な行事が行なわれ、華やかな王朝絵巻を繰り広げたことは、物語などの文学作品によってよく知られている。しかしその背景には、物語などには取り上げられない、こうした貴族の日常が厳存していたことを忘れてはならないのである。

誕生から元服まで

秋のけはひの立つままに、土御門殿の有様、いはむかたなくをかし。池のわたりの梢ども、遣水《やりみず》のほとりの草むら、おのがじし色づきわたりつつ、おほかたの空も艶《えん》なるにもてはやされて、不断の御読経《みどきょう》の声々あはれまさりけり。

これは『紫式部日記』の有名な冒頭の一節である。この日記は一条天皇の中宮藤原彰子の御産前後の様子から書き起こして、敦成《あつひら》親王（後一条天皇）の誕生から産養《うぶやしない》や五十日《いか》の祝などの諸行事が詳しく記述されている。土御門殿については先に述べたが、この一節では、いまその邸内で中宮の安産を祈願して不断の御読経が行なわれているところである。現代でこそ出産の際に産婦が死亡することは少なくなったが、医術の発達していなかった平安時代では、産褥で死亡することは決して珍しいことではなかった。清少納言の仕えた一条天皇の皇后藤原定子も難産でなくなったし、光源氏の正室葵《あおい》の上《うえ》も御産の床で死亡している。したがって加持祈禱《かじきとう》は、出産をめぐる諸行事のなかで大きな部分を占めた。その祈禱のなかには安産祈願だけでなく、男子の誕生を祈念する変成男子法《へんじょうなんしほう》というような面白いものもある。

貴族の家で子供が生まれると、産養といって三日・五日・七日・九日目の夜に誕生祝が行なわれる。大体、三夜は生児の母が主催し、五夜は外祖父などの近親者、七夜《しちや》は父、九夜はその他の縁者が主催者になる。なかでも七夜の祝がもっとも盛大で、今日も「お七夜」として名残りをとどめている。この祝宴の行事の一つに啜粥《すすりがゆ》とか、廻粥《めぐりがゆ》と呼ばれるものがあり、生児の多幸を願って、次のような祝言が述べられた。まず男子が生まれた時は、

この殿には命長く官位《つかさくらい》高く、大臣公卿になり給ふべき若君ぞおはします。

これが女子の場合は、「この殿には、端正有相具足《たんせいうそうぐそく》せしめて、女御后《にょうごきさき》になり給ふべき姫君ぞおはします」となる。これは『二中歴《にちゅうれき》』に収める標準型によったものであるが、子供に寄せる貴族の夢が率直に表現されていると言ってよかろう。

生児は成長に伴って、五十日・百日《ももか》の祝から、真魚始《まなはじめ》とか袴着《はかまぎ》とか色々な成年儀礼を行なうが、その最後が男子の元服《げんぷく》と女子の裳着《もぎ》である。元服は初めて冠をつけ、成人の衣服を着用する儀式で、とくに冠を加える作法が儀礼の中心となるため、「加冠」とか、「ういこうぶり」とか言われた。十歳から十五歳くらいの間に行なう例が多いが、元服は任官や叙位と密接に関係するため、貴族の間では次第に元服の年齢を早める傾向が生じた。初めて裳を着用する裳着の式は、男子の元服に当たるが、この元服と裳着は、いまの成人式に相当し、これを終えると一人前の成人と見なされるのである。

ここで年齢のことに関連して、当時の暦について簡単に説明しておこう。まず月の満ち欠けの周期をもとにして一月の長さを定めたが、その一巡りは約二十九・五日だから、大の月三十

季節	節気		陽暦
春	立春	正月節	二月四日ごろ
	雨水	正月中	二月十九日ごろ
	啓蟄	二月節	三月六日ごろ
	春分	二月中	三月二十一日ごろ
	清明	三月節	四月五日ごろ
	穀雨	三月中	四月二十日ごろ
夏	立夏	四月節	五月六日ごろ
	小満	四月中	五月二十一日ごろ
	芒種	五月節	六月六日ごろ
	夏至	五月中	六月二十一日ごろ
	小暑	六月節	七月七日ごろ
	大暑	六月中	七月二十三日ごろ
秋	立秋	七月節	八月八日ごろ
	処暑	七月中	八月二十三日ごろ
	白露	八月節	九月八日ごろ
	秋分	八月中	九月二十三日ごろ
	寒露	九月節	十月八日ごろ
	霜降	九月中	十月二十三日ごろ
冬	立冬	十月節	十一月七日ごろ
	小雪	十月中	十一月二十二日ごろ
	大雪	十一月節	十二月七日ごろ
	冬至	十一月中	十二月二十二日ごろ
	小寒	十二月節	一月五日ごろ
	大寒	十二月中	一月二十日ごろ

二十四節気

日と小の月二十九日を作り、これを組み合わせて一年三百五十四日とした。しかしこれでは太陽の運行に基づく一太陽年三百六十五日との間に十一日の差が生じ、暦の月日と季節が年ごとにずれていく。そこでそれを調節するため、十九年間に七回、つまり二、三年ごとに閏月《うるうづき》を置き、一年十三箇月の年を作った。また季節の移り変わりを示すため立春から大寒に至る二十四の節気も暦面にのせられた。ことに立春は年の変わり目として重視され、これを年齢の区切りとする習慣も行なわれた。

このように当時の暦は、月の満ち欠けと太陽の運行との両者を基準として作られたので、太陰《たいいん》太陽暦と言われる。奈良時代以前に中国から輸入されたものであるが、平安貴族もこの暦に従って一年を過ごしたわけである。

教養と結婚

さて元服を終えた貴族の子弟はいよいよ朝廷に出仕す

ることになるが、そのためにはそれ相応の学問・教養を身につけなければならない。令制によれば、官吏となるには大学に入って勉学し、官吏登用試験に及第するのが本筋であるが、すでに述べたように、上流貴族の子弟は家柄だけで位階を与えられ、官職に就くことができる仕組みになっていた。そこで、わざわざ難しい試験を受けるものはほとんどなくなり、家庭に学者を招いて教育するようになった。

『源氏物語』には、光源氏が周囲の反対を押し切って、息子の夕霧を大学に入れ、自力で出身するよう学問に精進《しょうじん》させた話がのっているが、そこには上記の貴族一般の風潮に対する批判を見ることができる。文人官吏藤原為時《ためとき》の女である紫式部には、なおさらこの不合理が目についたことであろう。

それはともかく貴族の学問・教養の根幹は、やはり中国の経《けい》書や史書あるいは詩文についての学問、つまり漢学であった。「才《ざえ》」と言えば漢学の知識をさし、和歌や管絃は所詮余技の域を脱しなかった。そして実際に宮廷官僚として欠くことのできないのは、朝廷の儀式・作法に関する知識であった。その知識を身につけるために、先人の日記、記録を読み、父兄や先輩の説を聞き、みずから経験を積むと共に、日記をこと細かに書き付けたのである。ひとかどの廷臣がみな日記を書き残した理由もここにあるのである。

ところで元服は成人の式であると共に、結婚生活への出発点でもあった。桐壺《きりつぼ》帝の皇子である光源氏も、元服の夜に左大臣の女葵の上と結婚するが、当時これを「副臥《そいぶし》」と言って、女性の方が年長の例が多かった。この風習は東宮や皇子の元服の場合に多く見られ、ことに東宮の元服式にはつきものであった。天皇元服の場合も、式後間もなく女御入内《にょうごじゅだい》のあるのが例であった。それは天皇や東宮の結婚が、女性を宮中に迎え取る婦迎《よめむかえ》の形式であったためでもある。一方、一般の貴族の場合は婿取《むことり》婚の形式をとっていた。

その標準的な型を見ると、まず男性の方から女性のもとに求婚の手紙を送る。その際、仲立《なかだち》（または仲人《なかうど》）が両者の間を取り持つこともある。それに対し、女性の親たちが相手の人物・家柄などをよく考えたうえ、女に代わって返事を送る。男性の申し入れに応ずるかどうかの決定は、女本人より以上に父母の考えに左右されるのが普通で、決して自由な恋愛結婚ではない。こうして求婚に対する承諾の返事を得た男性は、吉日を選び、夜に入って女性の家を訪れる。そしてその三日または四日目に結婚の披露宴が行なわれ、これを露顕《ところあらわし》と言ったが、これが唯一の表立った結婚の儀礼である。

このあとは、男性が女性の家に通《かよ》って来る場合もあり、女性のもとに住みつく場合もある。『かげろふ日記』に見える筆者と藤原兼家《かねいえ》の結婚生活は、前者の例に属する。この女性は藤原倫寧《ともやす》の女で、兼家は夜ごとに倫寧の家に通ったが、同時に道長らの母をはじめ、数人の女性のもとに通い続けた。倫寧の女は間もなく道綱《みちつな》を生むが、母子の日常の暮らしは倫寧が面倒をみた。兼家は折々のつけとどけはするが、子供の養育は母方にまかせきりである。

この兼家の例はやや古風な形で、兼家の四男である道長の頃になると、男性は特定の女性のもとに住みつくのが普通になり、夫婦の暮らしに男性が責任を持つようになる。さらに院政時代の藤原頼長《よりなが》の場合になると、男性が一家の中心となり、女性は夫の転居にもつき従って同居生活を営み、同時に正妻と妾との区別も明確になっていった。

四十歳の初老

平安貴族は元服して成人の仲間入りをするのも早かったが、老年期に入るのも早く、四十歳を初老といって服装の面でも色々な変化が起こった。試みに摂関・院政期の、冷泉天皇から近衛天皇までの歴代十四人の平均年齢を計算してみると、四十一・六四歳となる。長寿を祝う算《さん》賀《が》の行事が四十歳から始まるのも不自然ではなかったのである。

算賀は四十歳から始めて、五十・六十・七十・八十と十年ごとに行なわれた。『源氏物語』には、源氏の四十の賀を初め、式部卿宮《しきぶきょうのみや》の五十の賀、朱雀院の五十の賀などの模様が華やかに描かれているが、実例としては、院政時代の白河・鳥羽・後白河三上皇の賀宴がとくに盛大を極めたことが記録されている。

養老令《ようろうりょう》では中国の制度にならって、「凡そ官人は、年七十以上にして致仕《ちし》することを聴《ゆる》せ。

五位以上は上表せよ。六位以下は官に申牒《しんちょう》して奏聞《そうもん》せよ」と規定している。ただし七十を超えたら辞職を許可するということであって、いまの停年制とは違うから、右大臣藤原実資《さねすけ》のように、九十歳で没するまで現職に留まっていた例もある。しかし七十歳も過ぎれば、宮廷を活躍の場とする貴族の一生もそろそろ終わりに近づいたということになるであろう。

I

〝薬子の変〟私考

一　序——断罪の詔

およそ歴史上の事件・変乱にして、その真相を究明することが甚だ困難なものは少なくない。そのなかにあって、平安時代初頭の政局を一変した〝薬子《くすこ》の変〟については、その原因、或いはその首謀者などに関してあまり異論のあるのを聞かないし、わが国の歴史では珍しい、女性の名を冠した事変の呼称もすでに広く流布している。これは次掲の『日本後紀』に載せる大同五年（八一〇）九月丁未（十日）の詔および同紀の編者の評価を根拠としていることはいうまでもない。

天皇詔旨《すめらがおほみこと》らまと勅《の》りたまふ御命《おほみこと》を親王《みこたち》 諸王《おほきみたち》 諸臣《おみたち》 百官人等《もものつかさひとたち》 天下《あめのしたの》 公民《おほみたから》 衆《もろもろ》 聞食《きこしめさ》へと宣《の》りたまふ、尚侍正三位藤原朝臣薬子は、挂《か》けまくも畏《かしこ》き柏原朝廷《かしはらのみかど》の御時に、春宮坊宣旨と為て仕へ賜ひき、而るに其為性《ひととなり》の能《よ》からぬ所を知食《しろしめし》て、退け賜ひ去り賜ひてき、然る物を百方趁逐《おひしたひ》て、太上天皇（平城）に近き奉る、今太上天皇の国を譲り給へる大慈深き志を知らずして、己が威権を擅《ほしきまま》に為むとして、御言《みこと》に非《あら》ぬ事を御言と云ひつつ、褒貶《ほめおと》すこと心に任せて、曾て恐れ憚る所なし、此の如き悪事種種あれども、太上天皇に親しみ仕へ奉るに依て、思し忍びつつ御坐《おはしまし》き、然るに猶飽き足らずとして、二所朝庭《ふたところのみかど》をも言ひ隔てて、遂には大乱を起すべし、又先帝（桓武）の万代宮と定め賜へる平安京を、棄て賜ひ停め賜ひてし平城古京に遷さむと奏し勧めて、天下を擾乱《みだ》し、百姓を亡弊《ほろぼ》す、又其兄仲成《なかなり》、己が妹の能からぬ所をば教へ正《ただ》さずして、還りて其勢を恃《たの》みて、虚詐事《いつわりごと》を以て先帝の親王（伊予）・夫人（吉子）を凌侮《しのぎあなど》りて、家を棄て路に乗りて東西辛苦せしむ、此の如き罪悪数へ尽すべからず、理《ことわり》の任《まま》に勘へ賜ひ罪なへ賜ふべくあれども、思行《おぼしや》る所あるに依りて、軽め賜ひ宥《なだ》め賜ひて、薬子は位官を解《と》きて宮中より退け賜ひ、仲成は佐渡国権守に退くと宣りたまふ天皇詔旨を衆聞食と宣りたまふ、

(原文は宣命体)

大同五年九月、嵯峨朝廷は、遷都の事により人心が動揺し、大乱のきざしさえ見えるとし、それを未然に防ぐためと称して、藤原薬子とその兄仲成《なかなり》を処罰する詔を発したのである。そこで眼目とされているのは、薬子をくさぐさの悪事の張本と断じ、仲成をその追随者と位置づける反面、平城太上天皇に責の及ぶことを極力避けている点である。そこには動揺の拡大を防ごうとする政治的意図が露骨に現われており、詔の内容を単純に鵜呑みにするわけにはいかない。

この変乱に関する『日本後紀』の記述は、上掲の詔を含めて、いわば勝者の主張であり、その間には矛盾撞着がないわけでもない。やはり事変の真相に近づくためには、勝者の論理から一歩離れて、この詔の内容を史実に即して再検討し、その断罪の当否を判断せねばならぬであろう。

二　仲成と薬子の経歴

仲成・薬子の兄妹は、正三位中納言藤原種継《たねつぐ》の子である。種継は、光仁天皇の擁立に活躍した藤原式家の良継《よしつぐ》・百川《ももかわ》の甥に当り、良継らの没後、式家のホープとして桓武天皇の絶大な信任を得、「天皇甚だこれを委任して、中外の事、皆決を取る」（『続日本紀』延暦四年九月丙辰条。原文は漢文。以下同じ）とまでいわれた権臣である。この種継が、みずから首唱した長岡遷都の事業の監督中、延暦四年（七八五）九月、政敵に暗殺されたことはよく知られているが、その長男仲成は、同年十一月安殿《あて》親王（平城天皇）の立太子当日、正六位上より従五位下に昇叙され、初めて正史にその姿を現わす。

ところで仲成の誕生の年時については、宝亀五年（七七四）とする説が辞典類を始めとして、一般に行なわれているが、これは『公卿補任』に「年卅七」と注した九条本の没年注記に拠るらしい。しかし『尊卑分脈』には没年を「四十七」とする注記がある。すでに黛弘道氏は、特に理由は示していないが、仲成の没年を四十七歳とする見解を述べている（『日本女性史』1所収「藤原薬子」）。筆者も「卅七」は「卌七」の誤記の可能性があるうえ、次の理由によって、没年を四十七歳とし、天平宝字八年（七六四）の誕生とするのが妥当であると思う。その第一は、没年三十七歳説をとると、上記の叙爵の年齢が十二歳となり、初叙は更にそれ以前となるので、いかに寵臣の嗣子であるといっても、当時としてはあまりに若年すぎる。選叙令《せんじょりょう》には「凡そ位を授けんには、皆年廿五以上を限れ、唯し蔭《おん》を以って出身せんには、皆年廿一以上を限れ」とあり、この原則からもあまりにかけ離れてしまう。それに対し、四十七歳説によって天平宝字八年の誕生とすると、延暦四年には二十二歳となり、まず種継の嫡子として蔭により出身し、この年正六位上より従五位下に昇叙したとすれば、ほぼ令規にも合致する叙爵である。また右大臣藤原内麻呂《うちまろ》の長男真夏《まなつ》や上記の百川の長男緒嗣《おつぐ》の誕生年時は、没年三十七歳説による仲成の誕生年時と同年の宝亀五年であるが、真夏の叙爵は延暦二十二年（八〇三）三十歳のときであり、父の功により特別の優遇にあずかったと正史に明記されている緒嗣ですら、叙爵したのは延暦十年十八歳のときである。仲成の誕生をかれらと同年とし、その叙爵を十二歳とするのは、傍例に比べても無理である。第二に、仲成の没年を三十七歳とした場合、後にも述べるように、その妹である薬子の経歴が殆んど説明できなくなる。やはり仲成の没年は四十七歳、叙爵年齢はそれから逆算して二十二歳とするのが妥当であろう。

さてその後の仲成の官歴を『続日本紀』『日本後紀』および『公卿補任』によって通観すると、従五位上に昇ったのが叙爵後十二年たった延暦十六年(七九七)正月であったことでもわかるように、その官位の昇進は必ずしも早くはなかったが、次の三点が目につく。その第一は、出羽・出雲・越後・山城・大和・常陸・伊勢の諸国の介《すけ》または守と大宰大弐《だざいのだいに》を歴任したこと、第二に、それと平行して右少弁より左少弁・左中弁・右大弁を歴任していること、第三に、延暦五年正月衛門佐《すけ》に任ぜられて以来、主馬頭《うまのかみ》・兵部大輔《ひょうぶのたいふ》・右兵衛督《かみ》・左衛士督・右兵衛督(再任)を歴任していることである。そのうち地方官と弁官の経歴からみれば、仲成はいちおうすぐれた事務能力を持ち、地方民政にも経験を積んでいたことになる。平城朝に新設された北陸道観察使に任命され、公卿に列したのも、通説のごとく薬子の権勢によるものとばかりはいえない。第三の武官色の濃い経歴は、のちに平城上皇との対立を深めていった嵯峨天皇側に強い警戒心を呼び起したに違いない。いわゆる〝薬子の変〟は、天皇側が機先を制して、突如右兵衛督仲成を右兵衛府に拘禁したのに端を発するが、まず上皇側の武力の中核を制圧するのが目的であったのではなかろうか。『日本後紀』の編者が具体的な例をあげて指摘する仲成の暴慢無礼な言動も、この経歴と無関係ではないかも知れない。

薬子は、はじめ藤原式家の縄主《ただぬし》に嫁して三男二女を生んだが、長女が皇太子安殿親王の宮に召し入れられた縁で、東宮宣旨として皇太子に仕えることになった。その時期は明らかでないが、安殿親王が皇太子に立ったのは延暦四年、十二歳、元服したのが同七年、十五歳のときであるから、薬子の長女の入宮は、それ以後同二十五年親王が三十三歳で践祚《せんそ》するまでの間ということになる。仲成の没年を四十七歳とする黛弘道氏は、いちおう薬子を仲成の三歳下とみて、薬子の長女の入宮の時期を延暦十七年頃、皇太子二十五歳、薬子三十二歳頃と推測している。つまり薬子は皇太子より七歳ぐらい年長となるが、これならばすでに三男二女を生み、その長女が成長して入宮した後、おのれも出仕したという経歴とも矛盾しない。出仕した薬子の地位は東宮宣旨であるが、宣旨はのちに中宮や斎宮などにも置かれたことが文献に見える上級の女官で、主人の言詞を取りつぐのを主な職掌とし、主人の信頼が厚くなければ勤まらない。薬子は職務上からも当然皇太子に近侍したわけであるが、その間両者の関係を疑う風聞が立ち、桓

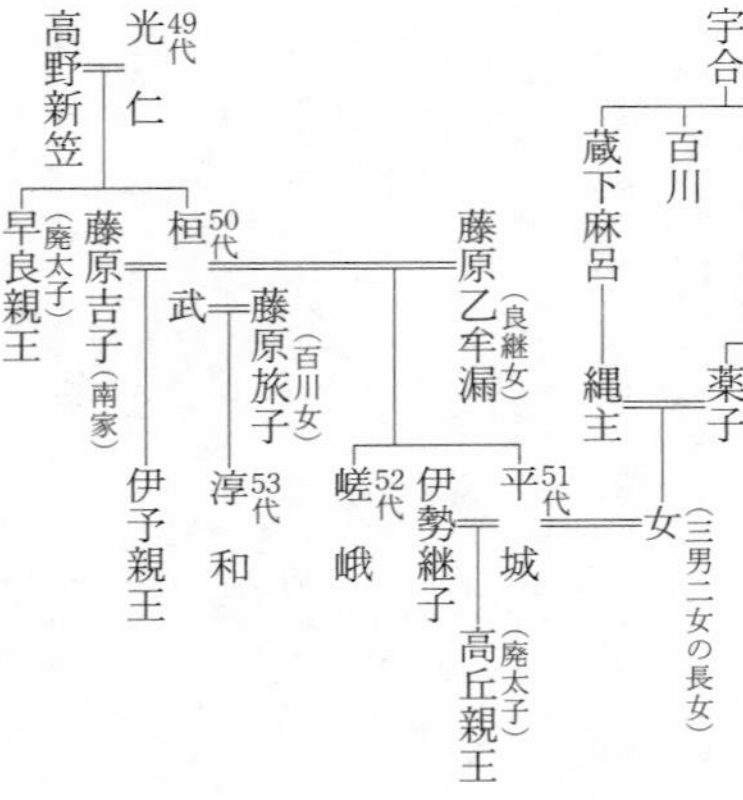

平城上皇と薬子

武天皇の耳にも入って宮外に追放されたという。その時期も確かではないが、黛氏は延暦二十五年初頭かと推測している。

もっともこの風聞もどこまで信用できるか疑問であるが、皇太子の信任の厚かったことは確かで、延暦二十五年三月桓武天皇が崩御し、皇太子が践祚すると、間もなく薬子は宮中に召されて典侍《ないしのすけ》《てんじ》となり、さらに尚侍《ないしのかみ》に昇進した。後宮職員令《しきいんりょう》によれば、尚侍は内侍司《ないしのつかさ》の長として女官を統轄する一方、天皇の側近に常侍し、臣下からの奏上を取りつぎ、勅語を伝宣する職掌をもつ。そのうち特に奏請・宣伝のことは、尚侍が欠員のときに限り典侍が取扱うことができる以外は、典侍以下の関与できない尚侍の専管事項とされている。ただ大同二年（八〇七）十二月十五日の太政官奏（『類聚三代格』）には、「令条を撿するに、尚侍は常侍・奏請・宣伝に供奉す、典侍は若し尚侍なくば代りて宣伝のことを掌る、掌侍は奏請することを得ずといへども、臨時処分して宣伝に預ることを得」と見え、かなり令条を柔軟に解釈して、掌侍《ないしのじょう》《ないし》でも宣伝に預る場合のあることを認めている。薬子は大同三年から四年の間に典侍から尚侍に進んでいるが、薬子の地位を嘗つての東宮宣旨の延長線上に置くと、典侍・尚侍を通じて、常侍・奏請・宣伝が薬子の主要な職掌であったと解することができる。平城天皇は践祚の翌年、上記の太政官奏により、尚侍以下の重職であることを理由として、尚侍の待遇を従五位相当から一挙に従三位相当に、典侍を従六位相当から従四位相当に、掌侍を従七位相当から従五位相当に引き上げた。

この処置も、通説では薬子を優遇するのを目的としたと解釈されているが、こののち後宮十二司のうち、殆んど内侍司だけが近世末まで重要な機能を果し続けた事実に徴すると、単に薬子優遇策とばかりはいえないであろう。

それはとも角、薬子は大同三年十一月従四位下から正四位下に進み、翌四年正月には従三位に昇り、ついで正三位に至ったが、その間、薬子の「言ふ所の事、聴き容れられざるはなし」といわれている。しかし奏請・宣伝の重職は、甚だ危険な一面をもっている。奏上の取りつぎは悪口讒言の疑惑の種となるし、勅旨伝宣は勅語改竄の疑いに結びつく。最初に引載した詔にも、薬子は「御言に非ぬ事を御言と云つつ、褒め貶すこと心に任せ」ときめつけられ、それによって「悪行の首」として事変の責任を追及されたのである。しかしこの事変の引き金とされた事実、すなわち、薬子が「平城の古京に遷さむと奏し勧め」たという事実があったのであろうか。平城遷都計画や伊予親王事件など、すべての「悪事」の責任を薬子ないしその兄仲成に負わせる嵯峨朝廷側の告発には、素直に納得できない面がある。それらはやはり平城朝以来の政治の流れのなかでとらえ直してみなければならないであろう。

三　桓武色の払拭

二十六年にわたる桓武天皇の治世の後を承けて践祚した平城天皇が、最初に手がけたのは大同の改元であった。延暦二十五年（八〇六）三月辛巳（十七日）桓武天皇が崩御すると、二箇月後の五月辛巳（十八日）新帝は大極殿《だいごくでん》で即位の礼を挙げるに当り、延暦の年号を停めて、大同と改元したのである。『日本後紀』の編者はこれを批判して、

大同と改元するは、礼に非ざるなり、国君位に即《つ》き、年を踰《こ》えて後に元を改むるは、臣子の心として一年にして二君あるに忍びざるに縁《よ》るなり、今未だ年を踰えずして元を改むるは、先帝の残年を分ちて、当身の嘉号と成す、終を慎みて改むるなきの義を失し、孝子の心に違ふなり、之を旧典に稽《かんが》ふるに失と謂ふべきなり、

と述べている。もちろん新帝が踰年改元《ゆねんかいげん》の理を知らないわけはなく、この大同改元は、桓武天皇の治政に反発する新帝の心情を端的に物語っているのではなかろうか。

こうした新帝の心情は、その政治姿勢にも現われている。『日本後紀』の編者は、天皇の治績を概括して、「躬《みずか》ら万機を親しくし、尅己励精、煩費を省撤し、珍奇を棄絶す、法令厳整にして、群下粛然たり」（『類聚国史』）と記しているが、造都・造宮と征夷に終始し、遊猟や宴会を好んだ桓武天皇の事績とは対照的な評価であるとみることもできる。その代表的な施策が、かの有名な官制改革であるが、それがとくに中務省・宮内省・春宮坊の被管官司、すなわち側近部局の官司に集中しているのも、上記の禁欲的な政治姿勢を反映している。また先帝が『続

日本紀』からいったん削除させた記事を天皇が復活させたことも、先朝の事績に対する反発修正として無視できない。延暦四年九月の藤原種継暗殺事件に関する記事がそれである。

桓武天皇は寵臣種継の暗殺に激怒し、これに関係ありとして、同母弟の皇太子早良《さわら》親王を廃位し、ついに自害に等しい死に至らしめたが、その後親王の怨霊に悩まされ、崇道《すどう》天皇の尊号を贈り、さらにこの事件の正史の記事から親王に言及した部分を削除させた。ところが平城天皇が即位すると、天皇はあえてその記事を復活させたのである。もっともこの記事は、薬子の変後、嵯峨天皇が再び削除してしまったので、現行の『続日本紀』には見ることができないが、その一部が『日本紀略』に載せて伝えられている。その主要なものを挙げると、

(1) 九月丙辰（二十四日）条の記事――種継殺害の容疑で捕えられた伯耆桴麿《ほうきのいかだまろ》・大伴継人らの陳述によると、故大伴家持《やかもち》が大伴・佐伯《さえき》両氏協力して種継を除くべしと首唱し、皇太子に啓して実行したことが判明したので、継人以下の党与十余人を斬刑あるいは流刑に処した。

(2) 九月庚申（二十八日）条の記事――大伴家持らが「式部卿藤原朝臣を殺し、朝庭を傾け奉り、早良王を君と為さんと謀り」皇太子の許諾を得て種継を暗殺させたという主旨の宣命体の詔の一部と、皇太子の乙訓《おとくに》寺幽閉から死に至る経緯を載せている。

以上のほか『日本紀略』には、この前後に現行の『続日本紀』にない語句がいくつか見える

が、少なくとも上記の二点がなくては、真相はともかく、事件の発端も結末もまったく不明で、歴史叙述の体をなさない。「長ずるに及び、精神聡敏、玄鑒《げんかん》宏達にして、博く経書を綜《す》べ、文藻に工みなり」(『日本後紀』)と評された平城天皇の眼には、甚だ不完全な記述であり、当然修復すべきものと映ったとしても不思議はない。しかもさらに注目すべきことは、正史の記述が時の朝廷の都合により、削除を繰りかえした事実である。この『続日本紀』の例は異例中の異例とみるべきかも知れないが、とくに政治的事件の記述には編者の立場が強く反映する危険があり、正史の記述といえども無批判な鵜呑みは禁物であろう。薬子の変後、平城朝における記事の修復の責任を全面的に藤原仲成・薬子の兄妹に負わせ、かれらの罪状の一つに数えあげているのも、あまりにも政治色の濃い断罪というべきではなかろうか。種継の子である仲成兄妹が、父の暗殺された事件の経緯を明示する記事を削られたことに不満をいだき、それを復活することを望んだかも知れないが、もともと歴史記述の改刪に無理があり、一方的に仲成らの責任であるときめつけるのは、公正を欠くといわねばならない。

さらに伊予親王の事件まで仲成らの責任に帰せられ、かれらの罪状に挙げられているのも、素直に納得することはできない。平城天皇の異母弟である伊予親王は、桓武天皇の寵愛のもとに豪勢な生活を楽しみ、平城朝になっても皇族の重鎮として羽振りをきかしていたが、大同二年(八〇七)十月、突然謀反の疑いをかけられ、母藤原吉子と共に捕えられて大和の川原寺に幽閉された。一室にとじ込められ、飲食まで止められた母子は、間もなく毒を仰いで自殺し、時人の同情をかったという。何者かの密告に端を発したとするこの事件の経過にはあいまいな点が多く、真相は不明というほかないが、少くとも事件発生の時点では、仲成・薬子の名まえはまったく出ていない。ところが後年、薬子の変に際し、嵯峨朝廷は、冒頭に掲げた宣命にあるように、仲成・薬子の兄妹が虚言をもって伊予親王を罪に陥れ、辛苦をなめさせたと断じている。しかしこの告発はいかにも唐突で、どこまで信用してよいか疑問である。この事件の結果、吉子を出した南家の大納言雄友《かつとも》と中納言乙叡《おとえ》が失脚し、反対に薬子と仲成がいちだんと強く天皇に結びついて権勢を伸ばしたからといって、事件の責任までかれら兄妹に帰するのは無理ではなかろうか。しかも同じ『日本後紀』の平城天皇の崩伝（『類聚国史』所載）には、天皇の資質と治績を称揚したあとに、「然れども性猜忌《さいき》多く、上に居りて寛ならず、位を嗣ぐの初、弟親王子母を殺し、並びに逮治せしむる者衆し、時議以って淫刑と為す」と、天皇の猜忌の質を指摘し、とくに伊予親王事件を取り上げて厳しく批判している。これは事件を仲成らの讒訴に因るとする前掲の詔旨と必ずしも矛盾するわけではないが、第一に天皇の責任を追及し、とくにその処分は「淫刑」であると非難している。

それゆえ伊予親王とその母吉子の悲惨な死は、天皇に大きな衝撃を与え、自責の念にかられたのではなかろうか。やがて天皇は「風病」に悩まされ、不眠不食の症状をていした。天皇はかつて皇太子のとき、藤原種継暗殺事件に連座して憤死した廃太子早良親王の怨霊に悩まされ、「風病」にかかったというが、それが伊予親王事件を機に再発したとも考えられる。医学史家の説明（服部敏良氏『王朝貴族の病状診断』等）によると、風病といわれるものの症状は複雑であるが、この場合の風病は神経系疾患の一種で、いまでいう躁うつ病に近いものであろうという。こうして精神の不安定はおさまらず、大同四年四月に至り、在位わずか三年余で、にわかに皇弟神野《かみの》親王（嵯峨天皇）に譲位したのである。

四　平城遷都の責任

唐突に皇位をすてた上皇は、静養の地を求めて、半年間に五箇所も転々と移りわたった後、この年十二月、結局生れ故郷の平城京に宮を営むこととした。やはり故京平城の地がいちばん気持のやすまることを知ったのであろう。この間、嵯峨天皇も上皇のために摂津の豊島などに官人を派遣して宮地を調査させたが、上皇の意思に従って早速仲成らを平城京に遣わし、宮室の造営に当らせた。ところが平城京に落ち着いた上皇は、健康も回復したためか、側近の公卿をはじめ、多数の官人を率いて、しきりに朝廷の政治に介入し、政令を発した。当時外記《げき》として朝に仕えた上毛野《かみつけののえ》穎人《ひと》の卒伝（『類聚国史』巻六十六）に、「大同の末、太上天皇平城《なら》に遷御の日、外記は局を分ちて遞《たがい》に彼の宮に直す」と見えるのは、それを具体的に裏付けており、こうした状態を時人は「二所の朝廷」と評した。しかも内侍司は尚侍薬子におさえられていたから、天皇側の奏上伝宣の機能はとどこおり、機密を保つことも困難になった。そこで創設されたのが蔵人頭《くろうどのとう》で、天皇腹心の巨勢野足《こせののたり》と藤原冬嗣《ふゆつぐ》が任命された。さきに述べた尚侍・典侍らの奏請・宣伝の機能を吸収するのがそのねらいであろう。

太上天皇が政務や人事に介入することは、奈良時代以来珍しいことではなかったから、天皇は対抗処置をとりつつも、表面は上皇の言動を尊重せざるをえなかったが、さらに上皇が遷都を命ずるに及んで、天皇の忍耐も限度に達した。天皇は大同五年九月癸卯（六日）上皇の命を奉じて遷都に着手するように見せかけて、腹心の坂上田村麻呂《さかのうえのたむらまろ》や藤原冬嗣らを造宮使に任命した。そして同月丁未（十日）に至り、にわかに「遷都の事に縁《よ》り、人心騒動す」という理由で、伊勢・近江・美濃の三国に使者を遣わし、国府並びに関を鎮固せしめ、畿内から東国に通ずる道を遮断した。一方、都では宮中を厳戒し、右兵衛督仲成を捕えて右兵衛府に監禁し、詔を発して薬子と仲成の罪状を告発し、薬子の官位を奪って宮外に追放し、仲成を佐渡権守に左遷することを布告した。冒頭に引載した詔がそれである。また同日、勅使を桓武天皇の柏原《かしわばら》陵に遣わし、薬子・仲成の罪状を挙げ、両人を処罰したことを告げ、さらに平城朝に復活した『続日本紀』の記事、すなわち「崇道天皇と贈太政大臣藤原朝臣と好からぬ事」を再び削除した旨を奉告させた。こうした一連の処置に激怒した上皇は、戊申（十一日）早朝、宿衛の兵らを従え、薬子を伴って東国に入ろうとしたが、平城京を出て程遠からぬ地点で前路を天皇方の精兵に遮られ、翌日なすところなく平城宮に引き返し、上皇は剃髪入道して隠退を表明し、薬子は薬を仰いで自殺した。前日、兄仲成が上皇の平城脱出の報に接した天皇方によって禁所で射殺されたことを知り、前途を悲観して自殺したのであろう。天皇は庚戌（十三日）詔して、「太上天皇を伊勢に行幸せしめたる諸人等《もろびとら》」の罪をゆるしたが、上皇の皇子である皇太子高丘《たかおか》親王を廃し、天皇の異母弟大伴《おおとも》親王（淳和天皇）を皇太弟と定めた。

こうしていわゆる〝薬子の変〟は、あっけない結末で落着したが、その過程でとくに目につくのは、朝廷が変事の中心人物である平城上皇の責めを追及するのを避け、その反面、薬子を「悪行の首」と断じて、薬子・仲成の罪状なるものをあばきたて、平城京脱出すらも「太上天皇を伊勢に行幸せしめたる諸人等」の責任とし、上皇を極力かばっている姿勢である。しかし詔書において告発されている薬子・仲成の罪状なるものは、どれ程真実性をもつものであろうか。その第一は平城遷都を「奏し勧め」たこと、第二は伊予親王事件で「虚詐事」をもって親王母子を無実の罪に陥れたこと、第三は桓武天皇が『続日本紀』から削除した「崇道天皇と贈太政大臣藤原朝臣と好からぬ事」の記述を復活したことであるとするが、先に述べたように、第二と第三の件について、薬子・仲成がどの程度関係をもち、どれ程責任があったのか疑問である。さらに第一の点、すなわち変事の直接の原因になった平城遷都が、薬子・仲成の主導したものと断ずるのは甚だ理解に苦しむ。桓武天皇の新都造営を強力に推進したのが、両人の父種継であり、そのために命を落したことも世人の周知するところであった。父種継の事績を顕彰しようとして、桓武天皇が削除した正史の記事を復活したと非難されている薬子・仲成が、一方では、種継の命をかけた事業をまったく無にするような平城遷都を「奏し勧め」たときめつけられるのは甚だ奇妙である。また常侍・奏請・宣伝が尚侍ないし典侍の職掌の中核であることも先に述べた通りで、それを以って直ちに上皇と薬子との関係を云々するのも当を得ないであろう。まして薬子が上皇の重祚《ちようそ》を企て、みずから皇后になろうとしたというような『水鏡』の説は、根拠のない憶測というほかない。

平城上皇はこののち天長元年（八二四）七月、五十一歳で崩御するまで、十五年にわたって平城宮に余生を送り、京城の北に接して営まれた陵所に葬られたのをみても、平城に対する上皇の愛着の深さが推察されるが、薬子らが父の功業を無にしてまで平城遷都を推進する理由は見当らない。この変乱は、正史の記述を全面的に肯定し、「薬子の変」と名付けられているが、変乱の中心はやはり平城太上天皇であり、この事件に薬子の名を冠するのは適切でないと思う。

結び——歴史の転機

それはとも角、この変乱があっけない幕切れで終ったのとは対照的に、これを転機として、歴史の流れが大きく変わっていったことは見逃せない。

その第一は、平安京が「万代宮」の帝都の地位を確立したことである。長岡遷都から二十五年、平安奠都から数えても十七年を経た時点で起きた平城遷都の議は、人心に深刻な動揺を与え、これがこの騒乱の中心問題であったことは確かである。それが雨降って地固まるの譬の通り、爾後遷都の議はまったく影をひそめ、嵯峨朝廷によって「万代宮」と宣言された平安京は、政治や文化全般にわたって、「平城的なもの」を払拭し、「平安的なもの」をはぐくんでいった。そしてその「平安的なもの」こそ、日本の歴史・文化の根幹として現在まで生き続けているのである。

第二は、太上天皇の政治的地位に一定のけじめをつけたことである。そもそも令制における太上天皇の地位は、おおむね天皇に准ずるものとされている。すなわちその敬称は陛下とし、自称は朕といい、その言詞は詔または勅と称された。その政治上の地位も、模範となった中国の太上皇帝の例や奈良時代の実例に徴すると、太上天皇はもともと政治の場から完全に締出されたわけではなく、潜在的には天皇と同等の大権を保持していたと考えられる（岸俊男氏『日本古代政治史研究』所収、「元明太上天皇の崩御」）。したがって平城太上天皇の政治的地位もこれを承け継いだもので、その政治行動もとりわけ異常とするには当らないが、この変乱を機として、いわゆる「二所朝廷」的な状況が清算され、上皇の政治的地位は大きく後退した。そしてその反面、この騒動を教訓として受けとめた嵯峨天皇は、上皇との融和を図ると共に、譲位後はみずから「万機の務、賢嗣に伝え、八柄の権、復た知る所にあらず」といい、「代庖《だいほう》の譏《そしり》を貽《のこ》す」ことを避けて一君万民的な観念を標榜し、天皇と太上天皇とのけじめを宣明した（『類聚国史』巻二十五、弘仁十四年四月辛亥嵯峨太上天皇勅書）。こうして以後太上天皇は、中国の太上皇帝型から、「父子の義」を前面に押し出した「院」へと変貌していったのである。

第三は、この変乱を機として、藤原北家が急速に勢力を伸長し、政界制覇の道を直進したことである。藤原四家のうち、京家は延暦元年（七八二）の氷上川継《ひがみのかわつぐ》事件に参議浜成が連座したのがきっかけとなって政界から没落し、南家は大同二年（八〇七）の伊予親王事件で大納言雄友・中納言乙叡が連座、失脚し、それを機に政界から姿を消した。そして式家は、この変乱で仲成が叛臣として処刑され、大きく後退を余儀なくされた。もっとも奈良末〜平安初頭の政治的事件を単に氏や家を単位とした政争に還元してしまうのは誤りであり、式家でも緒嗣と縄主は、変後も廟堂にとどまった。ことに緒嗣はこの後も永く朝に在って活躍し、左大臣まで昇ったが、後嗣に恵まれず、また政術に暁達した論客ではあったが、やや狭量で、人望を得るには至らなかったと評されている。これに対し北家では、右大臣内麻呂が廟堂の首班を占めてこの変乱を乗り越え、ことにその嫡子冬嗣は嵯峨天皇の腹心として活躍し、これを契機にして急速に昇進をとげた。また内麻呂の従弟に当る園人《そのひと》も政理に通じ、治績を挙げ、内麻呂の没後は朝廷の首班の座を継いだが、園人の没後、先輩・傍輩を抑えてこの地位を占めたのは冬嗣であった。冬嗣は「器局温裕にして、識量弘雅なり、才文武を兼ね、道変諧に叶ふ、寛容物に接し、能く衆人の歓心を得たり」(『公卿補任』弘仁二年条)と評されているから、廟堂の首班を占めるに価した人物であったといえよう。こうして三代にわたって朝廷の首班の座は北家によって占められたが、さらに冬嗣の男良房も、早く嵯峨上皇にその才幹を見こまれて皇女潔姫《きよひめ》をたまわり、長じては父祖の遺産を継承発展させて、北家の覇権を政界に確立し、藤原貴族政権の成立に大きく踏み出したのである。

貴族政権の政治構造

一　摂関政治の展開

1　忠平の時代

ここで取りあげる貴族政権とは、十世紀なかごろから十二世紀なかごろまでの二百年間、いわゆる平安時代中・末期の政権を指すが、その間の政治過程は一般に摂関政治と院政の二段階に分けられる。

奈良時代以前の摂政はさておき、摂関政治の指標とされる摂政・関白が、藤原良房《よしふさ》と基経《もとつね》に始まることは言うまでもない。しかしすでにしばしば説かれているように、良房・基経の摂政・関白は、いまだ地位としても、職名としても固定しておらず、むしろ太政大臣ないし首席大臣の権能の補強的な意味が強い。したがって藤原摂関体制の本格的な成立は、それ以後に求めなければならないが、そこで注目されるのが忠平《ただひら》の執政期であり、次の三点から忠平の時代こそ摂関体制の成立期とみなすことができる。

その第一は、摂政・関白が制度的に定着したことである。忠平は延長八年（九三〇）九月、醍醐天皇の譲位の詔のなかで、幼主を保輔して摂政すべきことを命ぜられたが（『本朝文粋』）、これは貞観十八年（八七六）基経が清和天皇の「伝国詔命」により幼主を保輔して天子の政を摂行すべきことを命ぜられた先蹤（『三代実録』）を追うものであり、ここにまず天皇幼少の間摂政を置く制と、その任命が譲位の詔において宣せられる方式が定型化する道を開いた。ついで忠平は天慶四年（九四一）十一月、朱雀天皇の元服後、摂政を固辞したので、「摂政の号」を止めて関白に任ぜられた。しかもこれに伴って、摂政在任中行われなかった官奏文書の奏覧を復活したことは[1]（『本朝世紀』）、摂政と関白の別がたんに名称の差異に止まらなくなったことを示している。ここに基経のときにはまだ混同されていた摂政と関白の別が明確に自覚され、さらに天皇の大権を代行し得る摂政と、天皇の補佐に止まる関白との原則的な差異がしだいに制度化し、ついに天皇幼少の間は摂政を置き、成年の後はそれを改めて関白となすパターンが成立するに至るのである。

第二は、貴族政治に重要な意味をもつ儀式・故実の成立である。貴族政治において、政務と儀式は一体不可分の関係にあり、儀式とは別に政治があったと考えること自体一種の錯覚であるとの土田直鎮氏の指摘はまさに至言であるが[2]、その儀式の具体的な作法故実の成立したのは、宇多朝から村上朝の間、なかんずく忠平の時代であった。朝廷の儀礼は、中国文物の輸入から、弘仁・貞観・延喜三代の『儀式』の撰修等を経て徐々に形成されたが、政治様式の変遷と相まって、官撰儀式書のみでは個々の儀礼の具体的な規範を求めるには不充分となった。そこで宮廷の貴族は、先人の作法を見習い、故実を尋ね、実習を積み重ねて、それを後人に伝えていった。そこからしだいに朝儀作法の準則が作りあげられていったのであり、忠平の二子、実頼《さねより》と師輔《もろすけ》を祖とする小野宮《おののみや》流と九条流の形成はその典型である。すなわち両流はともに忠平の口伝と教命を核として形成されたものであるが、忠平はまた八条式部卿本康《もとやす》親王と南院貞保《さだやす》親王とを介して、基経の儀礼を伝承したという(3)。基経が故実の探究に熱意をいだいていたことは、かの日本紀講筵における熱心な態度にもうかがわれるが、その基経の作法をしばしば忠平に語り聞かせた本康親王には、私日記の先駆ともいうべき『八条式部卿私記』があり(『九暦』天慶七年十月九日条)、親王が儀礼の伝承と形成に意欲をもっていたことを裏付けている。一方、宇多・醍醐・村上三天皇にはみな日記があり、個人的にも朝廷儀礼の形成に熱心であったことはよく知られているとおりであるが、醍醐皇后穏子にも『大后御記』がある。その内容から見て、のちの随筆風女流日記ではなく、公家日記の範疇に入るべきものであり、穏子の宮廷に占める特異な立場が、ほとんど前後に例のない女人の公事日記を生み出したのであろう。また醍醐皇子重明《しげあきら》親王の『吏部王記』は、『西宮記』の成立に強い影響を与え、のちの公家日記にもしばしば引勘されている。その逸文によれば、この日記はかなり詳細に朝廷の儀礼を書きとどめ、作法故実の形成に大きな役割を果したと考えられる。[4] これらの事実は、忠平の執政時代が朝廷儀礼の標準型、平安末期の貴族のいう「古礼」の形成期に当っていたことを裏書きするものである。

第三は、摂関政治を支える貴族連合体制の成立である。摂関政治を摂関の独裁政治とみなすのは適切でないという意見は、いままでもいろいろ述べられているが、ことに黒板伸夫氏は、天皇家、外戚である摂関、およびこれらとミウチ関係にある親王・賜姓源氏・藤原氏などの上流貴族集団が「相互依存の権力の環を形成」して、摂関政治を支えていたのであると説いている。[5] これは摂関体制の一面を的確にとらえた卓見であるが、その典型を忠平の時代に見ることができる。時平没後の醍醐朝では、すでに天皇の主導のもとに、氏長者《うじのちょうじゃ》を擁する藤原宗家、天皇の外戚家、皇親の協調関係が目を惹く。天皇の臨終に際し、外戚家の右大臣藤原定方《さだかた》と皇親の代明・重明両親王が召されて遺詔を託され、別に藤原宗家を代表する左大臣忠平が召されて「密事」を承わっている事実は（『吏部王記』延長八年九月二十九日・承平二年十二月二十一日条）、この関係を端的にもの語っているばかりでなく、天皇がこの関係の継続と安定を望んでいたことを示している。天皇はさきに譲位の詔で忠平を摂政に任じたが、定方と二親王に託した遺詔で忠平の太政大臣昇任を命じているのは、忠平の主導のもとに上流貴族の協調連合体制を確立し、幼主を輔けて政局の安定を図ることを望んだものであろう。忠平の承わった「密事」も、或はこれに関わる内容であったかも知れない。それはともかく、忠平がこの体制を継承維持したことは、重明親王の『吏部王記』などによって裏付けできるが、それを背後から熱心に支持したのが忠平の妹、太后穏子である。藤木邦彦氏が詳説したように、[6] 朱雀・村上両天皇の母后として、穏子は皇位継承の問題をも含む宮廷の諸事全般に強い発言権をもっていたが、忠平が貴族連合体制の主導権を継承することは、幼帝を擁護する母后として当然熱望したところであろう。そのうえ穏子の存在は忠平の強力な支えとなったばかりでなく、母后と摂関の提携という、のちの摂関最盛期のパターンを創出した点も見落すことができない。

この貴族連合体制は、さらに忠平から実頼・師輔兄弟、なかんずく村上天皇の皇后安子と手を結ぶ師輔に引きつがれた。『九暦』が師輔の日記であることを考慮に入れても、忠平の師輔に対する信頼度は、実頼に対するより優っていたふしが窺われるが、ことに次代の母后の地位を約束されていた師輔の女安子の存在は、師輔を貴族連合体制の主導者に推しあげたのであろう。安子の宮廷における地位は、摂関の継承順位を遺命する程のものであったし（『親信卿記』天禄三年十一月二十五日・二十六日条）、その順位を兄弟の順として相互協調を説いたのも、貴族連合体制の維持という趣旨に合致するものである。しかし師輔が兄実頼に先だって没し、ついで間もなく安子が没するに及んで、貴族連合体制は中心人物を失って動揺した。師輔と固く手を結び、この協調体制の重要な一環となっていた源高明《たかあきら》が廟堂から追放された安和《あんな》の変も、師輔の二子兼通《かねみち》・兼家《かねいえ》の抗争も、その動揺の産物である。そしてその動揺がおさまり、藤原摂関体制が確立・安定したのが、兼家と道長《みちなが》の時代である。

2　兼家と道長

師輔の三男兼家が初めて世人の注目をあつめたのは、安和二年（九六九）三月の政変における活躍であろう。兼家はこの政変の一月ほど前、兄の参議兼通を越えて中納言に進み、しかも左近衛中将と蔵人頭《くろうどのとう》をもとのまま兼帯したうえ、さらに春宮大夫《とうぐうだいぶ》を兼任した。中納言の蔵人頭は極めて異例のことであるが、かれはこれによって、公卿の列に加わりながら、天皇と東宮の側近を一手に抑えたことになる。この政変と兼家の関係については、事件の火つけ役がのちのちまで兼家に忠勤をはげんだ源満仲《みつなか》であったほかは、とくに伝えられるところはないが、それも事件の性質上当然のことかも知れない。しかしこの大もの蔵人頭の活躍をぬきにしては、恐らくあの手際よい事件の処理は不可能であったろう。兼家はその後も兄兼通より一歩先んじて昇進を続けたが、やがて故皇后安子の遺命を盾にとる兼通のために逆転され、十余年の雌伏を強いられた。しかし寛和二年（九八六）六月、好機をつかんだ兼家は、またも権謀をめぐらして花山天皇を出家させ、外孫の一条天皇を皇位につけて、遂に待望の摂政の座にのぼったのである。

ところが当時廟堂には、右大臣兼家の上席に太政大臣藤原頼忠《よりただ》と左大臣源雅信《まさのぶ》が現在した。摂政或は関白よりも上席の大臣が現在した例は、摂政右大臣基経に対する左大臣源融《とおる》、摂政右大臣伊尹《これただ》に対する左大臣藤原在衡《ありひら》、関白内大臣兼通に対する左大臣源兼明《かねあきら》・右大臣藤原頼忠の三例がある。しかし基経が所帯の官は摂政の職にふさわしくないという理由で太政大臣に昇任されたのを始め、伊尹も兼通も太政大臣に昇ることによってこれを解決した。ところが兼家の場合は、太政大臣が空いていないため前例を追うことができない。ここにおいてか、兼家はこの年七月右大臣を辞して、大臣の序列から離脱する道を選んだ。これに対し朝廷は八月、兼家に准三宮《じゅさんぐう》の詔をくだし、さらに十月、摂政の所職は三公《さんこう》（太政大臣・左大臣・右大臣）の官より重しという理由で、三公の上に列せしめる宣旨（のちに「一座の宣旨」という）をくだした（『葉黄記』寛元四年十月十七日条）。この右大臣辞任からここに至る一連の処置は、恐らく兼家の綿密な計算に基づくところであろうが、その結果、摂政・関白の地位について、次の三つの重要な成果をもたらした。

その第一は、摂政・関白が律令官職を超越した独自最高の地位を確立したことである。(7) この兼家の例は、のちのち「寛和例」として摂関の規模とされ、「執柄必ず一座の宣旨を蒙むる」（『職原鈔』）と観念されるに至ったのである。

第二は、摂関と太政大臣の分離である。もともと良房・基経の摂政・関白は、「令制において余りに抽象的な太政大臣の具体的な職掌として」案出されたものであると説かれている程(8)、太政大臣と緊密な関係をもち、基経以後も太政大臣は摂政或は関白の本官としてのみ存在した。しかるに兼家が摂政に任ぜられたあとも、前関白頼忠は太政大臣の地位に留まり、摂関に非ざる廷臣の太政大臣の新例を開いたが、一面兼家にくだした一座の宣旨によって、太政大臣の地位は相対的に低下せざるを得なくなった。かくてこののち太政大臣は、摂関に非ざる廟堂の長老或は外戚などを優遇するため、または摂政が天皇元服の加冠役を勤めるための「御元服の料」として補任される場合が多くなり、太政大臣の権能は全く空洞化し、その名誉官的な色彩のみ強くなった。

第三は、摂関と藤氏長者との一体化である。それまでは氏中官位第一の者をもって氏長者とする原則により、時には摂関在任中でも摂関に非ざる廷臣が藤氏長者となったケースも出現したが、摂関が廟堂最高の地位にのぼった兼家以後は、官位の高下にかかわらず摂関が氏長者の座を占めるのを常則とすることとなり、摂関の地位を支える大きな柱となったのである。

こうして兼家は、摂政・関白の地位を廟堂に確立し、その遺産のうえに、道隆《みちたか》から頼通《よりみち》に至る摂関最盛期が築きあげられたのであるが、その頂点をなす道長の政治基盤については、摂関の地位のみを以って説明することはできない。それは周知のように、道長は後一条朝の初め一年余り摂政に在任しただけで、関白にもなっていないからである。つまり道長の政治的な足場は、直接的には摂政でも関白でもなく、内覧《ないらん》（天皇に奏上する文書をあらかじめ内見すること。又その職）と一上《いちのかみ》（一の上卿《しょうけい》の略。筆頭の公卿）の二つの地位に支えられていたのである。

道長はかの有名な藤原伊周《これちか》との烈しい政争に勝って、長徳元年（九九五）五月に内覧の宣下《せんげ》を受け、翌月権大納言から右大臣に昇り、さらに翌年左大臣に進んだが、そののち一条・三条朝を通じて内覧に終始し、摂関の座には昇らなかった。内覧の地位は、その職掌上関白に準ずるものではあったが、関白より一段格が低いのは言うまでもない。当時の慣例や状況からみて、一条・三条両天皇の外叔父に当る道長が関白に昇らなかったのはかえって不思議なくらいである。すでに成人していた両天皇の意志も無関係とは言い難いが、それが道長の関白就任の障害になったとは考えにくい。それはやはり道長の意志に原因があり、道長が首席大臣つまり一上の地位に執着したためではなかろうか。

道長は内覧宣下を受けて間もなく右大臣に昇って以来、二十二年にわたって一上の地位を独占したが、これは内覧すなわち関白に準ずる輔弼の臣の地位と、一上すなわち公事を執行する執政の臣の地位とを一身に兼帯したことを意味する。(9) 摂関は大政の代行輔弼を本務とし、みずから公事を奉行しないのが普通で、時に内弁《ないべん》（大きな朝儀の主宰役）などを奉仕した場合は、「希代の事なり」と評された（『殿暦』天仁元年十一月二十二日条）。したがって一上の宣旨は、太政大臣および摂関を除いた首席の公卿に宣下されるのである。道長が一上の地位に執着したことは、長和四年（一〇一五）三条天皇が眼病悪化のため道長に准摂政の宣旨をくだしたとき、なお一上の事も併せ行うべき旨を宣下させた事実によって知られる（『小右記』）。しかも道長は翌年摂政に任じたときも、一上を右大臣藤原顕光《あきみつ》に譲ることを敢えてせず、顕光以下七人の公卿を指定して、そのうち当日参内した上首を以って一上の事を行わしめるという、独特の方式を案出している。その理由は、右大臣顕光も内大臣藤原公季《きんすえ》も、老耄のうえ公事未練のため、常例どおり一上を譲与できないためであると道長みずから語っているが、或はおのれ以外のものに一上の地位が固定することを嫌ったのではなかろうか。それは一上の地位の重要性を身をもって一番よく知っているからで、道長は内覧＝輔弼の臣と、一上＝執政の臣とを兼帯することによって、「内覧・摂政・関白、当時左僕射（道長）差別なし」と評される程の権威を築きあげたのである（『小右記』長和二年七月三日条）。かくして道長は摂関の座そのものには縁が薄かったが、実質的には摂関に勝るとも劣らない地位を掌握し、最も強力な摂関政治を展開したのである。

ところで兼家が摂関の地位を飛躍的に強化し得たのは、かれの天皇の外祖父としての地位によるところが大きい。外戚のうちでも外祖父の権威がとくに高いのは当然であるが、兼家は良房以来初めての外祖父の摂政であった。その准三宮の詔に、母后の「厳親」、天皇の「外祖」たることがことさら謳われているのもそのためである。しかも兼家は外孫の一条天皇を皇位につけると、間もなくさらに外孫（三条天皇）を東宮に立て、次代においても外祖父の地位を維持することをねらった。もっともこのねらいは兼家が一条天皇の在位中に没したので実現しなかったが、その積極的な外戚政策は道長に承けつがれ、母后として大きな影響力をもつ東三条院詮子や上東門院彰子の支援のもとに、古来藤氏栄華の象徴とされた外戚体制を現出したのである。しかし外戚の地位は、言うまでもなく偶然的な要素に左右されるところが大きい。兼家から頼通に至る摂関最盛期は、外戚体制の裏付けによってもたらされたが、それに対する依存度が高まれば、それだけ政権の基盤を不安定にすることにもなる。しかも道長の死は、貴族連合体制の上に立つ摂関の指導力を大幅に後退させた。そして後三条天皇の即位によって外戚の地位を失う現実に直面すると、摂関政治はもろくも崩壊するのである。

二　院政の成立

1　二代の親政

治暦四年（一〇六八）四月皇位についた後三条天皇は、摂関外戚体制から解放されて、矢つぎ早に思い切った施策を打ちだした。その親政はわずか四年半にすぎなかったが、その治績は白河天皇の親政に引きつがれ、貴族政治の方向を大きく変える転機となった。以下、二十年に

及ぶ二代の親政において、特徴的な事象をいくつか拾ってみよう。(10)

その第一は、記録荘園券契所《けんけいしょ》＝記録所の性格である。延久の荘園整理事業については、すでに多くの人々によってその特色が指摘されているが、やはりそれは記録所の設置に集中的に現われている。この記録所では、荘園の領主から証拠文書＝券契や現地の坪付《つぼつけ》などを提出させるとともに、国司からもそれに関する見解＝国解《こくげ》を徴し、両者を比較検討して勘奏を作成し、それに基づいて勅裁が下された。これは従来荘園の存廃が実質的には国司に委任されていた方式を改め、その処分権を太政官の手に収めたことを意味する。かつて三浦周行氏はこの点に注目して、国司専制の抑止が記録所設置の重要な目的であると強調し(11)、最近も延久荘園整理令をもって安易に受領擁護政策とみなすことの誤を指摘する説が行われている。(12)

このような機能をもつ記録所は、弁官の外局的な機関として太政官の朝所《あいたんどころ》に置かれた。その職員としては、『百錬抄』（延久元年閏二月十一日条）に寄人《よりうど》を定めたことが見えるだけであるが、恐らく上卿と弁も任命されたであろう。のちに延久の例を追って設置された天永・保元・文治等の記録所が、すべて上卿・弁・寄人から成っていること、寄人は大外記・大史等から成る審理調査員で、寄人だけでは機構の運営はできないことなどを考えあわせると、延久の記録所にも上卿・弁が置かれたことは間違いない。その弁には、当時右少弁で五位蔵人を兼ねた大江匡房《まさふさ》が充てられたらしい。匡房は年来後三条天皇に近侍した腹心であるが、ことに蔵人弁という立場は、天皇の意向を記録所の運営に反映させるには恰好の地位である。事実、のちには延久の例を追って、記録所の弁には蔵人弁が充てられ、執権とか勾当《こうとう》とよばれて記録所運営のかなめとなったのである（『玉葉』文治三年二月十七日条）。上卿については明確な史料を欠くが、記録所の勘奏に基づく裁定を施行した官符および官牒五通（『平安遺文』所収）が手懸りを与えてくれる。すなわちそのうち延久二年（一〇七〇）の一通は権大納言源経長《つねなが》が宣下し、同三年の三通と四年の一通はみな権中納言源隆俊《たかとし》が宣下している。しかも五通ともすべて記録所の弁匡房が奉行しているところをみると、宣下の上卿が記録所の上卿である可能性が強い。また経長の経歴をみると、左少弁から参議左大弁に至るまで、二十九年にわたって弁官を歴任しているのが目を惹く。記録所の開設に当って、公卿のなかにその上卿を求めるとすれば、まず最初に挙げられても当然の経歴である。隆俊にも四年間の参議右大弁の官歴があるが、さらに天皇が即位後かれの才幹の衆に抜んでているのを知り、近臣として重用したという『古事談』の説話が注目される。隆俊の右大弁任命が「大弁直任」という珍しい抜擢であることも、この説話を裏書きしている。恐らく記録所設置の当初は、まず経長がその経歴を買われて上卿となったが、間もなく隆俊がこれに代り、隆俊と匡房の近臣コンビによって記録所が運営されたと考えて誤ないであろう。これは記録所が天皇の主導のもとに運用されたことを人的構成の面から裏付けるものである。

第二に指摘したいのは、宮廷行事における天皇の主導権の確立である。後三条・白河両天皇の述作した日記や公事書[13]には、一つの特色がみられる。『後三条天皇御記』は「帝王事ハ件御記委《くわしく》見タリ」（『中外抄』）と評され、『後三条院年中行事』も「内《うち》ノ御作法、大都《おおよそ》年中行事は此記に過ぎざるなり」（『貫首秘抄』）と評された。白河天皇も『近代禁中作法年中行事』を述作したが、それは「臣下の礼法は省略し、主上の御作法子細すべき」ものであり、また『後三条天皇御記』を年中行事・臨時・神事・仏事に部類して類聚二十巻を作成させ、のちにこれを堀河天皇に贈った。これらの編著の目的は、明らかに朝儀・公事における天皇の作法を注載することにあり、宮廷行事の主導権を握るためには当然の努力であった。こうした天皇の姿勢が実際の行事に現われた顕著な例が、承保三年（一〇七六）の大井川行幸や承暦二年（一〇七八）の殿上歌合《てんじょううたあわせ》である（『扶桑略記』）。これはそれぞれ醍醐天皇と村上天皇の先蹤を追うもので（『本朝続文粋』『今鏡』）、ともに天皇親政の示威が重要なねらいであろうが、その反面、関白家女房の催そうとした歌合を過差《かさ》（分に過ぎた華美）の聞えありとして停止し（『百錬抄』永保三年閏六月二日条）、また宣旨を下して関白師実《もろざね》の大井川遊興を停めたこと（『後二条師通記』永保三年十月十二日条）が目を惹く。この対照的な処置は、宮廷の儀式・行事の主導権を摂関の手から取りもどそうとする天皇の姿勢を浮き彫りにしており、それはまた宮廷社会における主導権の確立の最も有効な手段でもあった。

第三には、内廷経済の充実のため、いろいろ努力が払われたことが挙げられる。大炊寮御稲田《おおいりょうみいねだ》の設定はその一例である。この御稲田は令制官田の後身であるが、二条良基の『百寮訓要抄』には、「後三条院大炊寮の御稲田とて、諸国に定をかれし、今も禁中の第一の要脚也」と述べている。『師守記』(貞治二年二月十六日条)によると、山城国紀伊郡河副里二十一坪に二段の御稲田があったことが「延久の坪付」に見えるといい、上記の所伝を裏付けるものであろう。『九条家文書』所収の「山城国紀伊郡里々坪付帳」(鎌倉中期の成立か)にも、河副里二十一坪の二段をはじめ、幢里・真幡木里・松本里の坪々に一段から五、六段の御稲田が注載されている。これらは南北朝時代まで存続した東九条御稲田の一部であろう。(補註)また河内国石川郡では、保延の頃に宣旨をもって御稲田供御人《みいねだくごにん》を定め、本坪一段・副田一段および雑事免《ぞうじめん》二段の計四段宛を各供御人に均分したというが(『本朝世紀』久安五年十一月三十日条)、こうした御稲田供御人の設定も延久に遡ることができるかも知れない。すなわち宮内省(大炊寮)—国司(郡司)—省営田という御稲徴収ルートの衰退に伴い、後三条新政を契機として、大炊寮—供御人=御稲田のルートがこれに代ったと理解することができるであろう。(14)

これとはやや趣を異にするが、内蔵寮《くらりょう》経済の充実にも新しい方式がとられた。『中右記』(承徳元年閏正月四日・四月三十日条)によると、内廷経済の最大の機構ともいうべき内蔵寮の頭《かみ》は、古来上流貴族が任ぜられる例であったが、「近代御服美麗にして、寮納不足」のため、但馬守藤原顕綱《あきつな》が内蔵頭に任ぜられて以来、八人相ついで受領が任命されたという。その八人目の播磨守藤原師信《もろのぶ》が補任されたのは永保元年(一〇八一)十二月十七日であるから(『為房卿記』)、この方式が定着したのは、後三条・白河親政期とみることができる。つまり受領をして内蔵頭を兼ねさせ、その財力をもって内蔵寮経済の不足を補わせたわけで、この方式は院政期にも受けつがれたのである。(15)このほか「後三条院勅旨田」の設定なども、三浦周行氏や石母田正氏等によって指摘されているが、親政政権の基盤強化のため、内廷経済の充実が図られたのは当然のことであろう。

第四に、法勝寺の創建もまた色々な面から注目される。その㈠は、洛東白河の地が選ばれたことである。このの ち尊勝寺以下の御願寺が法勝寺に隣接して次々に建立されたが、一方白河天皇は譲位後この地に院御所を営んでしばしば幸し、ために白河の地は面目を一新するに至った。これはあたかも城南鳥羽の地に離宮を造営し、爾後永く院御所の本所としたのに対応し、院政の脱京都的傾向を示唆するものであるが、その端緒となったのが法勝寺の建立である。その㈡は、法成寺・東北院・平等院等の摂関家の氏寺との対比である。後述するように、摂関家は道長の子孫の御堂《みどう》流に摂関の地位が定着することによって最終的に成立するのであるが、その始祖的立場を占める道長・上東門院・頼通の法成寺・東北院・平等院は、その所領と共に永く摂関渡領として摂関=氏長者に伝領されることとなった。それと対照的に、法勝寺以下の六勝寺も皇室の「わたり物」といわれた後院および後院領と共に、皇室の家長としての「治天の君」の伝領すべきものとされた。『愚管抄』の著者が、法勝寺を指して「国王ノウヂデラニ是ヲモテナサレケル」と解したのも理由なしとしない。法勝寺の壮大な造営に、「藤原貴族の精神をのりこえる」意気込みを感じ、さらに法成寺や平等院に対する対抗意識をみるのも強ち無理ではなかろう。[16]

こうして後三条・白河二代の親政のもとで、宮廷社会の歯車は天皇を中心に回りはじめ、着実に院政を生みだす土壌を培っていたのである。この二代の親政が院政前史として位置づけられる所以である。

2 白河・鳥羽院政

院政については、かつてはその成因に議論が集中し、各種の説が出されたが、ここで反省しておきたいのは、後三条および白河両天皇の譲位の理由と、いわゆる院政開始の原因とをひとまず分離して考えるべきではないかという点である。従来の説のなかには、両者をはじめから混淆して論ずるため、議論を混乱させているものもあると思われるからである。

そこでまず両天皇の譲位と院政との関係から考えねばならないが、両天皇とも院政を行うために譲位したと考え得る根拠はいまだ見当らない。ただ後三条天皇の譲位に当って、新帝の異母弟実仁《さねひと》親王を東宮に立てた事実は、天皇の皇位継承の未来図を示唆し、その実現の促進を切望していたことを窺わせるが、それでもこれが譲位を上皇の執政に結び付ける根拠とはならない。

次に白河天皇の譲位についてみると、まず皇后藤原賢子（実は源顕房《あきふさ》女）の死没を悲しんだためとする『中右記』（大治四年七月七日条）の見解を挙げねばならない。この多年天皇（上皇）に近侍した廷臣の証言はやはり無視できないからである。しかし賢子の死と天皇の譲位との間には二年半の歳月があり、これを以って全面的に天皇譲位の理由とするのは躊躇される。そこで目につくのが、東宮実仁親王の死没である。皇位を皇子に伝えたいという天皇の強い願望は、東宮の死によって漸く実現の好機を迎えたのである。しかし父帝が実仁の次の皇位継承者と定めたといわれる輔仁《すけひと》親王が健在である以上、簡単に皇位を皇子の善仁《たるひと》親王に譲るわけにはいかなかったであろう。天皇は慎重に準備を重ね、機をみて一気に立太子即日践祚《せんそ》を断行したのである。これが実仁親王の没後一年にして実現した堀河天皇の践祚である。白河天皇が皇子に皇位を伝えるに当って、いかに父後三条天皇の遺志に気がねしたかは、無理をおして後三条天皇の皇女篤子内親王を堀河天皇の女御（皇后）としたこと、さらに篤子の皇子出産をあきらめて、藤原苡子をあらたに女御に迎えるに当り、これを篤子の姉俊子内親王の女として入内させていること（『中右記』承徳二年十二月十六日条）に端的に現われている。しかし白河天皇の譲位の事情をこのように見てきても、それと院政とを直接結び付ける必然性は見当らない。

つまり後三条・白河両天皇の譲位には皇位継承問題が深くかかわってはいたが、その譲位の時点では、のちに院政といわれるような執政を意図していたとは思われない。結局、白河天皇の譲位後、当時の政治・社会の情勢がしだいに上皇の執政を馴致し、やがて一つの型に定着したのが、すなわち院政であるということになる。換言すれば、院政は某年某月に始まったというようなものではなく、いくつかの段階を経て、しだいに本格化し、定型化したのであり、そうした成立の事情が院政の性格を強く規制しているのである。

その第一の段階は、堀河天皇の崩御、鳥羽天皇の践祚に置くことができる。堀河天皇は八歳で皇位についたが、その二十二年の治世のうち、成年に達した後半には、「殊ノ外ニ引ハリタル人」(『愚管抄』)と評された剛直な関白師通《もろみち》の補佐を得て、かなり主体的な行動をとった。天皇の崩御に際し、その治世を総括して、「世間の事両方に相分かつ」(『中右記』)と評した廷臣の言は、一面では上皇の執政が徐々にその歩をのばしていることを示すと共に、一面ではなお天皇が国政の責任の一半を荷っていることをもの語っている。しかし嘉承二年(一一〇七)、鳥羽天皇がわずか五歳で践祚するに及び、上皇はいや応なく全面的にこの幼帝を擁護せねばならぬこととなった。これより先、摂関家では師通の急死のあとをうけて、若い忠実《ただざね》がこれを継いだが、すでに数代にわたって外戚の地位から離れている摂関家には幼主を擁護する力はなく、鳥羽天皇の践祚に当っては摂関の地位すら脅かされる有様であった。忠実は結局摂政に補任されたのであるが、天皇の生母の兄である藤原公実《きんざね》が摂政を競望しているという風聞があるから、補任の宣命《せんみょう》には明確に「上皇の仰の由」を載せよと指示し（『殿暦』）、実際その宣命には「太上法皇乃詔久」と書き出されている（『朝野群載』）。すなわち摂関も上皇の権威によって漸くその地位を保ったわけで、ここに上皇の政治的権威の伸長の一階梯をみることができる。

こうして鳥羽践祚後は、上皇が「陣ノ内ニ仙洞ヲシメテ世ヲバ行ハセ給ヒニケリ」（『愚管抄』）という事態すら起きたが、さらに上皇の絶対的優位を確立したのは、保安元年（一一二〇）の関白罷免事件である。この事件は忠実の女泰子の入内問題がこじれて起きたものであるが、この年十一月十二日、上皇は遽かに鳥羽より出京し、左大臣源俊房《としふさ》に命じて忠実の内覧停止の宣旨を下させた（『中右記』）。忠実は翌年正月いったんその処分を解かれ、ついでみずから関白を辞任し、代って嫡男の忠通《ただみち》がそのあとを継いだが、これも所詮表面を取りつくろう手続にすぎず、関白罷免の事実は覆いかくすべくもない。この上皇の強権発動は、それまで事実上摂関家の内部で譲渡されてきた摂政・関白の地位が、上皇の一方的な意志によって左右されることを天下に明示するものであったが、こののち摂関はただ虚器を擁するのみで、天下の政は院近臣の一言で決するといわれるような状況が現出したのである。

しかし白河上皇はこの事件の十年後に世を去り、鳥羽上皇の執政が始まって、院政も一転機を迎えた。鳥羽上皇も「天下を政するは上皇御一人なり」(『長秋記』保延元年五月一日条)といわれた専制主で、その執政も白河院政と本質的な相違はないが、現象的には白河上皇に対する反発がかなり目につく。その第一が前関白忠実の復権である。すなわち上皇は、保安事件以来十一年宇治に籠居していた忠実を召出し、院宣《いんぜん》を以って内覧を宣下し、さらに白河上皇の遺言を破って忠実の女泰子を院参させた。この一連の処置は、保安事件の処分に対する露骨な反動で、このの ち泰子＝高陽院《かやのいん》は、上皇と忠実を結ぶ重要な絆となったのである。

かくして上皇と忠実の緊密な提携は鳥羽院政の基調となり、その治政のうえにも強く反映した。すでに指摘されている、鳥羽院政下における荘園整理政策の放棄も、(17)上皇の積極的な政策転換というよりも、寄進地型荘園の本格的な展開を背景とした、忠実の摂関家領拡張策に引きずられた面が強い。しかし摂関そのものの権威は再び回復されなかった。のちに関白忠通と内覧頼長《よりなが》の抗争を冷やかに見おろしながら、両者を適宜使い分ける上皇の姿に、われわれは上皇の絶対的優位と摂関の権威の低下を見せつけられる。そして上皇―忠実提携の基調が崩れるとき、政局は破綻し、天下は大いに乱れるであろうと上皇が予言したのは(『台記』仁平三年九月二十三日条)、保元の乱の三年前であった。

保元・平治二乱の洗礼をうけて成立した後白河院政と、それに続く後鳥羽院政は、あたかも武家政権の形成期に当り、政治の主導権はしだいに武家政権に奪われていったが、院は武士勢力に対抗する貴族・社寺などの旧勢力の結節点となり、貴族支配層内部における院の権威をいちだんと高めた。しかし承久の乱によって公家政権は決定的打撃を蒙り、武家政権の優位が確立した。

承久の乱後も、公家政権は武家政権の監視と保障のもとに、社寺を含む公家社会をいちおう支配したが、なかんずく二十七年にわたって院政をしいた後嵯峨上皇は、評定衆《ひょうじょうしゅう》と伝奏《でんそう》を二本の柱とする執政体制を確立した。この体制は爾後親政・院政を問わず、公家政権に承け継がれ、そのもとで記録所と文殿《ふどの》(院政下の訴訟審理機関)の役割が増大し、後醍醐天皇の建武政権にも強い影響を与えた。(18)

南北朝時代に入って、北朝の朝廷では再び院政が行われ、文殿庭中などの存在も知られるが、室町幕府が安定するに伴い、武家政権による国政の一本化が進み、院政の実質はさらに失われた。ついで後陽成上皇以下の江戸時代の各上皇についても、名目的には「御治世」或は「御政務」の言葉も用いられたが、それに国政上の実質のないことは言うまでもない。そして天保十一年(一八四〇)最後の上皇となった光格上皇の死没とともに、院政の名目もまったく消滅したのである。

なお白河院政以降の各院政の展開を論ずるに当り、白河・鳥羽院政を前期院政、後白河ないし後鳥羽院政を後期院政とよぶことが一般に行われているが、これはあまり適切な呼称ではないと思う。それは第一に、白河・鳥羽院政と後白河・後鳥羽院政との質的な差は大きく[19]、敢えて誤解を恐れずに言えば、前者の古代的院政に対し、後者は中世的院政といってよいほど異質であると考えるからで、それを並列的に前期・後期と分けるのは適切でないと思う。第二に、従来の区分は、後嵯峨院政以降が全く視野に入っていないところから生まれている。この後嵯峨院政こそ中世的院政の完成された姿であり、これを除外して、院政を前期・後期というように区分するのは無意味であるばかりでなく、院政の展開を正しくとらえる妨げとなるであろうから、こうした呼称をやめることを提言したい。

三　貴族政治の構造

1　政所政治論と院庁政治論

摂関政治と院政の構造について考えるには、まず長い間定説視されてきた政所《まんどころ》政治論と院庁政治論に触れねばならないであろう。

摂関家の政所が国政の中心に位置してこれを動かしたという意味での政所政治論は、現在ではほぼ否定されてしまったようであるが、その否定論の具体的根拠の一つは、従来の通説に反して、「政所下文《くだしぶみ》や御教書《みぎようしよ》が、官符・宣旨に代って有力なものになったなどというのも、全く根拠のない空想としか思えない」という点にある。[20]これに対しては、延喜二十年(九二〇)九月十一日付の右大臣忠平家牒や、関白頼忠の備前国鹿田荘をめぐる問題の処理、内覧左大臣道長の志摩国内勧学院領荘園に関する処置などを挙げて、摂関家政所も明らかに国政に関することを取り扱ったと主張する藤木邦彦氏の反論がある。[21]しかし延喜二十年の右大臣家牒は、丹波国の東寺伝法料田について、東寺検校《けんぎよう》忠平が寺家の訴えを取りあげて国衙に牒したものであり、しかもその田地はもともと太政大臣良房の施入したものであるという。[22]これに忠平家の政所が関与しても不思議はない。まして藤氏長者の渡領である鹿田荘や勧学院領について、氏長者の命をうけてその政所別当が行動するのは当然である。もちろん当時最高の権門である摂関家政所の家政が、国政に影響を与えなかった筈はないが、そのことと政所が国政機関であったか否かとは次元の違う問題であろう。やはりこの面から政所政治の存在を主張するのは無理であろう。

もう一つ従来の政所政治論を支えてきたものに、誤った里内裏《さとだいり》観がある。摂関時代に入って内裏がしばしば焼亡し、外戚=摂関の私邸を里内裏とすることが多くなったため、おのずから摂関の私邸で国政がとられるようになったというのがそれである。しかしこの説も、事実関係を調べてみると、ほとんどその根拠を失うことが判明する。

第一に、この時代の天皇の仮皇居滞在期間は通説にいうほど長くはない。いま村上朝の平安内裏初度の焼亡（九六〇年）から後冷泉天皇の崩御（一〇六八年）までの百九年間について見ると、その期間はせいぜい三十六―三十八年にとどまり、しかもそのうちの十九年余は後冷泉朝に集中し、ことに摂関政治の最盛期といわれる後一条朝二十一年間では、わずかに二年余を数えるにすぎない。これらの数字は、いわゆる里内裏の設置と摂関政治とがとくに関連性をもたないことの証左となろう。

第二に、天徳四年（九六〇）の内裏焼亡以降仮皇居に充てられたものを、おしなべて外戚＝摂関の私第とすることは正しくない。それらの仮皇居はおおよそ(1)後院、(2)臣下の私第、(3)里亭皇居に分類できる。『新儀式』にも記載するように、天皇が内裏から他所に遷御する場合、まず後院をこれに充てるのが定式とされ、実際天徳の火災のときも、村上天皇は後院である冷泉院に遷って、一年余ここに滞留したし、その後も四条後院・堀河後院を仮皇居に充てた。(2)の例において外戚＝摂関の私第の例が多いのも事実であるが、その場合でも本主は他所に移ってこれを明け渡すのであって、天皇と同居するわけではないことを忘れてはならない。それに対して(3)は初めから皇居として造られたもので、そのため内裏の主要な規模を取り入れることが多い。里内裏の初例といわれる堀河院も、「内裏のやうにつくりなして」仮皇居としたので、世人に「いま内裏」とたたえられたというが（『栄花物語』）、この傾向は院政期から鎌倉・室町時代にかけて一層顕著となり、土御門烏丸内裏や閑院内裏・富小路内裏などが次々に造営され、ついにその一つである土御門東洞院殿が近世初頭土御門内裏として固定し、現在の京都御所に引きつがれたのである。そしてその間、(2)の「臣下家」に対し、それらを「里亭皇居」と称して明確に区別する観念も生じた(『中右記』天永三年八月十九日条)。すなわち(3)の里亭皇居——大内の内裏に対する里亭の皇居——こそ名実ともに里内裏の語にふさわしいもので、里内裏を(2)に引きつけて解釈するのは当を得ないし、まして平安中・末期において(2)の臣下の家が内裏にとって代わったように考えるのは正しくない。確かに里内裏の出現は、貴族政治の進展と深い関係をもっているが、政所政治論の根拠には全くなり得ないのである。[23]

次に院庁政治論について考えてみよう。この論はもともと政所政治論を前提として、院政は「摂政家または関白家の政所政治が上皇の院庁に移った」[24]ものという見地から発している。したがって政所政治論が成り立たないとすれば、院庁政治論の第一の根拠は失われることになる。しかしそれはそれとして、政所政治の問題と切り離して院庁の実態を検討することも必要であろう。院庁はいうまでもなく上皇或は女院に附属して、院中の庶務を処理する機関である。その構成は、醍醐朝の宇多上皇の院庁を経て、一条朝の円融上皇の院庁においてほぼ完成の域に達した。後三条上皇のとき初めて院蔵人所が設置されたとし、それを上皇に院政開始の意図があった根拠とする説もあるが、[25]蔵人所もすでに円融上皇の院中に存し、後三条上皇の新設とするのは誤である。もちろん院政期に入って、執政の上皇の院庁が拡充強化されたことは疑ないが、院政を契機としてそれが大きく変質したと考え得る根拠は見当らない。いま白河・鳥羽上皇の院庁の構成をその機能上から分類すると、(1)別当・判官代《ほうがんだい》・主典代《しゅてんだい》の系列で、いわば院庁の内局（史料上は、その隷下の庁官・公文《くもん》などから成る下級庶務機関を指して院庁とよぶ限定的用例が多い）、(2)殿上人《てんじょうびと》・蔵人などの近習、(3)別納所《べちのうしょ》以下の各種の「所」や文殿・御厩《みうまや》など分課的機構、(4)御随身所《みずいじんどころ》・武者所《むしゃどころ》・北面など護衛機構に類別できる。

　このうち、(1)では別当のなかから執事・執権・年預《ねんよ》が派生し、さらに後嵯峨院政では執事・執権が評定衆や伝奏に補される例が多くなる。(3)のうち文殿は、やはり後嵯峨院政以降、院評定制のもとで訴訟の予審調査機関に転化する。(4)のうち、御随身は近衛府に籍を置いたまま出向してきた側衛兼儀仗兵であるから別として、在位時の滝口《たきぐち》を充てる武者所も、下級の近習廷臣の詰所から発展した北面の武士も、本質的には上皇近習の私兵であり、また上皇政権の掌握した武力の一部にすぎない。こうして院庁を機構の面から洗ってみると、少くとも白河・鳥羽上皇の院庁は、やはり上皇の家政処理機関で、これを国政機関とみることは無理である。また鈴木茂男氏も、院庁発給文書の検討を通じて同様の結論を出して、院庁が院政の執行機関となったとする通説的見解を強く否定している。[26] 確かに後白河院政のもとで、院庁が部分的或は臨時的に国政に関わる事柄に関与し、院庁発給文書の権威がいちだんと高まったといわれるような現象は認められるが、それを以って院庁が全面的に国政機関に転化したとするのは無理であろう。また後嵯峨院政以降については、文殿の変質をはじめ、執事・執権の権能などからみると、公家政権における院庁の役割は格段に強まったが、一面親政・院政にかかわらず置かれた関東申次《もうしつぎ》はもちろん、評定衆と伝奏も無条件に院司ないし院庁機構に含めるわけにはいかず、少くとも院政を院庁という狭いワクに押し込める必要はないと思う。(27)

結局平安中・末期の貴族政治において、国政の中心は決して摂関家政所や院庁にあったのではなく、基本的には太政官を中心とする従前の政治機構・組織によって政治が運営されたと判断するより外ないであろう。そしてその運用の主導権を事実上掌握していたのが、摂関であり、上皇であったのである。

2 摂関と上皇

既述の如く、摂政と関白の別が明確となったのは、忠平が醍醐天皇の譲位の詔によって幼主を保輔し摂政すべきことを命ぜられ、ついで朱雀天皇の成人後関白に任ぜられたのに始まり、その後漸次両者の別が形成され、固定したのである。摂政は幼少の天皇（江戸時代に女帝の二例あり）に代って政務を総攬する職であるが、その具体的な職掌の主要なものを挙げると、(1)詔書の御画日《ぎよかくにち》（天皇が書き入れる日付）、詔書覆奏《ふくそう》（裁下された詔書を施行するため太政官から再び奏上すること）の「可」又は「聞」を代筆すること、(2)天皇に代って官奏を覧ること、(3)叙位除目の儀を代行すること、(4)官中奏下一切の文書を内覧すること、(5)幼主の諸儀出御に際し、これを扶持し、或は代行すること、などである。このうち(4)は関白および内覧の臣の職能でもあるが、その他は摂政のみの権能で、制度上は明らかに摂政と関白とは区別があるが、実際政治のうえでは、その別はさほど大きな意味をもたない。それは第一に、いわゆる摂関時代の摂関の存置年数を調べると、実際には関白・内覧が基本ベースになっていることがわかる。いま忠平の摂政就任から後三条天皇の即位までの百三十八年間について概算すると、摂政の存置期間が二十四年、関白が七十五年、内覧が二十一年、摂関・内覧の置かれなかった期間（村上朝）が十八年となる。これは、摂政が天皇の幼少という、いわば正常でない状況のもとにのみ置かれるものである以上当然の現象であろう。第二に、内覧の道長が三条天皇の眼疾のため、摂政に準じて官奏および叙位除目の事を行うべき宣旨をうけ（『小右記』）、頼通が摂政から関白に移ったときも、同様の宣旨をうけて（『日本紀略』）、ついにこれが関白の規模とされたことである。これは関白・内覧が上記の摂政の権能のうち、最も実質的な(2)・(3)・(4)を保有したことを意味し、摂政と関白の別も、結局は儀礼的或は観念的な面に集中していったのである。

一方、摂関と大臣以下の令制官職との差異も見落してはならない。その第一は補任の方式である。摂関の補任は詔勅によるのを本則とするが、その効力は補任時の天皇一代に限られ、新帝が引続いて前朝の摂関を任用するためには、改めてその意味をこめた詔勅を下さねばならない。これは内覧の宣旨についても同様で、近衛朝に内覧宣下をうけた藤原頼長が、後白河朝に入ってその再宣下をうけることができず、自動的に内覧の地位を失ったのは、如上の制度を裏書きする好例である。こうした摂関ないし内覧の地位は、いったん任命されると、辞任或は転免まで自動的に在任する大臣以下の令制官職と大きく異なるところであって、その地位が天皇個人との個別的な結びつきを基礎とするものであることを端的に示している。第二に、摂関と一上との関係にも、摂関の特殊性を見ることができる。一上は筆頭の大臣として官中の庶政を統領する地位であるが（『職原抄』）、その場合摂関は除外されるのである。つまり摂関は一般廷臣を超越した立場にあり、朝儀・公事においても上卿或は内弁を奉仕することなく、公卿の議定においても評議には加わらず、天皇の裁決を代行するか、または補佐するのを常則としたのである。院政期に入って、上皇の命により内弁を奉仕した摂政忠実が、「摂政内弁希代の事なり」と嘆いたのは（『殿暦』天仁元年十一月二十二日条）、摂政の地位の低下を嘆いたものではあるが、それを裏返せば、摂関期における如上の摂関の地位をもの語る証左となろう。

次に院政を執る上皇の地位について考えてみよう。そもそも令制における太上天皇の地位は、おおむね天皇に準じたものと考えられる。すなわちその敬称は陛下とし、自称は朕といい、その言詞は詔または勅と称された。その政治上の地位も、模範となった中国の例や奈良時代の実例に徴すれば、もともと政治の場から完全に排斥された存在ではなく、潜在的には天皇と同等の大権を保持していたと考えられる。(28) こうした上皇の政治的地位は、平安初頭の平城上皇まで承けつがれ、周知の如き上皇の執政が展開するのであるが、薬子の乱によって上皇が出家隠退するに及び、いわゆる「二所朝廷」的な状況が清算され、前代以来の上皇の政治的地位は大きく後退した。そして一方、薬子の乱を克服した嵯峨天皇は、譲位後みずから「万機の務、賢嗣(淳和)に伝え、八柄の権、復た知る所にあらず」といい、「代庖《だいほう》の譏《そしり》を貽《のこ》す」ことを恐れて(『類聚国史』巻二十五)、一君万民的な観念を標榜することとなったのである。

こうしてこののちは、天皇と摂関との一体性を基礎とする摂関体制の成立とあいまって、関白師通の放言、「降居《おりい》の帝《みかど》の門に車立つ様やはある」(『今鏡』)式の一君万民的な観念が表面に押し立てられたが、実際には上皇の政治関与の事例がしばしば見出されることも周知の事実である。それは公的な場における私的な関係の進出という一般的風潮にのって、「父子の義」を背景とする上皇の発言力がしだいに強められたことにもよるが、一面では太上天皇固有の政治的地位が底流となって承けつがれていたことも見逃してはならない。「太上皇は是れ天子と儀同事なり」(『長秋記』大治四年七月八日条)とか、「遜位《そんい》の後、猶朝務を聞くは自然の事なり」(『山槐記』治承四年七月二十九日条)という観念も、あながち院政のもとで生まれた観念とばかりは言えないし、かの『長寛勘文』に明法博士《みょうぼう》中原業倫《なりとも》が謳った「太上天皇と正帝とは別なし」の文言も、明法家の伝統的な観念と解したい。そして更に言えば、この明法家流の上皇正帝同儀観が、摂関家流の一君万民観を克服したところに、院政＝上皇執政の一つの足場があり、また院政を従前の上皇の政治関与とは次元を異にする域に押し上げた根拠がある。

こうした見地に立つと、上皇執政の根拠を全く天皇との血縁関係に還元してしまう見解には賛成できない。しかし院政における「父子の義」の重要性を否定するつもりはなく、それはまたよく言われる皇室の私的権門化の傾向と軌を同じくするものである。皇室の権門化は、後院および後院領の伝領に象徴的にみることができる。(29) 後院は平安初期発足の当初から殿舎および勅旨田・牧等より成る一種の経済体であるが、およそ律令制下ではあり得べからざる天皇の私的所領として歴代天皇に伝領され、しだいに藤氏長者の伝領する「渡領」の如き性質を帯びて、「代々のわたり物」(『大鏡』)と称されるに至った。しかるに院政期に入って白河上皇が譲位後もこれを手離さなかったため、以後執政の上皇が管領する例となり、さらに天皇たると、上皇たるとを問わず、時の「治天の君」がこれを伝領することとなった。ここにおいて治天の君は皇室における家長的色彩を強くもつことになったが、一面では持明院・大覚寺両統の対立のなかで、皇位継承者とは別個、独自の地位と化し、天皇の父とか祖父とかいう私的な関係を背後に押しやることとなった。こうして分化した天皇と治天の君との再統合こそ、後醍醐天皇の討幕運動の目標の一つであったのである。

3　政と定と奏事

平安時代の政務の実際を解明するのは容易でないが、いちおう整理を試みると、大筋として政《まつりごと》と定《さだめ》とに大別され、さらに政は朝政・旬政《しゅんせい》などの系統と、官政・外記政などの系統に分かれ、定には御前定《ごぜんのさだめ》・殿上定・陣定《じんのさだめ》などがある。

朝政は、早朝天皇が大極殿に臨御して庶政を聴くものとされているが、平安初期までは、大極殿が紫宸殿に変ったほかは、おおよそ遵守されたという。『三代実録』貞観十三年（八七一）二月十四日条の「承和以往、皇帝毎日紫宸殿に御して政事を視る、仁寿以降、絶えて此の儀なし」という記事がそれを裏付ける。しかしこの朝政も、仁寿すなわち文徳朝以降中絶し、貞観すなわち清和朝に一時復活されたが、やがてまた途絶えがちになり、わずかに毎月一日・十一日・十六日・二十一日の旬政に移行し、ついには四月一日と十月一日の二孟の旬として、宮中年中行事のなかに名残りをとどめるに過ぎなくなった。この朝政については、これ以上具体的なことは殆ど知り得ないが、次の『隋書』倭国伝の有名な一節は、朝政について若干の手掛を与えてくれる。すなわち隋の開皇二十年（推古八年、六〇〇年）、倭王の差し遣わした使者が文帝の質問に答えて、

倭王は天を以って兄と為し、日を以って弟と為す、天未だ明けざる時、出《い》でて政を聴き、跏趺《かふ》して坐し、日出ずれば便ち理務を停め、云う、我が弟に委ねんと、

と述べたという一節である。この文章は意味の不明な点もあるが、確かなことは、政を二分して、(1)「天未だ明けざる時」倭王がみずから聴く政と、(2)日出でて後弟に委ねる政とを区別している点である。そして恐らく(1)は祭祀を中心とする神聖な政事、(2)は一般政務と解してよいであろう。もちろんこの記事を安易に後世の政務に直結することは慎しまねばならないが、その影を政務のうえに見るのもあながち誤とは言えぬであろう。この見地に立ってこれをみれば、後世の朝政には(1)の性格が投影されていると解される。したがって朝政の内容は、もともと神聖な事柄ではあるが、それだけに観念的、或は儀礼的な色彩が強く、祭政分離の時流の大勢にそって、衰退するのもそれだけ早かったのではなかろうか。

それに対し(2)の系譜を引くのが、官政以下の諸司の政であろう。なかんずく諸司・諸国の政務を総括する太政官の官政は、国政に重要な位置を占めた筈である。官政は、「太政官尋常政」ともいわれ(『三代実録』貞観十三年二月八日条)、貞観・延喜の制では、辰ないし巳の刻をその刻限とする。その大要は、大臣もしくは大・中納言が太政官庁に着き、諸司・諸国の上申する庶政を聴き、重事は奏上して勅裁を請い、その他は先例・傍例によって処分する。その諸司・諸国の庶務は、弁官が取りまとめて上申するが、中務《なかつかさ》・式部《しきぶ》・兵部《ひょうぶ》三省の掌る文武官の考選目録と位記請印、および中務省の掌る夏冬時服のことなどは、弁官を経ず、じかに各省から上申する。これを三省の政といって、弁官の政に先だって行われることになっているが、内廷事務および後宮を管する中務省と、文武官の人事を管する式・兵二省の政が、弁官の政と区別されていることは注目される。

次に諸司・諸国の上申する内容については、『九条年中行事』や『北山抄』にほぼ同様の項目を列挙しているが、いま前者によると、「一上に申す事」として、「雑物色替《ぞうもつしきたい》事」以下二十六事（うち十三事は奏）を掲げ、「大、中納言に申す雑事」として、「減省雑物事」以下七十六事（うち三十七事は奏）を挙げ、かつ上奏事項以外は「上宣」つまり上卿の宣により処分することになっている。この百条を越える事項は、当時の経常的な庶務を網羅したものであろうが、そのうち五十条の上奏事項がすなわち官奏事項である。なお養老公式令《くしきりょう》には、太政官の上奏手続について条文があり、太政官奏は、上奏事項の軽重や性質によって、論奏・奏事・便奏《びんそう》の三式により奏状を作成して奏聞すべきことが規定され、小事については「口奏《くそう》」すなわち口頭をもって奏することも許されている（但し奏聞ののち便奏式により奏状を提出する）。そしてその論奏事項は「大祭祀」以下八項目及び「律令の外に議して奏すべき」ものと規定しているが、最近の早川庄八氏の研究[30]によると、この八項目は唐の奏抄式と発日勅を下敷きにして作成したものらしい。したがってこれがわが国の政務の実際にどれほど生かされたかは疑問で、上記の五十項目と具体的に関連づけるのは困難である。

それはともかく、この官政・官奏もしだいに衰退し、官政はその略儀ともいうべき外記政に移り、さらにそれも形式化して実質を失っていき、或はまた不堪佃田定《ふかんでんでん》や不堪佃田奏のように、官政・官奏から分離して、単に太政官政治の象徴的な行事と化するものもあった。

こうして朝政・官政以下の政が形骸化していく反面、政務の実質はしだいに陣定以下の定に移っていった。大臣以下の議政官による政務議定の伝統は古く、すでに大化前後にも存したことが指摘されているが、(31) 上記の如く養老公式令にも、「律令の外に議して奏すべき」ものは論奏式によって奏聞すべきことが規定されている。その義解には、一例として「年の凶荒に依り、議奏して復《ふく》を給うの類」を挙げ、これは律令に正文がないためであると説明している。また集解の諸説のなかには、律令の規定が事に便ならざるものも、みな議定して奏聞すると釈したものもある。このように太政官の議定は律令政治のなかに重要な地位を占めた筈であるが、摂関政治や院政においても、陣定に代表される公卿の議定は、国政のうえに大きな役割を果している。その陣定に取扱われた議題を藤木邦彦氏の研究(32)などを参照して整理してみると、(1)諸国が上申する民政事項、(2)宋や高麗などとの渉外事項、(3)国司の功過審査や官人の任免などの人事関係、(4)謀反人の断罪や追討使派遣、さらには外寇防衛など司法・警察・軍事関係、(5)禁令制定などの立法関係、(6)恒例臨時の朝儀関係など、国政全般にわたっている。そして藤木氏は、道長の『御堂関白記』によると、陣定が平均して月二、三回程度行われていることも指摘している。

この公卿議定制は、鎌倉時代の院評定制にまで承け継がれるが、その間には重要な変化もいくつか数えあげられる。その第一は、摂関の立場の変化である。すなわち摂関政治においては、摂政は天皇に代って公卿の議定に裁断を下し、関白は天皇の勅裁を補佐する立場にあったが、院政においては、上皇が裁決の実権を握り、摂関も公卿とともに審議する立場に留まることとなった。第二に、院政のもとで、議定が院御所において行われることが多くなったのも軽視できない。もちろん議場が院御所に移っても、それが院司の会議に変質したわけではなく、あくまでも太政官の議政官たる公卿の会議である点に変りはない。しかしそれによって、しだいに固定してきた陣定などの形式から解放され、上皇の議定掌握を側面から促進したことは充分推測される。第三に注目されるのは、議定の構成員である。太政官の議定の構成員は、前官や非参議を除いた狭義の公卿で、平安中・末期には、「公卿定員十六人」とか、「十六之員」、「二八之臣」といわれたように、十六人を定員とした（『小右記』寛和元年九月十四日条、『本朝世紀』久安三年六月三十日条）。もっとも公卿全員が議定に参加した例は殆どないが、公卿以外のものが加わった例もない。しかし院政のもとでは、上皇の命によって前官の公卿が議定に列する例も現われ、さらには非参議や頭弁《とうのべん》が召され、しかもそれらを含めて、議定参加者が院宣によって指名選択されるようになった。この傾向は後白河院政に入って顕著になるが、これがかの有名な文治元年（一一八五）の源頼朝による議奏公卿の指名の下地となり、さらに後嵯峨院政の評定衆の選定につながるのである。ここに至れば、公卿議定は本来の太政官会議としての性格を殆ど失ってしまうが、反面こうした変化のもとで、公卿議定がなんら裁決権をもたない審議機関から、議決機関へ脱皮しようとする傾向をみることができる。それは頼朝の議奏公卿に対する期待に窺い知ることができるし（『吾妻鏡』文治二年四月三十日条）、最終的には院評定制のなかに実を結ぶのである。これが第四の大きな変化である。

しかし公卿議定によって、政務全般を運営するのは無理な筈で、それとは別に、議定にかけずに政務を処理する道もいくつかあった。その一つが、少しのちに一般化する用語を借りると、奏事《そうじ》である。奏事は、系譜的には官奏、なかんずくその「口奏」につながるものとも考えられるが、官奏の形骸化と、摂関、特に上皇の執政の専制化のもとで、官奏のワクからはずれたところに、庶政裁決のルートが開かれ、しだいに制度化したものと思われる。殊に院政の進展に伴い、諸司・諸人の申請や訴訟が上皇の直裁を求めて集中し、それを申し次ぐ近臣（中次）の役割が重みを加えて、ついには伝奏とよばれる院中の重職を生むに至った。「天下の政、此の人の一言に在り」（『中右記』大治四年正月十五日条）と称された、白河院の著名な近臣藤原顕隆《あきたか》が、また毎夜上皇の側近に侍して、言上することは何事も聴許されたので、「夜の関白」とあだ名されたという説話（『今鏡』）には、すでに奏事と伝奏の姿を見ることができる。こうして平安貴族政権のもとで形成された政務処理の二本の主要なルート、議定と奏事は、中世の公家政権にも承け継がれて、評定と奏事、評定衆と伝奏の制に定着したのである。

4　宣旨と院宣

次に政務執行の実体を文書の発給の面からさぐってみよう。かの『神皇正統記』に「執柄世ヲオコナハレシカド、宣旨・官符ニテコソ天下ノ事ハ施行セラレ」たと説くように、摂関政治のもとでも、政務の執行に当っては、摂関の御教書とか政所下文などにはよらず、宣旨・官符などの公文書が発給されたことは既述のとおりである。養老公式令によれば、天皇の勅命を下達する公文書としては、詔書と勅旨（勅書）があるが、平安時代に入ると、新たに宣旨という新様式の文書が案出され、詔書は譲位や立后・任大臣或は諸節会《せちえ》の宣命《せんみょう》、または改元や朔旦冬《さくたんとう》至《じ》（十一月一日が冬至に当る日を二十年一度の吉日とする祝儀）の詔書など、その使用は限定され（『北山抄』）、或は儀礼化して、宣旨などの新様式の文書が貴族政治の運営に重要な機能を果すようになった。

宣旨は平安初期の成長期を経て、平安中期にはいちおう形が整うが、その定型化した宣旨は、発給手続によって、(1)外記宣旨と、(2)弁官宣旨の二種に分けられる。[33] (1)は、勅宣→職事《しきじ》（蔵人）→上卿→外記のルートを経て、外記によって作成され、(2)は、勅宣→職事→上卿→弁→史のルートを経て、史によって作成される。これを詔書の発布手続、勅宣→中務省（内記原案作成）

→奏上（御画日）→中務省（謄写、卿・輔署名）→太政官（大臣・納言署名）→覆奏（御画可）→太政官（謄写）→施行官符（地方官庁には謄詔符）と比較すると、宣旨の手続がいかに大きく簡約されたものであるかを知り得るであろう。

また外記宣旨と弁官宣旨の分掌は、『北山抄』や『伝宣草』に詳細に列記されているが、それには経常的な行政事務がほぼ包括されている。いまそれを概括して示すのは難しいが、それぞれの特徴を挙げると、外記宣旨は、(1)任官・叙位や待遇付与および停止など、人事に関すること、(2)朝儀・公事の日時、供奉諸司の召集、および延引・停止に関することなどで、弁官宣旨は、(1)諸司・諸国・諸社寺・院宮王臣家の申請に関すること、(2)朝儀・公事の装束・饗禄など用度に関することなどである。それは外記を太政官の内局とすれば、弁官は外局的な性格をもつこと、また弁官が諸司・諸国の統轄機関であることなど、両者の性格・機能の差違を反映するものである。

さらに弁官宣旨は、諸国や社寺などに発せられる場合、弁官下文ともよばれる様式の文書で発布され、これを官宣旨（平安・鎌倉時代にはただ宣旨ともいわれた）といって、しだいに発布手続の複雑な官符や官牒に代って多用されるようになった(34)。こうした新様式の文書の発生は、天皇と太政官、或は天皇と院と摂関とを結ぶ機能が蔵人に集約され、太政官の行政事務が外記と弁・史に集中した貴族政治の実情を象徴するものである。

こうして平安中期以降は、宣旨・官宣旨が政務執行に大きな役割を果したが、その様式・発布手続がいかに簡略であったとは言っても、公文書のワクを出るものではなかった。しかるに、院政期に入って上皇の執政が恒常化するに伴い、私文書系の奉書＝御教書の一種である院宣が重要な機能を果した。院宣は院の近侍者が奉行する奉書で、当時一般には御教書といわれたが、天皇の勅旨を奉行する御教書＝綸旨《りんじ》や王臣家の御教書と区別して院宣とも称された。十世紀末から十一世紀にかけて広く用いられ始めたといわれる御教書のうち、まず摂関の権威の高揚に伴って、その御教書が重んぜられたことは確かであろうが、先にも述べたように、摂関の御教書が宣旨などにとって代って国政上の機能を果したというような事実はない。しかし院政の進展とともに院宣の権威が高まり、ひいては一定の政治的機能を果したことは注目される。『神皇正統記』には、前掲の文章に続け、上文に対照して、「此御時（白河院）ヨリ院宣・庁御下文ヲオモクセラレシニヨリテ、在位ノ君又位ニソナハリ給ヘルバカリナリ」と記述しているが、少くとも白河・鳥羽院政においては、院庁下文或は牒などで一般国政に関わるもののなかったことは、すでに鈴木茂男氏の指摘したとおりである。それに対し、用途にも用法にも制約のない院宣は、上皇の意向を自由に伝達する文書として絶大な効力を発揮したのである。鈴木氏の「院政はこの制法にかかわらない院宣によって旧来の太政官組織を動かして成立していたといえよう」との結論は、恐らく大筋において誤ないであろう。(35)

ただし注意しなければならないのは、院宣の機能は、上皇の意向・命令を伝達して、蔵人・検非違使《けびいし》を含めた旧来の組織・機構を動かす引き金の役割を果すのを基本としたことである。その具体例を二、三あげると、大治四年(一一二九)平忠盛《ただもり》をして海賊を追捕させるため、山陽・南海両道国衙に対し発せられた検非違使移《い》は、白河上皇の院宣を承けた別当宣によって発給されたものであり(『朝野群載』)、京中でも検非違使を動員する場合は、まず院宣を別当に下し、別当宣を発給して動かすのを原則としたのである(36)(『中右記』永久元年四月三十日条)。また仁平元年(一一五一)の左大臣藤原頼長に対する内覧宣下の例を見ると、院宣を奉じた頭弁が参陣して上卿の右大臣に宣下し、上卿は大外記と左少弁を陣座に召して形どおりの宣旨を作成させている(『本朝世紀』)。そして保安元年(一一二〇)関白忠実が内覧停止を宣下されたときも、同様の手続によって宣旨が下されていることが『中右記』(保安元年十一月十二日条)の記述によって推測される。つまり院宣は、決して官符や宣旨などにとって代るものではなく、それらは院宣と併行して機能し、或は院宣を施行し、追認し、またときには正当化するなどの役割を果しているのである。

しかしそれにしても院政下において院宣が絶大な力を発揮したことは確かで、私的文書として出発した御教書が、公的文書の機能を果す端緒を開いたといっても過言ではない。保元の乱の前後、或は忠実・頼長が荘園の軍兵を催すのを停止すべき旨の御教書=綸旨を諸国司に発し、或は忠実・頼長の所領を没官すること、さらには忠実の宇治所領・平等院の沙汰を停め、関白忠通をして知行せしむべきこと等の綸旨が次々に発せられたのも(『兵範記』)、前代の院宣の機能を下地として生まれた現象である。こうして国政上に市民権を獲得した綸旨は、のちに後醍醐天皇の手に引き継がれて、建武新政前後の全盛期を現出するのである。[37]

四　貴族社会の再編成

1　平安貴族の成立

貴族政権の荷い手である平安貴族の形成には、三つの契機が考えられる。その第一は、律令官位制である。周知のように、律令制の位階においては、三位以上を「貴」、四位・五位を「通貴」と称し、官僚機構の上層部を独占し、経済的な待遇のみならず、その親族に至るまで刑法上の恩典をうけて、無位者は勿論、他の有位者とも明瞭に差別されている。しかも元来個人を対象とした貴・通貴身分は、蔭位《おんい》制によって再生産の仕組みを与えられ、しだいに貴・通貴から貴族へと階級化の道を歩んだのである。第二は、「公卿」の成立である。いうまでもなく平安貴族は律令官僚を母胎として生まれたものであるが、その最上層に位置するのが公卿である。公卿の号は、平安中葉から盛んに用いられるようになるが、それは参議の成立と公卿議定制の定着の反映であろう。参議が職事官(相当位があり、職掌をもつ正式の官)としての地位を太政官内に確立したのは、菅原道真が「参議の官を定めて職事と為さんことを請う」の奏状を草した元慶六年(八八二)以降のことに属するが(『菅家文草』)、それによって太政官の議政官のワク組みも定まり、公卿議定制も制度的に定着したといえる。こうして公卿は太政官の首脳として他に優越した地歩を占めたが、さらに宮廷儀制の形成に伴い、朝儀・公事を始めとする宮廷行事は公卿を中心として運営され、公卿は単なる職制上の地位にとどまらず、身分的、階級的色彩を強め、平安貴族の中核となった。平安中・末期の記録類にみえる「貴種」の語が、おおむね公卿身分を基準として用いられているのもそれを裏付ける。第三の契機は、昇殿制の成立である。およそ位階とか勲等とかいうものは、制定されてから時が経つにつれて下落する傾向があるが、平安時代も中・末期になると、貴族の関門として栄爵《えいしゃく》とよばれた五位の壁はしだいに崩れ、代って昇殿の制が新しい身分制として宮廷社会に重んぜられるようになった。この制度も平安時代の中頃に起り、公卿のほか、昇殿を許された四位・五位の廷臣を殿上人《てんじょう》とい い、天皇の側近として代替りごとに選定され、蔵人頭の指揮のもとに殿上の間《ま》に常侍し、輪番制で宿直や陪膳などを勤めたが、また公卿の予備軍的な存在でもあった。その人数には増減があって一定しないが、長治二年(一一〇五)の例では四十七人を数え(『朝野群載』)、のちには公卿とあわせて堂上《とうしょう》とよばれ、公家貴族の総称となった。

以上の三つの要素をおもな契機として、宮廷貴族が漸次形成されたのであるが、それを氏族構成の面からみると、殆んど藤原氏と源氏によって占められているのが特徴的である。藤原氏は新興の律令官僚として擡頭して以来、他の古代豪族を排除して優勢を維持しつづけたが、その貴族化の道においても、他氏に一歩先んじて優位を占めた。延暦十二年（七九三）九月丙戌の詔、「見任《げんにん》の大臣・良家の子・孫は、三世以下の王を娶ることを許せ。但し藤原氏は、累代相承け、政を摂《と》りて絶えず、此を以て之を論ずるに、等を同じくすべからず、殊に二世以下の王を娶ることを聴すべし」（『日本紀略』）という桓武天皇の詔は、継嗣令の、臣下は五世の王を娶ることを許す、という規定を大幅に緩和した処置であるが、なかんずく藤原氏を他氏と同等に扱うのは不当であるとして、とくに二世、つまり皇孫を娶ることを許したもので、藤原氏の他氏をしのぐ優位が公認されたことを示している。しかも実際にはさらに一歩進めて、藤原良房は嵯峨天皇の命により皇女潔姫を娶り、その間に生まれた明子がついに清和天皇の生母となった。ここにおいて良房は外戚関係を背景として、人臣太政大臣、さらに人臣摂政の例を開き、以後北家藤原氏の嫡流が廟堂の主導権を握って、公卿をはじめ顕官要職を同氏に集中し、貴族支配層の過半を藤原氏によって占めるに至ったのである。

藤原氏が律令官僚の貴族化の本流を歩んだのに対し、貴種性を最大の拠り所として登場した皇親貴族が源氏である。皇子の賜姓は、延暦六年（七八七）光仁天皇の皇子諸勝《もろかつ》に広根《ひろね》朝臣の姓を、桓武天皇の皇子岡成《おかなり》に長岡朝臣を賜わって臣籍に下したのに始まるとされているが、後世永く流例となった賜姓源氏は、弘仁五年（八一四）臣籍に下った嵯峨天皇の皇子四人・皇女四人に始まる。これに続いて、嵯峨・仁明・文徳・清和・陽成・光孝・宇多・醍醐各天皇の皇子女がつぎつぎに源姓を賜わり、その数はほぼ百人に達したが、さらに皇孫で源姓を賜わるものも数多く現われた。その初めて皇子女に源姓を与えた弘仁五年五月八日の詔では、「出身の初めは一に六位に叙せん」（『類聚三代格』）と見えているが、実際について見ると、経歴の知り得る嵯峨源氏十三人のうち、一、二の例外を除いて、みな四位から出身しており、これが後世まで一世ないし二世源氏の出身叙位の定式となった。選叙令の規定では、親王（皇兄弟及び皇子）の子が父の蔭《おん》によって出身する場合は、従四位下に叙されることになっているので、或はこの規定が一世、さらには二世源氏に準用されたのかも知れない。平安中・末期の摂関家の嫡男でも、出身の際は五位を越えることが出来なかったのであるから、源氏に対する待遇がいかに厚かったかが知られる。こうして賜姓源氏は、その出自のゆえに、出身の最初から最高の貴種として宮廷社会に登場したが、その反面、「母氏過ちあれば、その子源氏と為すを得ざれ」という嵯峨天皇の遺旨（『三代実録』貞観八年三月二日条）により、源氏の姓は皇統につながる神聖なる姓であるとする観念もはぐくまれたのである。しかし出自だけで宮廷社会に地位を保持することは困難であった。嵯峨から光孝までの諸源氏では、公卿に列したものも多くは二代どまりで、その後は急速に宮廷社会から脱落していった。(38) 賜姓源氏が宮廷社会に長く踏み留まるには、藤原氏の歩んだ道の逆、すなわち単なる貴種から宮廷官僚に脱皮することが必要であった。醍醐源氏の延光《のぶみつ》・高明などが有識（職）の世界に独自の地歩を築き、その子孫から「四納言」の一人と謳われた俊賢《としかた》や、白河院の近臣俊明《としあきら》などの有能な宮廷官僚を輩出したこと、或は宇多源氏の雅信《まさのぶ》、村上源氏の師房《もろふさ》のように、摂関家の主流と積極的に婚姻関係を結ぶ努力を払ったことなどが、これらの諸源氏をして永く宮廷貴族の地位を保持せしめる要因となったのである。ことに村上源氏は、初代の師房以来、摂関家と二重・三重の婚姻関係を結び、ために「源氏と雖も、土御門《つちみかど》右丞相（師房）の子孫は御堂（道長）の末葉に入る」（鷹司本『台記』仁平三年十二月二日条）という取扱いをうけ、院政開始後は摂関家に代わる外戚家として上皇に密着し、宮廷に於ける地位を不動のものとしたのである。このような諸源氏の動きをみれば、これを皇胤という理由だけで、単純に「王党」貴族というような評価を与えるのは、甚だ皮相な見解と言わざるを得ないであろう。

2　家格の形成

貴族社会の再編成は、家格の形成という表現をとるが、それには貴族、なかんずく藤原氏内部の家門の分立と、官途の固定化という二つの契機が考えられる。

前節で述べたように、平安貴族を氏族構成の面からみると、その大半が藤・源二氏によって占められ、ことに藤原摂関政治の進展に対応して、藤原氏が貴族社会に圧倒的な勢力を占めたことは周知のとおりである。しかし律令政治発足以来の長期にわたる藤原氏の発展と拡張の歴史は、反面分裂と競合の歴史でもあった。

藤原氏諸流の分立は、不比等のあとの南家・北家・式家・京家の分立に始まり、平安中・末期にも、この四流は「四門」とか「四家」とよばれ、毎年正月の叙位に当っては、「巡」(爵すなわち五位に叙される順番)を作って各家の長者が推挙した氏人を順次藤氏爵に預からせるのを慣例とした(『西宮記』『江家次第』『権記』長徳四年十一月十九日条)。しかしその間、奈良末・平安初頭の激しい抗争を経て、北家の覇権が確立し、他の三家はしだいに衰退して、平安後期南家・式家の末裔が儒家に転身して辛うじて宮廷社会の一隅に身を置くに過ぎなくなった。一方、摂関の座を独占した北家藤原氏は、さらに発展と拡張を続けたが、その反面では嫡流と庶流の格差を広げ、或は摂関争奪をめぐって勝者と敗者を生み出しながら、諸流・諸家の分立を促した。良房流に対する庶流諸家(のちの日野流・勧修寺流など)、師輔の九条流に対する実頼の小野宮流、兼家流に対する閑院流、或は道長の御堂流に対する道隆の中関白家などがそれで、摂関が御堂嫡流に定着したあとも、その庶流はつぎつぎに分立していった。

また「源氏はもとより皇裔に出ず《い》」(『帥記』承暦四年九月九日条)として、源氏諸家に全く同族的意識がなかったわけではないが、所詮出発点を異にする諸源氏のあいだには、目を惹く程のまとまりは認められない。

　さらに藤原氏諸流の分立を促進し、他氏の進出に拍車をかけたのは、摂関の統制力の低下と上皇の専制化である。兼家から道長にかけて極点に達した摂関の権威も、道長の没後は明らかに下降線を示し、頼通は「揚名の関白何の詮あらんや」と歎じたと伝えられている（『原中最秘抄』）。その統制力は到底道長に及ぶべくもなく、一家の弟頼宗《よりむね》・能信《よしのぶ》でさえ、頼通・教通《のりみち》と異なる道を歩んだ。ことに能信・能長《よしなが》父子は不遇時代の後三条・白河父子を終始擁護し、反摂関家的と言ってもよいような政治行動をとった。また早くに北家の嫡流から分かれた日野流や勧修寺流或は善勝寺流（四条流）、師輔の末子公季《きんすえ》を祖とする閑院流など、その足どりは必ずしも同じではないが、その家門的結合と独立的活動が目立つのは、上皇権力と結び付いた院政期以降である。なかでも房前《ふささき》の子魚名《うおな》の末流である善勝寺流はその典型で、白河上皇の「唯一の御乳母」（『中右記』寛治七年十月二十一日条）の子顕季《あきすえ》を初代として俄かに興った家門である。藤原氏内部のこうした傾向は、また反転して摂関ないし藤氏長者の一元的統制を弱めるとともに、源・平・高階《たかしな》・大江など諸氏の進出を助長したのである。そして院政権力は、藤原氏の政治的・社会的勢力の分裂を促す反面、藤氏諸流・諸家をはじめ、源氏以下諸氏・諸家の廷臣を個々にとらえて自己の支柱としたところに特徴がある。

一方、摂関政治体制の成立に伴い、一部の官職は名目化し、単なる身分標識としての性格を強め、それに出自がからまって各種の官途昇進コースを創り出した。すでに軍事能力を失った近衛府の上級官職などはその典型である。笹山晴生氏の研究(39)によって、道長の左大臣就任から死没に至る長徳・万寿年間、約三十年について、近衛府上級官人の補任状況を調べてみると、次の諸点が指摘できる。

(1) 大将在任者七人はすべて摂関・大臣を父とし、一人を除いてみな師輔流。中将二十八人は、一人を除いて、すべて公卿を父とし、少将四十五人も四十人までが公卿の子である。

(2) 中・少将から公卿に昇る官途のうち、侍従→兵衛佐→少将→中将→参議のコースが標準型である。

(3) 変型1＝参議昇進後も中将を兼ねる（宰相中将）。摂関の子に次ぐ優遇コース。

(4) 変型2＝中将を経ず三位に昇り、或は参議を経ずして権中納言に昇進する。摂関の子に限られる。

(5) 標準型は師輔のころに成立し、変型2は道長及びその子の官途である。

また少し観点を変えて、公卿への登龍門といわれた蔵人頭を中心に考えると、近衛の中・少将（多くは中将）を兼ねる頭次将から公卿に昇るルートと、弁官（多くは中弁）を兼ねる頭弁のルートがあり、前者は摂関の子弟を除く上流貴族、後者は中流以下の貴族の官途として形成された。

　こうして各種の官途の成立を軸として、しだいに家格が形成されていくのであるが、その最上位を占める摂関家が家格として最終的に成立するのは、白河院政期である。摂関を独占世襲する家柄として摂関家が確立するためには、摂関と外戚の分離が前提となる。皇室の外戚の地位は、摂関就任の条件とすら見なされてきたが、所詮偶然的要素に左右される外戚に摂関が結合していては、摂関が特定の家門に定着することはできない。ところがこれも偶然の結果ではあるが、後三条天皇以降、仲恭天皇の出現するまで百五十年間、摂関は終始外戚の地位を獲得することができなかった。しかしこれが逆に外戚との関係をたち切って、摂関家を成立させたのである。先にも触れた例であるが、鳥羽天皇の践祚に際し、その外伯父に当る閑院流の公実が摂政を競望したとき、「マサシキ摂録ノ子ウマゴ」をさしおいて、数代「凡夫」として振舞ってきた者を摂政に任ずるのは不可であるという意見によって、忠実が摂政に補されたという（『愚管抄』）。これはこのころ、摂関相伝の既成事実が外戚の地位を超克し、摂関の職が外戚と分離して御堂流に定着したことを示している。こうして成立した摂関家は、こののち藤氏長者であるとともに、御堂流長者の一面を強くもち、法成寺・東北院・平等院各領がその過半を占める摂籙家渡領を伝領していくのである。(40)

　さらに摂関と外戚の分離は、摂関と太政大臣の分離とあいまって、太政大臣に至るのを官途の極官とする家格を創出した。すなわち当初太政大臣の権能の具体的標識として発足した摂政・関白が、太政大臣以下の律令官職とは別個の、独自最高の地位となってからは、太政大臣は廟堂の長老に与えられる名誉職的な地位と化したが、摂関と外戚の分離以後は、外戚を遇する恰好の地位となった。ことに白河・鳥羽・崇徳・後白河四代の外戚となり、さらに鎌倉時代に入ってからもしばしば天皇の外戚となった閑院流諸家や、堀河天皇の外戚として一時宮廷に繁栄を誇り、土御門天皇以後もしばしば外戚の地位に恵まれた久我《こが》源氏からは、多くの太政大臣を輩出し、それがついにはそれら諸家の官途となって、摂家につぐ「清華」の家格を形成したが、その出発点はやはり院政期に求められる。

またさきに触れた頭弁ルートを軸とする家格が定着したのも院政期である。この官途は、弁官の職務上文筆の才を含む実務能力が要求されたので、中流以下の貴族にも才識によってこの道に進む機会が与えられ、実際にはしだいにかれら専用のルートと化した。弁官を足場にして、院宮或は摂関家の家政を差配し、「数代弁官之家」(『台記』久安二年八月十一日条)といわれた勧修寺流諸家はその典型で、(41) 儒門から身を起した日野流も、院政期以降「儒弁《じゅのべん》」を踏み台にして、院宮・権門の家政を握る事務官僚に転身し、また代々文章道から蔵人に出身し、一面摂関家の家政をとりしきった高棟《たかむね》流平氏も、平安末から鎌倉時代にかけて弁官家への転身を遂げた。こうしてのちに「名家」とよばれた家格は、上記諸家によって殆んど占められたのである。これに対し頭次将ルートは、血筋と父祖の引級に依頼するところが大きく、おもに上流貴族の庶流の官途となり、これを軸として「羽林《うりん》」とよばれる家格も生まれた。

こうして後世貴族社会の階層的構成の基本となった、摂家・清華・羽林・名家の家格は、院政政権下における貴族社会の再編成の動きのなかから生まれたのである。

3 受領・技能官人・武士

宮廷社会の底辺或は周辺にあって、これを支え、これと深い結び付きをもったものに、受領《ずりよう》と技能官人と武士がある。

周知の如く、諸国の官長＝受領(42)の地位・身分は、平安初期まではことさら低いものではなかった。しかし中央と地方の文化的、政治的格差が広がるに伴って、その地位はしだいに低下し、右大将道綱の母（兼家妻）の『かげろふ日記』には、若狭守を指して、兼家など中央の宮廷貴族の前では、「あけくれひざまづきありくもの」とまで蔑視されるに至っている。しかし反面、かれらは任国においては権威をほしいままにし、収奪をこととして富を貯えるのが一般であった。これに対し院宮権門は受領の財力を自家経済に取りこむため、競ってかれらを宮司・家司に採用し、或は宮司・家司を受領に申任して、摂関期には、「要国皆人々の御得分か、延喜天暦の御宇、豈に此の如きことあらんや」（『小右記』長和三年十二月二十日条）という有様になった。

『中右記』（大治五年三月二日条）に、中宮御服料について、「此の如きは、宮司の中先々大国の受領相兼ぬるなり、仍りて万事奉仕せりと云々、今度然らず、凡そ叶うべからず」とあるのも、宮司受領の役割を端的にもの語っている。しかもこうしたねらいは院宮権門のみならず、朝廷においても「殿上受領」制ともいうべき慣行さえ行われた。かれら殿上受領は、「秩満の時、必ず殿上の籍を除くは常例の事なり」（『中右記』寛治七年正月一日条）といわれ、公事未済のときも除籍される例で（『小記目録』巻一八）、その目的は主としてかれらの財力を内廷経済に取りこむことにあったと見られるし、先にも述べた受領の内蔵頭兼任制は、その最も露骨な手段である。

こうした環境のもとで、受領の地位は急速に高まったが、院政期に入ると、受領は院司受領や院殿上受領、或は北面受領として、院＝上皇のもとに集中し、中宮は宮司受領の無実を嘆き、関白も「家司受領近来見えず」（『殿暦』永久四年正月二日条）と嘆くことになった。しかし一方では、国衙の徴収物を直接院宮或は上流貴族に取得させる制度ないし慣行も馴致された。院宮分国と公卿知行国の制度がそれである[43]。この制度も院政期に入っていちだんと盛行し、ことに後者の普及は、鳥羽・忠実協調体制のもとで受領の活躍を急速に衰退させた。

ところで官職の家職化は、明経《みょうぎょう》・紀伝・明法《みょうぼう》・算諸道の学問、或は医・陰陽・暦・楽などの特殊技能ないし知識に関する方面に早く現われた。これら専門的な知識・技能を家職として世襲した諸家は、もともと下級官人に属するものが多く、これを包括して技能官人とよぶことが出来る。このうち紀伝道（文章道）の諸家は、貴族社会に於ける紀伝道の盛行を背景にして、皇室或は上流貴族との間に「師範」という準ミウチ的関係を結び、時には公卿に列するものも現われて、「堂上」の列に加わることが出来たものもある。少し時代は降るが、明経道の清原氏も同じような道を歩んだ家である。しかしその他の技能官人は、陰陽道の土御門家など一、二の例を除いて、江戸時代のすえまで「堂上」に対する「地下《ぢげ》」で終始した。算道から出発して太政官の筆頭の史＝官務を独占世襲した小槻《おづき》氏(44)や、これに並ぶ筆頭の外記＝局務を世襲した中原氏は、平安後期以来太政官の枢要の地位を握り、のちには三位にのぼって『公卿補任』に名を列ねるものも現われたが、結局「堂上」の壁を破ることは出来なかった。しかし一面、この両氏は江戸時代には「地下官人の棟梁」（『禁中行事記聞』）といわれ、同じく世襲化した諸司の官人を統轄指揮して、宮廷の諸行事を運営したのである。すなわちかれら技能官人は宮廷社会に寄生することによって永く家門を維持したのも事実であるが、反面かれらなしでは宮廷社会の営みが停止することも事実で、かれらは永年にわたって宮廷社会を底辺から支えてきた存在であったのである。

また『延喜式』には、近衛・兵衛の武芸優長にして、一を以って百に当る者は、号して「異能」と為し、とくに禄・食法を厚くすると規定している。これも技能官人の一分子と言ってよく、個人戦闘を主体とした平安時代の戦闘形式を考えると、これが「重代の勇士」「兵の家《つわもの》」に、有形無形につながることも認めてよいであろう。もっとも武士発生の問題については、ここで深入りする余裕はないが、武士を貴族の「侍」から、政権の武力に積極的に取りこむ道を開いたのも白河院である。院はすでに在位中、延暦・園城両寺の武力抗争による世情不穏を背景に、しばしば「宣旨」を下して源義家《よしいえ》・義綱《よしつな》兄弟らに行幸の警固や僧兵鎮圧を命じているが、義家らは五十騎或は百騎という「随兵」を率いてこれに当り、廷臣らの耳目を驚かせている（『為房卿記』永保元年十月十四日、十九日条）。こののち院は、義家を院殿上人に補し、平正盛《まさもり》を北面に候させたが、その子忠盛はさらに白河・鳥羽両院の有力な近臣にまで上昇を遂げ、源為《ため》義《よし》も検非違使として政権の軍事・警察機構に常時組みこまれるに至った。

こうした院の武士掌握策に対し、前関白忠実は、「為義の如きは、強ち廷尉《ていい》に執るべからざるなり、天下の固《かため》にて候へば、時々出で来て受領などに任ずべきなり」（『中外抄』）と批判しているが、この談話には注目すべき点がいくつかある。その一は、忠実はいまだ平忠常《ただつね》の乱における源頼信《よりのぶ》、前九年の役における源頼義《よりよし》・義家父子などの在り方を武士の遇し方と観念し、常時これを政権の武力・警察力として把握する院の意図を理解していないことである。その二は、忠実が為義の受領に任ぜられなかった意味を理解していないことである。正盛・忠盛父子は勿論、畿内周辺の中、小武士団の首領にすぎない源光国《みつくに》や光保《みつやす》など、受領に任ぜられた武士は少なくない。しかし光保が鳥羽院の「最後ノ御ヲモイ人」の父であったように（『愚管抄』）、受領に任ぜられるか否かは、その武力の大小とはあまり関係ないところで決まるし、為義の受領に任ぜられなかったのは、主としてその非政治的武骨さが宮廷社会に受け入れられなかったためであろう。その三は、この談話には武士と受領との関係が端的に表現されている点である。すなわち武士の棟梁は「天下の固」であって、受領はたんにそれを遇する地位の一つと考えられていた点を確認しておきたい。そして正盛から清盛まで三代にわたって、山陰・山陽諸国の受領を歴任した平氏が、国衙の機構を通じ、或は海賊追討を利用して西国武士を掌握し、伊勢の中、小武士団の首領から急速に大武士団の棟梁に成長し、遂には貴族政権の中枢部を乗取って、政権を手中にするに至ったのである。

（1）山本信吉氏「平安中期の内覧について」（坂本太郎博士古稀記念会『続日本古代史論集』下巻、吉川弘文館、一九七二年）。
（2）土田直鎮氏「平安時代の政務と儀式」（『国学院大学日本文化研究所紀要』三三輯、一九七四年）。
（3）竹内理三氏「口伝と教命」（同『律令制と貴族政権』Ⅱ、御茶の水書房、一九五八年）。
（4）米田雄介・吉岡真之両氏校訂『吏部王記』続群書類従完成会、一九七四年。
（5）黒板伸夫氏「藤原忠平政権に対する一考察」（古代学協会『延喜天暦時代の研究』吉川弘文館、一九六九年）。

(6) 藤木邦彦氏「藤原穏子とその時代」(東京大学教養学部人文科学科紀要第三三輯『歴史と文化』Ⅶ、一九六四年)。
(7) 土田直鎮氏「中関白家の栄光と没落」(『国文学』一二の七、一九六七年)、山中裕氏「藤原兼家論」(前掲『続日本古代史論集』下巻)。
(8) 竹内理三氏「摂政・関白」(前掲『律令制と貴族政権』Ⅱ)。
(9) 山本信吉氏「一上考」(『国史学』九六号、一九七五年)。
(10) 石井進氏「院政時代」(『講座　日本史』2、東京大学出版会、一九七〇年)は、後三条親政および院政に関する卓抜した論述を多く含んでいるが、本節では敢えて同氏の取り上げなかった点に主眼をおいた。
(11) 三浦周行氏「延久の記録所」(同『続法制史の研究』岩波書店、一九二五年)。
(12) 佐藤宗諄氏「後三条天皇の新政」(『日本と世界の歴史』8、学習研究社、一九七〇年)。
(13) 和田英松氏『皇室御撰之研究』明治書院、一九三三年。
(14) 橋本義彦「大炊寮領について」(『日本歴史』二九四号、一九七二年)。
(15) 橋本義彦「院政政権の一考察」(『書陵部紀要』四号、一九五四年)。
(16) 林屋辰三郎氏「法勝寺の建立」(同『古典文化の創造』東京大学出版会、一九六四年)。
(17) 竹内理三氏「院庁政権と荘園」(前掲『律令制と貴族政権』Ⅱ)。
(18) 橋本義彦「院評定制について」(『日本歴史』二六一号、一九七〇年)。
(19) 五味文彦氏「院支配権の一考察」(『日本史研究』一五八号、一九七五年)。

(20) 土田直鎮氏「摂関政治に関する二、三の疑問」(『日本史の研究』三三号、一九六一年)。
(21) 藤木邦彦氏「摂関政治」(『体系日本史叢書　政治史』1、山川出版社、一九六七年)。
(22) 西岡虎之助氏「荘園制における官省符荘の変質」(同『荘園史の研究』下巻、岩波書店、一九五六年)。
(23) 橋本義彦「摂関政治論」(『日本歴史』二四五号、一九六八年)。
(24) 黒板勝美氏『国史の研究』各説上、岩波書店、一九三二年。
(25) 三浦周行氏「院政に関する一考察」(『史学』七の一、一九二八年)。
(26) 鈴木茂男氏「古文書学的に見た院政」(『図説日本文化史大系』5　月報、小学館、一九六六年)。
(27) 橋本義彦「院政論」(『日本歴史』三二七号、一九七五年)。
(28) 岸俊男氏「元明太上天皇の崩御」(同『日本古代政治史研究』塙書房、一九六六年)。
(29) 橋本義彦「後院について」(『日本歴史』二一七号、一九六六年)。
(30) 早川庄八氏「律令制と天皇」(史学会第七三回大会報告、『史学雑誌』八五編三号、一九七六年)。
(31) 関晃氏「大化前後の大夫について」(『山梨大学学芸学部研究報告』一〇号、一九五九年)。
(32) 藤木邦彦氏「陣定について」(東京大学教養学部人文科学科紀要第二三輯『歴史と文化』V、一九六一年)。
(33) 鈴木茂男氏「宣旨考」(前掲『続日本古代史論集』下巻)。
(34) 佐藤進一氏『古文書学入門』八三頁以下、法政大学出版局、一九七一年。
(35) 鈴木茂男氏「古文書学的に見た院政」(前掲)。

(36) 井上満郎氏「院政政権の軍事的編成」(『史林』五五巻三号、一九七二年)。
(37) 佐藤進一氏『古文書学入門』(前掲) 一〇五頁以下。
(38) 川崎庸之氏「嵯峨源氏のうごき」(『日本人物史大系』第一巻、朝倉書店、一九六一年)。
(39) 笹山晴生氏「平安前期の左右近衛府に関する考察」(坂本太郎博士還暦記念会『日本古代史論集』下巻、吉川弘文館、一九六二年)。
(40) 橋本義彦「藤氏長者と渡領」(前掲『続日本古代史論集』下巻)。
(41) 橋本義彦「勧修寺流藤原氏の形成とその性格」(前掲『日本古代史論集』下巻)。
(42) 土田直鎮氏が最近「公卿補任を通じて見た諸国の格付け」(『栃木県史研究』9、一九七五年)で「受領という言葉は今日いたる処で安易に使用されている」と警告されたように、やや恣意的な用例も目につくが、平安時代の記録類にも諸国の官長(一般的には守)の汎称としても用いているので、ここではその意味で使用した。
(43) 橋本義彦「院宮分国と知行国」(竹内理三博士還暦記念会『律令国家と貴族社会』吉川弘文館、一九六九年)。
(44) 橋本義彦「官務家小槻氏の成立とその性格」(『書陵部紀要』一一号、一九五九年)。なお、上掲の橋本の論文は、すべて『平安貴族社会の研究』(吉川弘文館、一九七六年)に収めている。
(補註) なお『師守記』貞治三年(一三六四)二月記の紙背に載せる文保元年(一三一七)六月日付

の「大炊寮領河内郡御稲田雑掌解状」にも「後三条院御宇延久年中、料田（供御米料田の意）を三ヶ国山城・河内・摂津に定め置かれ」たと見え、上記の『百寮訓要抄』の所説を裏付けている。

II

太政大臣沿革考

史上太政大臣に任じられた者は、大友皇子より三条実美《さねとみ》に至るまで、延べ九十六人、再任五人を除く実人員は九十一人を数える（小稿末尾の太政大臣表を参照。但し「禁中並公家諸法度」制定以後の徳川家康以下武家三人は除く）。その間千二百余年、時勢の推移に応じて性格を変え、或いは特殊な政情のもとで特異な例が生まれたのも当然である。こうした沿革、変遷を通じて、太政大臣の性格、機能の基本を明らかにしようというのが小稿の目的である。

まず大宝令制定以前に属する大友皇子と高市《たけち》皇子の太政大臣については、大和朝廷時代の皇太子摂政の伝統を継ぐものといわれているが、その具体的な職能はあまり明らかでない。また最後の太政大臣三条実美は、明治四年（一八七一）七月廃藩置県の断行に引続いて太政官の拡充強化が図られた際、右大臣から昇任したもので、明治十八年十二月内閣制度が発足するまで在任したが、この太政大臣はいうまでもなく近代化を目指す明治政府の首班であって、令制の太政大臣と同列に論ずることはできない。

以上の三例を除く九十三例は、すべて大宝・養老令制下の太政大臣ということになる。藤原恵美押勝《えみのおしかつ》すなわち仲麻呂《なかまろ》の大師（太師とも表記。太政大臣の改号）および道鏡《どうきょう》の太政大臣禅師は、特殊な政治情勢のもとにおける地位ではあるが、令制の太政大臣と無関係であるとはいえず、職員令《しきいんりょう》太政大臣条の令文を考えるときは、この二例も考慮に入れるべきであろう。その太政大臣条の令文「右は一人《いちにん》に師範とし、四海に儀形たり」が、唐令の三師すなわち太師・太傅・太保の規定に、それに続く「邦《くに》を経《おさ》め道を論じ、陰陽を燮理《しょうり》す」が、三公すなわち太尉・司徒・司空の規定に一致し、結びの「其の人無くば則ち闕《か》く」の語句も、唐令の「三師より以下、其の人無くば則ち闕く」より採ったものであることは周知のとおりである。そしてこれに拠れば、太政大臣は唐の三師・三公を包摂した至高の地位ではあるが、実権のない「いわば地位のみの官」であり、したがって「無其人則闕」として空けて置くことができたのであるとする見解が有力である（『日本思想大系』所収、『律令』の「太政大臣」の補注など）。しかし令制の太政大臣は本来上記のような名誉職的な地位にすぎなかったのであろうか。この問題については、すでに昭和十二年肥後和男氏が「太政大臣に就いて」と題する論文（『史学雑誌』四十八の八所収）において、通説的な見解とやや趣を異にする考説を述べておられ、私見と相通ずるところもあるが、一応わたくしなりに更めて太政大臣について考えてみたいと思う。

一　令制の太政大臣

令制における太政大臣の性格について考える場合、まず次の四つが主要な材料となるであろう。すなわち(1)藤原恵美押勝による太政官以下の改号に関する『続日本紀』の記事、(2)職員令太政大臣条の『令義解《りようのぎげ》』の釈義を始めとする明法家の解釈、(3)元慶八年（八八四）の文章博士菅原道真《みちざね》らの勘奏、(4)上記の勘奏に基づく光孝天皇の詔である。

(1)は『続日本紀』天平宝字二年（七五八）八月甲子条の、押勝らが勅を奉じて官号を改易した記事であるが、そのなかで特に目を惹くのは、「太政大臣を大師と曰い、左大臣を大傅と曰い、右大臣を大保と曰う」とあり、太政大臣が左右大臣と並列して、三師のそれぞれに配当されていることである。すなわち太政大臣の性格について、唐の三師・三公の規定を包括した職員令の条文とは別の見解も存したわけである。もちろん押勝らは官名を借用しただけかも知れないが、この官名比定は、押勝らが太政大臣と左右大臣をまったく並列的に見ていたことを裏付けるものであろう。まして押勝は天平宝字四年正月太保より太師に昇っており、太師＝太政大臣が職務・職権のない名目的な地位とは考えていなかったことは確かである。このことは道鏡の太政大臣禅師についてもいい得ることで、こうした太政大臣に対する時人の観念は、押勝や道鏡をめぐる特異な政情とは関係のないものであろう。

(2)の『令義解』『令集解《しゅうげ》』に見える明法家の釈義につき、職掌の有無に焦点をしぼって検討すると、まず義解には、「太政大臣は王を佐《たす》け道を論じ、以って国事を経緯《けいい》し、陰陽を和理す、則ち是れ有徳の選にして、分掌の職に非ず、其の分職无《な》きが為、故に掌を称さず、官を設けて徳を待つ、故に其の人无くば則ち闕くなり」とある。すなわち太政大臣について「掌」を称しない――左大臣以下すべて「掌」と称して掌るところを明記しているのに対して――のは、分掌の職ではなく、分職がないためであり、太政大臣を則闕の官とするのは、抜群の有徳者の出現を待って初めて任ずべき官であるためであるという。この釈義からは、太政大臣は職掌のない「地位のみの官」であるから空けて置いてもよいと規定してあるというような解釈は出てこない。ついで集解には、「穴に云う」として「問う、太政大臣の職掌は何ぞ、答う、公式《くしき》令に依るに、奏書に署するの文あり、又儀制令に依るに、庁の上に坐して太政大臣を見るの文あり、然らば則ち雑《くさぐさ》政に預かること、左大臣と同じきのみ」との問答を載せ、太政大臣は「雑政」(くさぐさのまつりごと)に預ること、左大臣に同じであると結論している。また「讃に云う」として「問う、太政大臣は職掌ありや、答う、公式令に云々、又儀制令に云々、又獄令に云わく、公坐相連(官人の公罪に連坐すること)には、右大臣以上長官とせよといえり、此れ等の文に依るに、職掌を注せずと雖も、而れども雑務を預かり視ること、左大臣に異ならざるなり」

との問答を載せ、上記の穴説と同様の解釈を下している。これを要するに、奈良・平安初期の明法家の解釈は、太政大臣には分掌の職はないが、雑政、雑務を預り視ることは左大臣と異なるところがないとする点で一致しているのである。

(3)は太政大臣の職掌の有無を直接取りあげたものとして史上著名な事柄であるが、この時点でこれが問題になった背景を探ってみる必要があろう。周知のように、元慶八年二月四日、摂政太政大臣藤原基経《もとつね》は陽成天皇を皇位から退け、光孝天皇を擁立したが、翌日新帝が内裏に入るのに先立って、基経および兵部卿本康《もとやす》親王・左大臣源融《とおる》が新帝の御在所に参向して起居を存問した。その際、基経は先帝勅授の帯剣を脱していたので、親王と融もあわてて剣を解脱した。そこで新帝は即刻勅して三人に帯剣を聴許したという(『三代実録』)。先帝の勅授帯剣が新帝のもとでは無効になるのは理の当然であるが、けじめを重んずる基経の性格が、他の二人の行動との対比によって浮きぼりされている。またこうした感覚からすると、基経は先朝の摂政の詔が無効になったことを明確に意識していたであろうし、そのため太政大臣だけの地位と先朝の摂政太政大臣の地位との差異を無視して、従来どおり執政の座に安住している気持になれなかったかも知れない。その後の基経の行動を国史に拾ってみると、この年四月二十三日には、左右大臣と共に擬郡司読奏の儀に参列している。これは久しく中絶していたものを旧儀を尋ねて復活した晴儀であるという。ついで五月五日、端午の節に当り、天皇は武徳殿に臨御して四府の騎射等を観たが、国史には「是の日勅あり、太政大臣内弁の事を行う」と特筆している。そしてその四日後の五月九日に、諸道の博士等に勅して、太政大臣の職掌の有無と、大唐の何官に当るかを勘奏せしめたのである。恐らくこの勅は、太政大臣の地位について疑義を懐いていた基経が、内弁奉仕の勅を拝し、早急に疑義の解明を望んだことに由るものであろう。

ここにおいて同月二十九日、この勅を承けて式部少輔兼文章博士菅原道真以下八人の博士らの勘奏が提出された。それらの奏議は、太政大臣が唐の三師ないし三公に当るという点ではほぼ一致しているが、職掌の有無については、道真の勘奏を除いて、みな論旨が曖昧で、明確な結論を避けた嫌いすらうかがわれる。たとえば少外記大蔵善行《おおくらのよしゆき》は、「職員令の如くんば、職掌なしと謂うべし、公式令の如くんば、政令を知ると謂うべし」といい、右少史凡春宗《おおしのはるむね》・明法博士忌部濬継《いむべのえつぐ》の奏議は、職員令に依って「政務を掌らざるに似る」と述べる一方、公式令・儀制令の条文を引いて「天下の政を知り行うと雖も、而れども大臣の職を掌るべからずと謂うべし」といい、両論並記的な、不透明な結論にとどまっている。これに対し、道真の論旨はかなり明瞭である。まず職員令義解を引いて、太政大臣は有徳の選で、分掌の職ではないとする先師の釈を疑う必要はないと断ずる。次に太政大臣は漢の相国ないし唐の三師にほぼ相当するとしたうえ、「唯《ただ》我が朝令《りょう》を制するの意、大いに大唐の令条に乖《そむ》く、何となれば、唐令の三師・三公は、独《ひと》り其の官を専らにして、尚書省の官員に備わらず、我が朝の太政大臣は、分掌なしと雖も、猶《なお》太政官の職事《しきじ》たり、斯れ其の大いに乖くとなす所なり」と、日唐間に大きな相違のあることを強調している。かように彼我の相違を背景にして職掌の問題を論じたのは道真だけであるが、太政大臣の基本的位置付けとして、「分掌なしと雖も、猶太政官の職事たり」と論断したのは、まことに正鵠を射たものである。これによって初めて職員令以下、公式令・儀制令・獄令等の関係条文を、並列的にではなく、統一的に理解、把握することができるのである。すなわち太政大臣は分掌の職ではないが、太政官の職事として雑政に預る地位にあるというのが道真の結論で、(2)で述べた明法諸家の見解とほぼ一致するものである。

(4)は上記の博士らの勘奏をふまえて、同年六月五日に発せられた詔であるが、そこには太政大臣および創設期の人臣摂政・関白について考えるうえで重要な内容を含んでいるので、左にその全文を掲げる。

天皇詔旨良万止宣御命乎衆聞食宣布、太政大臣藤原朝臣、先御世々々与利天下乎済助介、朝政乎総摂奉仕礼利、為二国家一建二大義一、為二社稷一立二忠謀一天、不意外尓万機之政乎朕身尓授任天、存二閑退之心一、執二高譲之節一、朕聞、定レ策之勲、自レ古先録、又賞不レ踰レ月、是政之先止毛聞食須、大臣功績既高天、古之伊霍与利毛、乃祖淡海公・叔父美濃公与利毛益左利、朕将レ議二其賞一尓、大臣素懐二謙挹心一、必固辞退天、政事若壅世无加止也々美思保之天、本官乃任尓其職行牟止思保之天、所司尓令レ勘尓、師範訓道乃美尓波非安利介利、内外之政无レ不レ統久毛有倍加利計利、仮使尓無レ所レ職久可レ有久止毛、朕耳目腹心尓所レ侍奈礼波、特分二朕憂一止毛思保須乎、自二今日一官庁尓坐天、就天万政領行比、入輔二朕躬一、出総二百官一倍之、応レ奏之事、応レ下之事、必先諮禀与、朕将二垂拱而仰レ成止宣御命乎衆聞給止宣、

天皇詔旨《すめらがおほみこと》らまと宣《の》りたまふ御命《おほみこと》を衆聞食《もろもろきこしめさへ》と宣《の》りたまふ、太政大臣藤原朝臣は、先《さき》の御世《みよ》々々より天下を済助《すくひたす》け、朝政を総摂奉仕《ふさねとりつかへまつ》れり、国家の為め大義を建て、社稷《しやしょく》の為め忠謀を立て、意《おも》はざるの外《ほか》に万機の政を朕身《わがみ》に授任《さづけまかせ》て、閑退の心を存し、高譲の節を執《と》る、朕聞く、策を定むるの勲《いさを》は、古《いにしへ》より先録《はじめに》し、又賞は月を踰《こ》えずと、是れ政の先《はじめ》とも聞食《きこしめ》す、大臣功績既に高くして、古の伊霍《いくわく》(伊尹《いいん》と霍光《くわくくわう》)よりも、乃祖《だいそ》淡海《あふみ》公(藤原不比等《ふひと》)・叔父美濃公(同良房)よりも益《ま》さり、朕将《まさ》に其の賞を議せむとするに、大臣素《もと》より謙挹《けんいふ》の心を懐き、必ず固く辞退て、政事若しくは壅《ふさがり》せむかと也々美《ややみ》思ほして、本官《もとのつかさ》の任《まま》に其の職行むと思ほして、所司に勘《かんが》へしむるに、師範訓道のみには非ずありけり、内外の政統《す》べざるなくも有べかりけり、仮使《かり》に職《つかさどる》ところなく有べくとも、朕《わが》耳目腹心に侍《はべる》ところなれば、特に朕憂《わがうれひ》を分つとも思ほすを、今日より官庁に坐て、就て万政を領行《をさめ》ひ、入りては朕躬《わがみ》を輔《たす》け、出《いで》ては百官を総《すぶ》べし、応《まさ》に奏すべきの事、応に下すべきの事、必ず先《はじめ》に諮稟《しりん》せよ、朕将《まさ》に垂拱《すいきよう》して成るを仰がむとすと宣りたまふ御命を衆《もろもろ》聞給と宣りたまふ、

この詔の主眼が「仮使尓」(かりに)以下の部分にあり、その文言が後代の関白の詔に符合することはよく知られているが、ただこの時点では、まだ摂政と関白の別が時人の意識にのぼってはいなかったことにも注意しておく必要がある。それはともかく、ここで特に注目したいのは、

この詔において、「所司」の勘奏に拠り、太政大臣は師範訓道を任とするのみではなく、内外の政統べざるなしと論断していることである。つまり令制の太政大臣は、単純に職掌のない名誉官であると規定するのは誤りで、師範訓道と万機総摂の二面をもっており、爾後の太政大臣の性格・地位の変遷も、畢竟この二つの面の関わり方の変遷を反映するものである。

二　人臣太政大臣の成立

翻って太政大臣の実例に目を向けると、押勝・道鏡の特異な例に次いで太政大臣に任ぜられたのは、藤原良房である。良房は斉衡四年（八五七）正月、多年の右大臣在任等を理由として、二度にわたって辞表を上ったが、文徳天皇はそれを許さず、二月に入って良房を太政大臣に任ずる詔を下した（『文徳実録』）。その詔ではまず良房が天皇の外舅《がいきゅう》であることを謳い、多年の忠誠と功績を称え、次に天皇の御代になってからまだ右大臣から昇進していないので、「殊尓太政大臣官尓上賜比治賜（殊に太政大臣の官に上げ賜ひ治め賜ふ）」と述べている。またこのとき同時に大納言源信《まこと》・同藤原良相《よしみ》がそれぞれ左右大臣に昇進しているから、二人を昇進させることもこの人事の目的であったかも知れない。しかしこの詔に対する良房の上表にも見えるように、没後贈官の例を除けば、人臣として最初となる太政大臣の任命——良房の上表では、敢えて押勝と道鏡の例を無視している――を、単に官途の昇進を目的とするものと解釈することはできない。そこで想起されるのは、先に掲げた光孝天皇の詔である。その詔にあるように、太政大臣の任が師範訓道と万機総摂の二面をもつとするならば、良房が左大臣昇進ではなく、太政大臣に昇任した理由もそこに求めるべきで、その背後には、近い将来の幼帝の即位を予測し、それに備えねばならぬ事情があったのではなかろうか。文徳天皇は「聖体羸《るい》病、頻りに万機を廃す」と国史に記されるように病気勝ちであったが、斉衡四年当時、皇太子惟仁《これひと》親王はまだ八歳の幼弱であり、良房が皇太子ないし新帝の輔導後見の任に就くことは、平穏な皇位継承を願う天皇のみならず、皇太子の祖母順子（良房の妹）・生母明子（良房の女）らの切望するところであったと思われる。天皇は翌天安二年（八五八）八月崩御し、清和天皇が九歳で践祚したが、これは文武天皇の十五歳践祚の例を一挙に縮めた最年少の幼帝である。良房の太政大臣任命はこうした非常事態に充分対応できたし、太政大臣として幼帝に対する師範訓道と万機総摂の任を果したのである。良房は貞観八年（八六六）応天門の変の後、廟堂の動揺を鎮静するためか、更に天下の政を摂行すべき勅を蒙ったので、制度史的にはこれを人臣摂政制の出発点とすべきであろうが、政治史的には良房の太政大臣任命にこそ人臣摂政制の出発点があったということができる。

ついで貞観十八年（八七六）十一月二十九日、清和天皇は仏道精進のため、九歳の陽成天皇に譲位したが、その譲位の宣命において、良房の嗣子右大臣基経に対し、幼主保輔、大政摂行の任を命じた。これは後世永く摂政補任の方式の先蹤とされたが、更に元慶四年（八八〇）十二月四日、基経は「帯する所の官は摂政の職に相当らず」という理由で、太政大臣に昇任され、但し「摂政之職」は従来どおり勤仕せよと命ぜられた。この太政大臣任命には、二つの注目すべき点がある。第一は、摂政の職に相当する官として太政大臣に任命されたことで、事実、別掲一覧表の12の藤原兼家《かねいえ》までは、すべて摂政ないし関白のみが太政大臣に任命されている。しかしその反面、太政大臣に任ずると同時に、「但《ただ》摂政の職は今も弥益々《いよいよ》に勤め奉仕れ《つかへまつ》」と付言していることは、太政大臣の任と摂政の職の並立ないし分離の徴候が早くも顔を出していると見なさねばならない。第二は、この補任が清和上皇の指示による点である。実はこの日はあたかも上皇崩御の日に当るが、数日後の基経の上表に対する陽成天皇の勅答に、「此の職は太上天皇の拝授する所なり、豈に是れ朕の自由にすべけんや」と明言するように、基経を太政大臣に任じたのは、実質的には清和上皇である。恐らくこれは上皇が崩御後に予想される朝廷内外の動揺に備えてとった処置で、先の良房の太政大臣任命に倣うものであり、上皇は太政大臣の職位の重要性を充分認識していたのである。

ところが先に述べたように、光孝朝の初めに当り、摂政の任から離れた基経が、太政大臣の職位に疑義を懐いたため、太政大臣の職掌の有無が問題とされるに至った。その結果、一応は太政大臣は「内外之政无レ不レ統」と結論されながらも、「仮使尓無レ所レ職久可レ有久止毛」と仮定したうえで、基経に万機総摂の任を付与し、基経を納得させたのである。しかしこの処置が太政大臣の職位の空洞化を更に一歩進めたことも否定できない。ついで宇多天皇の即位に当り、基経がまた「阿衡《あこう》」の語句をとらえて紛議を起し、太政大臣の職に在りながら政務を放棄して、ついに天皇を屈服させたことは周知のとおりである。ここにおいて、万機総摂の任は太政大臣を離れて、摂政ないし関白に移り、太政大臣の名誉職化の方向を決定づけたのである。

三　太政大臣と摂関の分離

さて基経以降も、忠平・実頼《さねより》・伊尹《これただ》・兼通《かねみち》・頼忠《よりただ》の歴代摂関は、すべて摂政或いは関白に就任した後、しかるべき時期に太政大臣に補任され、反面その間摂関以外の者が太政大臣に任ぜられることはなかった。これが「摂政乃職」に相当するのは「太政大臣官」であるとする観念に拠るものであることは、先に述べたとおりであるが、この観念も寛和二年（九八六）六月の藤原兼家の摂政就任を機として崩れはじめた。周知のように、右大臣兼家は花山天皇の出家、退位を画策し、外孫一条天皇の践祚に成功して、関白太政大臣頼忠に代って摂政の座に就いたが、頼忠は太政大臣の官に留まったので、おのずから摂政と太政大臣が分離する結果を招いた。兼家はさらに同年七月右大臣を辞して、無官の摂政の例を開いたので、朝廷は兼家に三公の上に列すべき宣旨を下した。いわゆる「一座の宣旨」であるが、ここにおいて摂政ないし関白は太政大臣以下三公を超越した独自の地位を確立し、摂政と太政大臣との関係に大きな変化をもたらした。兼家は永祚元年（九八九）十二月、翌年正月の一条天皇元服の加冠役を奉仕するため太政大臣に任ぜられたが——天皇元服の加冠役と太政大臣の関係は後述する——、ついで正暦二年（九九一）右大臣藤原為光《ためみつ》が基経以降初めて摂関の任になくして太政大臣に補任されたのは、上記の摂関と太政大臣の分離が可能にしたものである。

正暦二年九月七日、右大臣為光を太政大臣に、大納言源重信《しげのぶ》を右大臣に、権大納言藤原道兼《みちかね》を内大臣に任じた。この人事は、先の花山天皇出家事件の立役者道兼を大臣に昇進させるのが目的の一つかも知れないが、太政大臣の任命については、宣命のなかで大略次のような趣旨を載せている（『権記』）。すなわち太政大臣の官は摂政道隆《みちたか》の任ずべき官であるが、道隆は謙譲の心が深く、過日内大臣の官すら辞したばかりなので、此のたび太政大臣に昇進させるのは、道隆の心に逆らうことになるであろう。右大臣為光は数代に仕えた朝廷の重臣であるから、殊に太政大臣の官に昇任させると。冒頭「太政大臣乃官ハ摂政正二位藤原道隆朝臣乃可レ任なり」とあるところには、まだ本来の太政大臣と摂政の関係を表明しているが、それはとも角、「朝乃重臣」といえば、為光よりかなり先輩の左大臣源雅信《まさのぶ》がおり、なぜ為光が雅信を超越したかの理由を考えねばならない。そこで気がつくのは、道隆の謙譲の心と為光の昇任が連結した文脈で、当時しだいに顕在化した譲任の慣習が背後にあるように思われる。つまり為光は「朝乃重臣」であるうえ、摂政道隆の叔父であり、九条流の長老として推任されたと想像できる。

一覧表15の藤原公季《きんすえ》（九条流の庶流）や18の藤原信長《のぶなが》（御堂流の庶流）も為光と条件は近似しているが、24の藤原実行《さねゆき》の任太政大臣の宣命も、内容が為光の場合とよく似ている。その久安六年（一一五〇）八月二十一日の宣命にも、太政大臣は左大臣藤原頼長《よりなが》の任ずべき官であるが、推譲の義厚く、撝《き》謙《けん》の心深いので、数代に歴仕した朝の重臣、国の元老たる右大臣藤原実行を太政大臣に昇進させる旨が述べられている（『本朝世紀』）。ただここで注目したいのは、為光の場合に推譲したのは摂政道隆であるのに対し、頼長は摂政でも関白でもないことである。当時あたかも頼長の父忠実《ただざね》が、摂政忠通《ただみち》を説得して、頼長に摂政を譲らせるべく工作していた最中であり、頼長の任太政大臣は、その工作の障害になると考えられたのであろう。こうした思惑を裏付けるのは、次の『玉葉』安元三年（一一七七）正月二十三日の記事である。そこには頼長の男内大臣師長《もろなが》が「臣永く執政の思を断つ、故に此の職を望む」として太政大臣昇任を奏請したが、また「先例、太政大臣を拝するの後、摂籙《せつろく》の人無きの故なり」とも見える。確かに人臣最初の太政大臣良房を別にすれば、それまでのすべての事例が、結果的にはここにいうところに符合する。もともと摂関と密着していた太政大臣が、兼家の摂政補任のときに分離し、摂関にあらざる重臣・元老も太政大臣に任ぜられるようになってからは、執政の任は摂関に帰し、太政大臣は名誉職化してしまったことをこの『玉葉』の記事はよく物語っている。

一方、太政大臣の地位は、元来天皇の外戚の地位とも無関係ではなかった。既述のように、良房の任太政大臣の宣命にも、冒頭に「右大臣正二位藤原良房朝臣は朕の外舅なり」と謳われ、兼家の任太政大臣の宣命にも、天皇の外祖父であることが記載されていたらしく、これに準拠して作られた藤原師実《もろざね》の任太政大臣宣命にも、「宣命文ニ天皇外祖父の由作り載せらる」という(『為房卿記』寛治二年十二月十四日条・『中右記』天永三年十二月十四日条。但し師実は堀河天皇の生母の養父)。太政大臣の「師範訓道」の任が、外戚の保輔後見の立場に通ずるものである以上、天皇の外戚の地位が、任太政大臣の理由の一つに挙げられるのも当然であろう。ところが平安中期には一族の間ですら激しい争奪の的となった摂関の座も、平安後期に入ると、しだいに九条流藤原氏、なかんずく道長の後の御堂流《みどうりゅう》の嫡流に定着し、外戚関係の有無に拘らず、家格としての摂関家＝摂家が形成されていった。こうして摂関と外戚が分離してからは、院政期から鎌倉時代にかけて、閑院《かんいん》流藤原氏(三条・西園寺《さいおんじ》・洞院《とういん》等)や村上源氏(久我《こが》・土御門《つちみかど》等)のようにしばしば天皇の外戚となる家も出現し、それを足場に太政大臣に昇る者も現われた。

また武家政権が成立すると、武家の棟梁が、名目化はしたが至高の地位である太政大臣に昇るケースも生まれ、さらに武家の推挙によってこの地位を獲得する者も出た。鎌倉時代に西園寺家から太政大臣が輩出したのも、その世襲を独占した関東申次《もうしつぎ》の地位と無関係ではない。もう一つ一覧表を見て気が付くのは、平安後期以降、太政大臣在任中に薨去した例が少なく、在任期間が短くなる傾向である。それは太政大臣が名目的な地位と化した反面、辞任後も前太政大臣とか前相国と称して、宮廷に高い地位を占めることができたためで、太政大臣と前太政大臣との間には、実質的に大きな差はなくなったのである。ここに至って、太政大臣は官職としての機能を殆ど失い、その名目化も極まったというべきであろう。

結び——天皇元服加冠役

以上のごとく、本来師範訓道と万機総摂を任とした太政大臣は、しだいに後者の機能を失って名誉職化したが、ただ前者の任務と幼主を保輔する摂政の職責とが合体して、天皇元服の加冠は摂政太政大臣が奉仕するのが、後世まで永く定制となり、さらに摂政は加冠奉仕のため太政大臣の任に就き、それが終れば辞任するのが常例となった。

わが国における天皇元服儀は、初めて未成年で皇位についた清和天皇の元服を初例とする。すなわち貞観六年(八六四)正月一日、天皇が元服を加え、前殿に御して親王以下の拝賀を受けたことなどが国史に見えるが、ただ加冠役については記述がない。しかし次の諸点に拠り、その加冠役は太政大臣良房であったと推定される。第一は、『中右記』大治四年（一一二九）正月五日条に「我が朝清和帝初めて御元服の時、大江音人卿《おおえのおとんど》唐礼元服儀を引いて式を作り出すなり、其の後件《くだん》の式を用うるなり」という所伝を載せているが、このことは『新儀式』と『大唐開元礼』の記文を対照することによって確かめられる（『二松学舎大学論集』所収、中村義雄氏「元服儀礼の研究」）。第二に、『大唐開元礼』において加冠役は太師とされているが、『新儀式』では太師に相当するものとして太政大臣を加冠役と規定している。第三に、『新儀式』には貞観・元慶の例をしばしば引用し、この両度の例をふまえて作られていることを推測させるが、そのうち元慶六年（八八二）正月二日の陽成天皇元服では、摂政太政大臣基経が加冠を奉仕している。これらの点から貞観の清和天皇元服の加冠役を良房とする後世の所伝（『御遊抄』・伏見宮本『天皇御元服諸例』等）は正しいものと思われる。

陽成天皇の元服に次いで、承平七年（九三七）正月四日の朱雀天皇元服儀においても、加冠を奉仕したのは、摂政太政大臣忠平で（『日本紀略』）、爾後安永十年（一七八一）の光格天皇元服に至るまで二十回の天皇元服儀においても、ただ一例を除けば、すべて摂政太政大臣が加冠を奉仕した。その一例というのも、後一条天皇の元服儀において外祖父で前摂政の太政大臣道長が加冠を奉仕した例を指すが、道長と摂政頼通との関係を考慮すれば、道長の場合も実質的には摂政太政大臣の加冠の例に含めることができる。すなわち人臣摂政制の成立以前に属する清和天皇元服儀を別にすれば、天皇元服の加冠は摂政太政大臣が奉仕するのを定制としたのである。

したがって摂政と太政大臣が分離する方向に進むと、摂政が天皇元服の加冠役を奉仕するために太政大臣に補任されるという現象も現われた。その最初の例は摂政右大臣伊尹《これただ》で、天禄三年（九七二）正月の円融天皇元服儀に加冠を奉仕するため、前年十一月に太政大臣に任ぜられたのである（『初任大臣大饗雑例』所収、「謙徳公記」）。次いで無官の摂政兼家も、永祚二年（九九〇）正月の一条天皇元服儀を前にして、前年十二月太政大臣に任ぜられた（『小右記』永祚元年十二月二十日条）。いま別掲の太政大臣表について、天皇元服加冠奉仕のため補任されたことが史料上確認できるものを拾うと、上記の9伊尹・12兼家および19師実・20忠実・22 23忠通・34良経《よしつね》・37家実《いえざね》・40兼経《かねつね》・47兼平《かねひら》・52兼基《かねもと》・57冬平《ふゆひら》・71持基《もちもと》・89家煕《いえひろ》・94尚実《ひさざね》の十五例を数える（依拠史料は宮内庁書陵部編『皇室制度史料』摂政二を参照）。先に触れた14の前摂政道長の場合も、後一条天皇元服儀のために補任されたものであるから（『御堂関白記』寛仁元年十一月二十七日条）、この例に準ずることができる。さらに29基房《もとふさ》・31兼実《かねざね》の太政大臣補任は天皇元服（正月）の前年十二月に、43兼平《かねひら》のそれも十一月に行われており、やはり加冠奉仕のための任命と判断して誤りないであろう。こうして伊尹以降、天皇元服の加冠を奉仕した摂政太政大臣のうち、後小松天皇の加冠を勤めた65の二条良基《よしもと》だけが、それとは関係なく、以前から太政大臣に任ぜられていた唯一の例外となるが、良基も元服儀の終了した数日後に太政大臣を辞任している。以上の事実は、天皇元服儀の加冠役が、太政大臣でも摂政でもなく、摂政にして太政大臣たる者が奉仕するという原則がいかに堅く遵守されたかを端的に物語るものである。すなわち唐の三師（太師・太傅・太保）ないし三公（太尉・司徒・司空）に系譜を引く太政大臣の職位の一面、天皇の師範訓道の任が、摂政の幼主保輔の任と一体化し、永い生命を保った姿を天皇元服儀のなかに具象的に見ることができるのは甚だ興味深いものがある。

慶応四年（一八六八）正月の明治天皇元服儀においては、人臣摂政制廃止の後をうけて、皇族の長老伏見宮邦家《くにいえ》親王が加冠を奉仕したが、皇室典範の制定によって摂政――但し皇族に限る――が復活し、太傅――典範第二十六条に「天皇未タ成年ニ達セサルトキハ太傅ヲ置キ保育ヲ掌ラシム」と規定する――が新設されるや、明治四十二年（一九〇九）制定の皇室成年式令において、天皇元服の加冠役を前摂政ないし前太傅（前摂政が女性の場合）と定めているのは、上記の永い慣例、伝統を背景として生まれたものであろう。

太政大臣表

通番	太政大臣	補任年月日	解任年月日	備考
1	大友皇子	天智10(六七一)・1・5	同・12・3	天智10・12・3天皇崩御

2	高市皇子	持統4(六九〇)・7・5	持統10(六九六)・7・10(薨)	
3	藤原恵美押勝	天平宝字4(七六〇)・1・4	天平宝字8(七六四)・9・11	太政大臣を太師と改号
4	道　鏡	天平神護1(七六五)・閏10・2	天平神護2(七六六)・10・20	太政大臣禅師位より法王位に昇る
5	藤原良房	斉衡4(八五七)・2・19	貞観14(八七二)・9・2(薨)	清和天皇元服加冠を奉仕
6	藤原基経	元慶4(八八〇)・12・4	寛平3(八九一)・1・13(薨)	陽成天皇元服加冠を奉仕
7	藤原忠平	承平6(九三六)・8・19	天暦3(九四九)・8・14(薨)	醍醐天皇の遺詔に依り補任 朱雀天皇元服加冠を奉仕
8	藤原実頼	康保4(九六七)・12・13	天禄1(九七〇)・5・18(薨)	
9	藤原伊尹	天禄2(九七一)・11・2	天禄3(九七二)・11・1(薨)	円融天皇元服加冠のため補任
10	藤原兼通	天延2(九七四)・2・28	貞元2(九七七)・10・11	
11	藤原頼忠	貞元3(九七八)・10・2	永延3(九八九)・6・26(薨)	寛和2・6・23関白を停む
12	藤原兼家	永祚1(九八九)・12・20	永祚2(九九〇)・5・5	一条天皇元服加冠のため補任
13	藤原為光	正暦2(九九一)・9・7	正暦3(九九二)・6・16(薨)	
14	藤原道長	寛仁1(一〇一七)・12・4	寛仁2(一〇一八)・2・9	後一条天皇元服加冠のため補任、時に前摂政
15	藤原公季	治安1(一〇二一)・7・25	長元2(一〇二九)・10・17(薨)	
16	藤原頼通	康平4(一〇六一)・12・13	康平5(一〇六二)・9・2	
17	藤原教通	延久2(一〇七〇)・3・23	延久3(一〇七一)・8・10	
18	藤原信長	承暦4(一〇八〇)・8・14	寛治2(一〇八八)・11・23	
19	藤原師実	寛治2(一〇八八)・12・14	寛治3(一〇八九)・4・25	堀河天皇元服加冠のため補任

20	藤原忠実	天永3(一一一二)・12・14	天永4(一一一三)・4・14	鳥羽天皇元服加冠のため補任
21	源雅実	保安3(一一二二)・12・17	天治1(一一二四)・7・7	
22	藤原忠通	大治3(一一二八)・12・17	大治4(一一二九)・4・10	崇徳天皇元服加冠のため補任
23	藤原忠通	久安5(一一四九)・10・25	久安6(一一五〇)・3・13	再任 近衛天皇元服加冠のため補任
24	藤原実行	久安6(一一五〇)・8・21	保元2(一一五七)・8・9	
25	藤原宗輔	保元2(一一五七)・8・19	永暦1(一一六〇)・7・20	
26	藤原伊通	永暦1(一一六〇)・8・11	長寛3(一一六五)・2・3	
27	平清盛	仁安2(一一六七)・2・11	同・5・17	
28	藤原忠雅	仁安3(一一六八)・8・10	嘉応2(一一七〇)・6・6	
29	藤原基房	嘉応2(一一七〇)・12・14	嘉応3(一一七一)・4・20	高倉天皇元服加冠を奉仕
30	藤原師長	安元3(一一七七)・3・5	治承3(一一七九)・11・17	平清盛の奏請に依り解官
31	九条兼実	文治5(一一八九)・12・14	建久1(一一九〇)・4・19	後鳥羽天皇元服加冠を奉仕
32	藤原兼房	建久2(一一九一)・3・28	建久7(一一九六)・12・9	
33	大炊御門頼実	正治1(一一九九)・6・22	元久1(一二〇四)・12・7	
34	九条良経	元久1(一二〇四)・12・14	元久2(一二〇五)・4・27	土御門天皇元服加冠のため補任
35	大炊御門頼実	承元2(一二〇八)・12・17	承元3(一二〇九)・1・21	再任 東宮元服加冠料
36	三条公房	建保6(一二一八)・10・9	承久3(一二二一)・12・20	
37	近衛家実	承久3(一二二一)・12・20	承久4(一二二二)・4・10	後堀河天皇元服加冠のため補任

38	西園寺公経	貞応1(一二二二)・8・13	貞応2(一二二三)・4・2	北条政子補任を執奏
39	九条良平	嘉禎4(一二三八)・7・20	暦仁2(一二三九)・1・19	
40	近衛兼経	仁治1(一二四〇)・12・14	仁治2(一二四一)・12・20	四条天皇元服加冠のため補任
41	西園寺実氏	寛元4(一二四六)・3・4	同・12・9	
42	久我通光	寛元4(一二四六)・12・24	宝治2(一二四八)・1・17	
43	鷹司兼平	建長4(一二五二)・11・3	建長5(一二五三)・11・8	後深草天皇元服加冠を奉仕
44	徳大寺実基	建長5(一二五三)・11・24	建長6(一二五四)・2・11	
45	西園寺公相	弘長1(一二六一)・12・15	弘長2(一二六二)・7・2	
46	花山院通雅	建治1(一二七五)・8・27	建治2(一二七六)・3・29	
47	鷹司兼平	建治2(一二七六)・12・14	建治3(一二七七)・4・26	再任 後宇多天皇元服加冠のため補任
48	鷹司基忠	弘安8(一二八五)・4・25	弘安10(一二八七)・8・13	
49	堀川基具	正応2(一二八九)・8・29	正応3(一二九〇)・3・13	
50	西園寺実兼	正応4(一二九一)・12・25	正応5(一二九二)・12・28	
51	洞院公守	正安1(一二九九)・6・2	同・10・13	
52	二条兼基	正安1(一二九九)・11・21	正安2(一三〇〇)・4・19	後伏見天皇元服加冠のため補任
53	土御門定実	正安3(一三〇一)・6・2	正安4(一三〇二)・7	
54	徳大寺公孝	乾元1(一三〇二)・11・22	嘉元2(一三〇四)・3・13	
55	一条実家	嘉元4(一三〇六)・12・6	延慶2(一三〇九)・10・15	

56	大炊御門信嗣	延慶2(一三〇九)・10・15	延慶3(一三一〇)・12・15	
57	鷹司冬平	延慶3(一三一〇)・12・15	延慶4(一三一一)・4・24	花園天皇元服加冠のため補任
58	三条実重	文保2(一三一八)・8・24	元応1(一三一九)・10・18	
59	久我通雄	元応1(一三一九)・10・18	元亨3(一三二三)・5・2	
60	鷹司冬平	元亨3(一三二三)・11・9	嘉暦2(一三二七)・1・19(薨)	再任
61	今出川兼季	元弘2(一三三二)・11・8	元弘3(一三三三)・5・17	
62	久我長通	暦応3(一三四〇)・12・27	暦応5(一三四二)・2・29	
63	洞院公賢	貞和4(一三四八)・10・22	観応1(一三五〇)・3・18	
64	久我通相	貞治5(一三六六)・8・29	応安1(一三六八)・3・21	武家の推挙に依り補任
65	二条良基	永徳1(一三八一)・7・23	至徳4(一三八七)・1・8	後小松天皇元服加冠を奉仕
66	徳大寺実時	明徳5(一三九四)・6・5	同・12	
67	足利義満	応永1(一三九四)・12・25	応永2(一三九五)・6・3	
68	久我具通	応永2(一三九五)・6・3	応永3(一三九六)・2・3	
69	三条実冬	応永9(一四〇二)・8・22	応永14(一四〇七)・2・6	
70	徳大寺公俊	応永27(一四二〇)・閏1・13	同・3・16	
71	二条持基	永享4(一四三二)・7・25	永享5(一四三三)・2・26	後花園天皇元服加冠のため補任
72	一条兼良	文安3(一四四六)・1・29	宝徳2(一四五〇)・4・28	
73	久我清通	享徳1(一四五二)・10・8	享徳2(一四五三)・2・2	

74	西園寺公名	享徳4(一四五五)・6・6	康正3(一四五七)・8・28	
75	二条持通	長禄2(一四五八)・7・25	長禄4(一四六〇)・6・27	
76	近衛房嗣	寛正2(一四六一)・12・25	寛正4(一四六三)	
77	久我通博	文明13(一四八一)・7・26	文明14(一四八二)・10・7(薨)	
78	鷹司政平	文明17(一四八五)・3・20	同・4・19	
79	近衛政家	長享2(一四八八)・9・17	延徳2(一四九〇)・4・2	
80	一条冬良	明応2(一四九三)・1・6	明応6(一四九七)・7・12	
81	徳大寺実淳	永正6(一五〇九)・12・19	永正8(一五一一)・2・19	
82	近衛尚通	永正11(一五一四)・8・12	永正13(一五一六)・12・27	
83	花山院政長	永正15(一五一八)・5・28	永正18(一五二一)・3・27	
84	三条実香	天文4(一五三五)・8・28	天文5(一五三六)・6・25	
85	近衛稙家	天文6(一五三七)・12・21	天文11(一五四二)・2・25	
86	近衛前久	天正10(一五八二)・2・2	同・5	
87	豊臣秀吉	天正14(一五八六)・12・19	慶長3(一五九八)・8・18(薨)	
88	近衛基凞	宝永6(一七〇九)・10・25	同・12・9	
89	近衛家凞	宝永7(一七一〇)・12・25	正徳1(一七一一)・7・28	中御門天皇元服加冠のため補任
90	近衛家久	享保18(一七三三)・1・25	同・12・27	
91	一条兼香	延享3(一七四六)・2・28	寛延4(一七五一)・7・29	

92	近衛内前	明和5(一七六八)・5・25	明和7(一七七〇)・10・15	東宮元服加冠料
93	近衛内前	明和8(一七七一)・11・15	安永7(一七七八)・2・8	再任 大嘗会辰日節会内弁奉仕
94	九条尚実	安永9(一七八〇)・12・25	天明1(一七八一)・5・20	光格天皇元服加冠のため補任
95	鷹司政通	天保13(一八四二)・8・22	嘉永1(一八四八)・9・22	
96	三条実美	明治4(一八七一)・7・29	明治18(一八八五)・12・22	太政官廃止に依り解任

女院の意義と沿革

はしがき

女院は平安時代一条朝に成立し、江戸時代末期に至るまで存続した後宮における身位の一つである。その総数は前後百人を越え、その九百年に及ぶ歴史には幾多の変遷が認められる。この女院については、すでに龍粛氏の「女院制の成立」(同氏著『平安時代』所収)なる論文があり、その成立の事情を中心として考究されているが、小論においては、女院の全事例を通観し、その制度的な沿革・変遷をたどることに依って、女院の本質を解明してみたいと思う。

一　成立期の女院

女院は正暦二年(九九一)九月十六日、一条天皇の生母藤原詮子が東三条院の院号を宣下されたのに始まる。その政治的背景などについては、龍氏の前掲論文に譲りたいが、後宮制度の沿革からこれをみるとき、これより先詮子が女御から皇太后にのぼった事実に着目する必要がある。

詮子は摂政太政大臣藤原兼家《かねいえ》の第二女で、円融天皇の貞元三年（九七八）八月十七日入内、同年十一月四日女御となり、天元三年（九八〇）正月従四位下に直叙され、同年六月一日第一皇子を生んだ。懐仁《やすひと》親王すなわち一条天皇である。ついで天元五年正四位下に進み、さらに寛和二年（九八六）三月二十六日正三位に叙された。この日皇太子懐仁親王が初めて花山天皇に拝覲するに当り、天皇は宸筆の宣命をもって詮子を正三位に昇叙したのである。しかるに同年六月花山天皇が突然退位し、一条天皇が践祚するに及び、七月五日天皇は詔して「母儀女御藤原詮子」を皇太后に立てた（『日本紀略』および『記録部類』院号の部一所収、『野右記』）。もちろん生母尊崇の趣旨に出でるものであるが、女御から直接皇太后にのぼった前例はまったくなく、ここに早くも詮子のために新例を開いたわけである。恐らくこの立后については、公卿の間でも論議があったものと推測されるが、いまその詳細は知り得ない。これより先女御から皇后を経ないで皇太后にのぼった例は、平安時代初期に四例ある。仁明天皇女御藤原順子・文徳天皇女御藤原明子・清和天皇女御藤原高子および光孝天皇女御班子女王がそれで、それぞれ文徳・清和・陽成・宇多各天皇の生母である。しかしこの四例は、いずれも所生の天皇の即位と同時に皇太夫人となり、中宮職を附置され、中宮と称され、さらにそののち皇太后に立ったのである。詮子の場合も、この四例を追えば、まず皇太夫人となり、ついで皇太后に立つのが筋道であろう。ところが皇太夫人は、醍醐天皇の養母藤原温子を最後として絶え、中宮職は同天皇の妻后藤原穏子が皇后から皇太后・太皇太后へ転上する間、終始これに附属し、さらに一后一職司の慣例が定着するに伴い、村上天皇皇后藤原安子以降は、中宮職は皇后にのみ附置されるようになり、中宮は皇后の一呼称とさえなった（拙著『平安貴族社会の研究』所収、「中宮の意義と沿革」）。従って一条天皇が生母詮子を優遇するに際しても、百年前に中絶した皇太夫人を復活するのは躊躇されたろうし、たとえ皇太夫人を復活しても、すでに皇后の附属職司として定着していた中宮職を更めて皇太夫人に附置するのは困難であったろう。まして当時中宮職は円融天皇の妻后藤原遵子に附属していたから、その処置も問題となろう。かように皇太夫人の復活には種々障害があり、結局女御から皇太夫人を経ないで皇太后にのぼる新例が開かれたものと思われる。そしてこのことは詮子の宮廷に占める地位の重さを裏付けるものであるが、さらに詮子のために女院という新しい身位を生み出す素地ともなったのである。

詮子は皇太后になってからしばしば病患に悩まされたが、正暦二年九月一日療病のため内裏から退出し、同月十六日ついに落飾して尼となった。そこで出家後の詮子の処遇を如何にすべきかが問題となり、公卿の仗議《じょうぎ》（陣の座における公卿の議定）が開かれた。『記録部類』院号の部一に収める『後小記』によると、蔵人頭より上卿に下された勅旨は、「御出家に依り、職《しき》号及び大炊寮《おおいりょう》の御《み》稲《いね》・畿内の御《み》贄《にえ》を止むべし、抑《そもそも》院号あるべきか、若しくは判官代《ほうがんだい》・主典代《しゅてんだい》あるべきか、若しくは又先例如何《いかん》、宜《よろ》しきに随い定め申すべし者《てえり》」というものであった。これに対する公卿の僉議《せんぎ》では、后宮＝后位者の出家の先例としては、淳和后＝太皇太后正子内親王、嵯峨太后＝太皇太后橘嘉智子、染殿后＝太皇太后藤原明子の三例があるが、国史には委曲を尽した記述がないこと、院号は御領処をもってその号となすべきであるが、その領処が知られていないこと、判官代・主典代などの例も尋ね求め得ないこと、ただ陽成天皇の母后皇太后藤原高子については、皇太后を廃されたのち判官代・主典代が置かれたともいわれるが、確かでないうえ、たとえその例があったとしても廃后の例を追うわけにはいかないから避けるべきであり、たとえば進代《じょうだい》・属代《さかんだい》と称してはどうであろうかというような意見が出され、結局は勅定によるべきであると議定された。その結果、「院の例に依り、判官代・主典代宜しかるべし、又院号は東三条院と号すべし」との勅定が下されたのである。

以上の記述でまず目を惹くのは、御出家に依り職号を止むべし――大炊寮の御稲と畿内の御贄を止めることは職号停止に随伴する処置であるが、いまは論旨が脇道にそれるので説明はさし控える――という勅旨である。職号を止めるとは、この場合は皇太后の后位を退くことを指すが、いったい出家と后位との間にはそれほど緊密な因果関係があるのであろうか。上記の如く、公卿の議定においても后宮落飾の先例として、平安時代初期の三例が取りあげられている。そのうち橘嘉智子と正子内親王の落飾については国史によって裏付けできるが、藤原明子については国史に記述するところがない。もっとも『東大寺要録』巻十の「雑事章之餘」には、「忠信公女皇后受戒事」[七]として、藤原良房の女で文徳天皇の女御明子が、天皇の崩御後落飾したかのように記載している。しかしその記事、「文徳天皇天安二年八月乙卯崩、后哀慟柴毀、後遂落彩為尼、請東大寺戒壇院諸僧於五条宮、受大乗戒（文徳天皇天安二年〔八五八〕八月乙卯崩《ほう》ず、后哀慟柴毀《あいどうさいき》〔喪に遭い悲しみやせること〕、後遂に落彩《らくさい》〔落飾〕して尼となり、東大寺戒壇院《かいだんいん》の諸僧を五条の宮に請じて大乗戒《だいじょうかい》を受く）」を、『三代実録』貞観十三年（八七一）九月二十八日条の太皇太后順子崩御の記事中、「天安二年八月乙卯、文徳天皇崩、后哀慟柴毀、後遂落彩為尼、請東大寺戒壇諸僧於五条宮、受大乗戒」とあるのに対比すれば、『東大寺要録』の編者が文徳天皇の母后順子を明子と誤認したことが明らかとなる。そして順子が「落飾入道」したことは、『三代実録』貞観三年（八六一）二月二十九日条に明記されている。従って上掲『後小記』の記述は、龍氏が推測されたように、明子と順子を混同したものと判断して誤りないであろう。しかし順子を含む三例の落飾において、それがために后位に変動を生じた徴証はまったくない。ただ淳和皇后正子内親王は、皇太后に転じたときも、太皇太后にのぼったときも、ともに固辞したといい、その間に多少の曲折のあったことが推察される。それが貞観六年から十三年にかけて、正子内親王と藤原順子の二人が同時に太皇太后の員にそなわるという異常な例を生み、さらに一部に「淳和大后女院と為る、然れども院号を注せず」(『記録部類』院号の部二所収、天治元年不知記)との所伝を生んだ原因でもあろう。しかし国史の記述に拠る限り、朝廷は究極的には正子内親王の后位辞退を承認しなかったものと判断されるし、女院となったという所伝も、他に文献の徴すべきものがなく、恐らく誤伝であろう。

以上の如く、落飾入道と后位の停廃が結びつけられた前例はないのに、なぜ詮子の場合、落飾が后位を退く理由とされたのか、その事情は詳らかでない。こののち間もない長徳二年(九九六)五月には一条天皇の妻后藤原定子が、翌年三月には円融天皇の妻后藤原遵子が相ついで落飾したが、后位にはなんら影響していないのをみても、落飾が后位の停廃につながる必然性は認められない。後述するように、爾後の女院においても、第三例の陽明門院以降は、院号宣下と出家との間に直接的な関係の存しない場合が多く、両者の関係が制度的に定着するには至らなかったものと思われる。詮子の場合も、母后を特別に優遇するための新例を開く名分として、落飾入道をことさら強調した感が深い。

それはとも角、公卿の議定を承けて、これに下された勅定には「依院例、判官代・主典代可宜矣」と明示されたが、この「院例」はさらに拡大され、后位を去ることを皇位を退くことになぞらえて、上皇に準ずる待遇を与えることと理解された。時人が「おりゐのみかどになぞらへて女院ときこえさす」（『栄花物語』巻四、みはてぬゆめ）と認識した所以である。「院号は御領処を以って其の号と為す」と考えられたのも、当時太上天皇が崩御した際、その在所または領所に由る院号をもって追号としたのに倣うものであろう。また東三条院の院司としては、院号宣下の日、皇太后宮亮《すけ》・権亮《ごんのすけ》・大進《だいじょう》の三人が別当に、その他の進・属《さかん》等が判官代・主典代に補され、次の上東門院藤原彰子の場合も、太皇太后宮大夫《だいぶ》以下の宮司が別当以下の院司に補されたが（『左経記』万寿三年正月十七日条）、これらも勿論上皇の院司に倣うものである。ことに詮子・彰子および陽明門院禎子内親王が相ついで院分受領《いんぶんずりよう》の制に預っているのは注目される。この制度は、毎年の県召除目《あがためしじもく》に際し、外記《げき》・史・蔵人・検非違使らがそれぞれの巡《じゅん》によって受領に補されたのに並んで、院の推挙に依って受領を任ずるもので、その受領を院分受領といい、その国を院分国といった（本書二二二頁以下の「院宮分国と知行国再論」参照）。この推挙権をもつ「院」に、上皇のほかに女院も含まれるようになったのである。東三条院については、『扶桑《ふそう》略記』に院号宣下に当り「年分受領」を賜わったと見えるだけで、具体的な事例は見当らないが、上東門院については次に述べるように明徴があるし、陽明門院の分国の例は『中右記』寛治七年（一〇九三）二月五日条・承徳二年（一〇九八）五月十日条などに見え、以後鎌倉時代に至るまで多くの女院の分国例を残した。もっとも当初は、院分受領の推挙権を与えられたのは国母の女院に限られたらしく、延久六年（一〇七四）六月太皇太后章子内親王が二条院となった際には、「御門の御おやならでは、受領などはえさせ給はじとて」この推挙権を給わらなかったので、「大女院（上東門院）は我御院分をゆづり申さんと奏せさせ給」と『栄花物語』（巻三十九、布びきのたき）に見えている。この記述は『記録部類』院号の部一所収の『澄池記』に「受領を給わず」とも、「東北院（上東門院）受領を譲らるるは如何」とも見える記事によって裏書きできる。しかも院分国制が皇后宮や中宮などをも対象として院宮分国制に発展するのは院政期以降と考えられるから（上記「院宮分国と知行国再論」）、成立期の女院は后位に勝る地位であったということもできる。

このように母后優遇を本旨として成立した女院の地位・待遇は、概ね太上天皇に准じ、后宮に勝るとも劣らぬものであったが、院号宣下の対象が拡大するにつれて、いちがいに律し切れないものとなった。応保元年（一一六一）十二月、故鳥羽法皇の皇女暲子内親王が二条天皇の准母の名目で院号宣下をうけ、八条院となったとき、太政大臣藤原伊通《これみち》は、「院号は后より貴きか、将《はたま》た賤《いや》しきかの由、法家に問わるべし、小一条《こいちじょう》院は元東宮なり、而るに院号の後、三宮の下為《た》るべきの由宣下せらる、太上天皇は別なり、更に只《ただ》の院号は后位より貴かるべからざる事なり」（『百錬抄』）と主張している。それでは院号宣下の対象者はどのように拡大していったのであろうか。その間、女院の性格にどのような変化が生じたであろうか。次にそれらの点について考察を加えてみようと思うが、それに先立って、確実に女院と認定できる百七人の一覧表を作成し、考察の対象を確定しておきたい。

二　女院一覧

一条天皇の母后東三条院より孝明天皇の生母新待賢門院に至る間、一応院号宣下の年時の明らかなものは百六例あり、これに年時は不明ながら宣下の事実が確認できる南北朝時代の南朝の嘉喜門院と新宣陽門院を加えると、総べて百八例にのぼる。但し後醍醐天皇皇后藤原禧子は二度院号の宣下を受けているので、実人員は百七人である。それを表示したのが次の女院一覧である。

女院一覧

通番	院号	御名	御配偶	御所生	御父	院号宣下年時	宣下時の身位	崩御年時(年齢)	類別
1	東三条院	藤原詮子	円融	一条	藤原兼家	(九九一)正暦2・9・16	皇太后	(一〇〇一)長保3・閏12・22(40)	A殿
2	上東門院	藤原彰子	一条	後一条・後朱雀	藤原道長	(一〇二六)万寿3・1・19	太皇太后	(一〇七四)承保1・10・3(87)	A宮
3	陽明門院	禎子内親王	後朱雀	後三条	三条天皇	(一〇六九)治暦5・2・17	太皇太后	(一〇九四)寛治8・1・16(82)	A宮
4	二条院	章子内親王	後冷泉		後一条天皇	(一〇七四)延久6・6・16	太皇太后	(一一〇五)長治2・9・17(80)	B殿

5	郁芳門院	媞子内親王		（堀河准母）	白河天皇	（一〇九三）寛治7・1・19	皇后（中宮）	（一〇九六）嘉保3・8・7（21）	B宮
6	待賢門院	藤原璋子	鳥羽	崇徳・後白河	藤原公実	（一一二四）天治1・11・24	皇后（中宮）	（一一四五）久安1・8・22（45）	A宮
7	高陽院	藤原泰子	鳥羽		藤原忠実	（一一三九）保延5・7・28	皇后	（一一五五）久寿2・12・16（61）	B殿
8	美福門院	藤原得子	鳥羽	近衛	藤原長実	（一一四九）久安5・8・3	皇后	（一一六〇）永暦1・11・23（44）	A宮
9	皇嘉門院	藤原聖子	崇徳		藤原忠通	（一一五〇）久安6・2・27	皇太后	（一一八一）養和1・12・5（60）	B宮
10	上西門院	統子内親王			鳥羽天皇	（一一五九）保元4・2・13	皇后	（一一八九）文治5・7・20（64）	B宮
11	八条院	暲子内親王		（二条准母）	鳥羽天皇	（一一六一）応保1・12・16	准三宮	（一二一一）建暦1・6・26（75）	b殿
12	高松院	姝子内親王	二条		鳥羽天皇	（一一六二）応保2・2・5	皇后（中宮）	（一一七六）安元2・6・13（36）	B殿
13	九条院	藤原呈子	近衛		藤原伊通	（一一六八）仁安3・3・14	皇太后	（一一七六）安元2・9・19（46）	B殿
14	建春門院	平滋子	後白河	高倉	平時信	（一一六九）嘉応1・4・12	皇太后	（一一七六）安元2・7・8（35）	A内
15	建礼門院	平徳子	高倉	安徳	平清盛	（一一八一）養和1・11・25	皇后（中宮）	（一二一三）建保1・12・13（59）	A内
16	殷富門院	亮子内親王		（安徳准母）	後白河天皇	（一一八七）文治3・6・28	皇后	（一二一六）建保4・4・2（70）	B宮
17	七条院	藤原殖子	高倉	後鳥羽	藤原信隆	（一一九〇）建久1・4・22	准三宮	（一二二八）安貞2・9・16（72）	a殿
18	宣陽門院	覲子内親王			後白河天皇	（一一九一）建久2・6・26	准三宮	（一二五二）建長4・6・8（72）	b内

19	宜秋門院	藤原任子	後鳥羽		九条兼実	（一二〇〇）正治2・6・28	皇后（中宮）	（一二三八）暦仁1・12・28（66）	B内
20	承明門院	源　在子	後鳥羽	土御門	土御門通親	（一二〇二）建仁2・1・15	准三宮	（一二五七）正嘉1・7・5（87）	a内
21	坊門院	範子内親王		（土御門准母）	高倉天皇	（一二〇六）建永1・9・2	皇后	（一二一〇）承元4・4・12（34）	B殿
22	修明門院	藤原重子	後鳥羽	順徳	藤原範季	（一二〇七）建永2・6・7	准三宮	（一二六四）文永1・8・29（83）	a内
23	春華門院	昇子内親王			後鳥羽天皇	（一二〇九）承元3・4・25	皇后	（一二一一）建暦1・11・8（17）	B内
24	陰明門院	藤原麗子	土御門		大炊御門頼実	（一二一〇）承元4・3・19	皇后（中宮）	（一二四三）寛元1・9・18（59）	B内
25	嘉陽門院	礼子内親王			後鳥羽天皇	（一二一四）建保2・6・10	准三宮	（一二七三）文永10・8・2（74）	b内
26	東一条院	藤原立子	順徳	仲恭	九条良経	（一二二二）承久4・3・25	皇后（中宮）	（一二四七）宝治1・12・21（56）	A殿
27	北白河院	藤原陳子	後高倉院	後堀河	持明院基家	（一二二二）貞応1・7・11	准三宮	（一二三八）嘉禎4・10・3（66）	a殿
28	安嘉門院	邦子内親王		（後堀河准母）	後高倉院	（一二二四）貞応3・8・4	皇后	（一二八三）弘安6・9・4（75）	B宮
29	安喜門院	藤原有子	後堀河		三条公房	（一二二七）嘉禄3・2・20	皇后	（一二八六）弘安9・2・6（80）	B内
30	鷹司院	藤原長子	後堀河		近衛家実	（一二二九）寛喜1・4・18	皇后（中宮）	（一二七五）文永12・2・11（58）	B殿
31	藻璧門院	藤原竴子	後堀河	四条	九条道家	（一二三三）貞永2・4・3	皇后（中宮）	（一二三三）天福1・9・18（25）	A宮
32	明義門院	諦子内親王			順徳天皇	（一二三六）嘉禎2・12・21	准三宮	（一二四三）寛元1・3・29（27）	b内

33	式乾門院	利子内親王		(四条准母)	後高倉院	(一二三九)延応1・11・12	皇后	(一二五一)建長3・1・2(55)	B内
34	宣仁門院	藤原彦子	四条		九条教実	(一二四三)仁治4・2・23	准三宮	(一二六二)弘長2・1・5(36)	b内
35	正親町院	覚子内親王			土御門天皇	(一二四三)寛元1・6・26	准三宮	(一二八五)弘安8・8・23(73)	b殿
36	室町院	暉子内親王			後堀河天皇	(一二四三)寛元1・12・14	准三宮	(一三〇〇)正安2・5・3(73)	b殿
37	大宮院	藤原姞子	後嵯峨	後深草・亀山	西園寺実氏	(一二四八)宝治2・6・18	皇后(中宮)	(一二九二)正応5・9・9(68)	A殿
38	仙華門院	曦子内親王			土御門天皇	(一二五一)建長3・3・27	皇后	(一二六二)弘長2・8・21(39)	B内
39	永安門院	穠子内親王			順徳天皇	(一二五一)建長3・11・13	准三宮	(一二七九)弘安2・11・21(64)	b内
40	神仙門院	体子内親王	後嵯峨		後堀河天皇	(一二五六)建長8・2・7	准三宮	(一三〇一)正安3・12・17(71)	b内
41	東二条院	藤原公子	後深草		西園寺実氏	(一二五九)正元1・12・19	皇后(中宮)	(一三〇四)嘉元2・1・21(73)	B殿
42	和徳門院	義子内親王			仲恭天皇	(一二六一)弘長1・3・8	准三宮	(一二八九)正応2・12・7(56)	b内
43	月華門院	綜子内親王			後嵯峨天皇	(一二六三)弘長3・7・27	准三宮	(一二六九)文永6・3・1(23)	b内
44	今出河院	藤原嬉子	亀山		西園寺公相	(一二六八)文永5・12・6	皇后(中宮)	(一三一八)文保2・4・25(67)	B殿
45	京極院	藤原佶子	亀山	後宇多	洞院実雄	(一二七二)文永9・8・9	皇后	(一二七二)文永9・8・9(28)	A殿
46	新陽明門院	藤原位子	亀山		近衛基平	(一二七五)文永12・3・28	准三宮	(一二九六)永仁4・1・22(35)	b新

47	延政門院	悦子内親王			後嵯峨天皇	(一二八四)弘安7・2・28	准三宮	(一三三二)元弘2・2・10(74)	b内
48	玄輝門院	藤原愔子	後深草	伏見	洞院実雄	(一二八八)正応1・12・16	准三宮	(一三二九)元徳1・8・30(84)	a内
49	五条院	懌子内親王	亀山		後嵯峨天皇	(一二八九)正応2・12・10	准三宮	(一二九四)永仁2・11・25(33)	b殿
50	遊義門院	姈子内親王	後宇多		後深草天皇	(一二九一)正応4・8・12	皇后	(一三〇七)徳治2・7・24(38)	B内
51	永陽門院	久子内親王			後深草天皇	(一二九四)永仁2・2・7	准三宮	(一三四六)興国7・4・25(75)	b八
52	昭慶門院	憙子内親王			亀山天皇	(一二九六)永仁4・8・11	准三宮	(一三二四)元亨4・3・12(52)	b八
53	永福門院	藤原鏱子	伏見		西園寺実兼	(一二九八)永仁6・8・21	皇后(中宮)	(一三四二)興国3・5・7(72)	B八
54	昭訓門院	藤原瑛子	亀山		西園寺実兼	(一三〇一)正安3・3・19	准三宮	(一三三六)延元1・6・26(65)	b八
55	永嘉門院	瑞子女王	後宇多		宗尊親王	(一三〇二)正安4・1・20	准三宮	(一三二九)元徳1・8・29(57)	b八
56	陽徳門院	媖子内親王			後深草天皇	(一三〇二)正安4・3・15	准三宮	(一三五二)正平7・8・11(65)	b豊
57	章義門院	誉子内親王			伏見天皇	(一三〇七)徳治2・6・22	准三宮	(一三三六)延元1・10・10	b八
58	西華門院	源　基子	後宇多	後二条	堀川具守	(一三〇八)延慶1・12・2	准三宮	(一三五五)正平10・8・26(87)	a八
59	広義門院	藤原寧子	後伏見	光厳・光明	西園寺公衡	(一三〇九)延慶2・1・13	准三宮	(一三五七)正平12・閏7・22(66)	a八
60	章善門院	永子内親王			後深草天皇	(一三〇九)延慶2・2・3	准三宮	(一三三八)延元3・3・3	b八

61	朔平門院	璹子内親王			伏見天皇	(一三〇九)延慶2・6・27	准三宮	(一三一〇)延慶3・10・8(24)	b内
62	長楽門院	藤原忻子	後二条		徳大寺公孝	(一三一〇)延慶3・12・19	皇后(中宮)	(一三五二)正平7・2・1(70)	B内
63	延明門院	延子内親王			伏見天皇	(一三一五)正和4・2・24	准三宮		b豊
64	談天門院	藤原忠子	後宇多	後醍醐	藤原忠継	(一三一八)文保2・4・12	准三宮	(一三一九)元応1・11・15(52)	a宮
65	達智門院	奨子内親王			後宇多天皇	(一三一九)元応1・11・15	皇后	(一三四八)正平3・11・2(63)	B宮
66	万秋門院	藤原頊子	後宇多		一条実経	(一三二〇)元応2・2・26	准三宮	(一三三八)延元3・3・26(71)	b豊
67	寿成門院	媄子内親王			後二条天皇	(一三二〇)元応2・8・23	准三宮	(一三六二)正平17・5・20(61)	b八
68	顕親門院	藤原季子	伏見	花園	洞院実雄	(一三二六)正中3・2・7	准三宮	(一三三六)建武3・2・13(72)	a八
69	崇明門院	禖子内親王	邦良親王		後宇多天皇	(一三三一)元弘1・10・25	准三宮		b内
70	後京極院(礼成門院)	藤原禧子	後醍醐		西園寺実兼	(一三三三)元弘3・10・12	皇太后	(一三三三)元弘3・10・12(31)	B後
71	宣政門院	懽子内親王	光厳		後醍醐天皇	(一三三五)建武2・2・2	准三宮		b八
72	章徳門院	璜子内親王			後伏見天皇	(一三三六)延元1・4・2	准三宮		b八
73	新室町院	珣子内親王	後醍醐		後伏見天皇	(一三三七)延元2・1・16	皇后(中宮)	(一三三七)延元2・5・12(27)	B新
74	徽安門院	寿子内親王	光厳		花園天皇	(一三三七)延元2・2・7	准三宮	(一三五八)正平13・4・2(41)	b内

75	宣光門院	藤原実子	花園		正親町実明	(一三三八)延元3・4・28	准三宮	(一三六〇)正平15・9・5(64)	b 八
76	新待賢門院	藤原廉子	後醍醐	後村上	阿野公廉	(一三五一)正平6・12・28	皇太后	(一三五九)正平14・4・29(59)	A 新
77	陽禄門院	藤原秀子	光厳	崇光・後光厳	三条公秀	(一三五二)正平7・10・29	准三宮	(一三五二)正平7・11・28(42)	a 豊
78	嘉喜門院	(藤原氏)	後村上	長慶・後亀山			(女御)		(a) 八
79	新宣陽門院	(一品宮)			後村上天皇		(内親王)		(b) 新
80	崇賢門院	紀 仲子	後光厳	後円融	紀 通清	(一三八三)弘和3・4・25	准三宮	(一四二七)応永34・5・20(89)	a 豊
81	通陽門院	藤原厳子	後円融	後小松	三条公忠	(一三九六)応永3・7・24	准三宮	(一四〇六)応永13・12・27(55)	a 八
82	北山院	藤原康子	(足利義満)	(後小松准母)	日野資康	(一四〇七)応永14・3・5	准三宮	(一四一九)応永26・11・11(51)	(a) 殿
83	光範門院	藤原資子	後小松	称光	日野西資国	(一四二五)応永32・7・29	准三宮	(一四四〇)永享12・9・8(57)	a 八
84	敷政門院	源 幸子	後崇光院	後花園	庭田経有	(一四四八)文安5・3・4	准三宮	(一四四八)文安5・4・13(59)	a 内
85	嘉楽門院	藤原信子	後花園	後土御門	藤原孝長	(一四八一)文明13・7・26	准三宮	(一四八八)長享2・4・28(78)	a 豊
86	豊楽門院	藤原藤子	後柏原	後奈良	勧修寺教秀	(一五三五)天文4・1・12	准三宮	(一五三五)天文4・1・12(72)	a 豊
87	新上東門院	藤原晴子	陽光院	後陽成	勧修寺晴右	(一六〇〇)慶長5・12・29	准三宮	(一六二〇)元和6・2・18(68)	a 新
88	中和門院	藤原前子	後陽成	後水尾	近衛前久	(一六二〇)元和6・6・2	准三宮	(一六三〇)寛永7・7・3(56)	a 内

89	東福門院	源　和子	後水尾	明　正	徳川秀忠	寛永6・11・9（一六二九）	皇后（中宮）	延宝6・6・15（一六七八）（72）	A 八
90	壬生院	藤原光子	後水尾	後光明	園　基任	承応3・8・18（一六五四）	准三宮	明暦2・2・11（一六五六）（55）	a 殿
91	新広義門院	藤原国子	後水尾	霊　元	園　基音	延宝5・7・5（一六七七）	准三宮	延宝5・7・5（一六七七）（54）	a 新
92	逢春門院	藤原隆子	後水尾	後　西	櫛笥隆致	貞享2・5・17（一六八五）	准三宮	貞享2・5・22（一六八五）（82）	a 豊
93	新上西門院	藤原房子	霊　元		鷹司教平	貞享4・3・25（一六八七）	皇后（中宮）	正徳2・4・14（一七一二）（60）	B 新
94	承秋門院	幸子女王	東　山		幸仁親王	宝永7・3・21（一七一〇）	皇后（中宮）	享保5・2・10（一七二〇）（41）	B 豊
95	新崇賢門院	藤原賀子	東　山	中御門	櫛笥隆賀	（贈）宝永7・3・26（一七一〇）	（贈）准三宮	宝永6・12・29（一七〇九）（35）	a 新
96	敬法門院	藤原宗子	霊　元	東　山	松木宗条	正徳1・12・23（一七一一）	准三宮	享保17・8・30（一七三二）（76）	a 八
97	新中和門院	藤原尚子	中御門	桜　町	近衛家凞	享保5・1・20（一七二〇）	准三宮	享保5・1・20（一七二〇）（19）	a 新
98	礼成門院	孝子内親王			後光明天皇	享保10・6・26（一七二五）	准三宮	享保10・6・26（一七二五）（76）	b 豊
99	青綺門院	藤原舎子	桜　町	後桜町	二条吉忠	寛延3・6・26（一七五〇）	皇太后	寛政2・1・29（一七九〇）（75）	A 豊
100	開明門院	藤原定子	桜　町	桃　園	姉小路実武	宝暦13・2・10（一七六三）	（三位局）	寛政1・9・22（一七八九）（73）	(a) 豊
101	恭礼門院	藤原富子	桃　園	後桃園	一条兼香	明和8・7・9（一七七一）	皇太后	寛政7・11・30（一七九五）（53）	A 内
102	盛化門院	藤原維子	後桃園		近衛内前	天明3・10・12（一七八三）	皇太后	天明3・10・12（一七八三）（25）	B 八

103	新皇嘉門院	藤原繫子	仁孝		鷹司政煕	(一八二三)文政6・4・6(贈)	准三宮	(一八二三)文政6・4・3(26)	b新
104	新清和院	欣子内親王	光格		後桃園天皇	(一八四一)天保12・閏1・22	皇太后	(一八四六)弘化3・6・20(68)	B新
105	東京極院	藤原婧子	光格	仁孝	勧修寺経逸	(一八四四)天保15・2・13(贈)	准三宮(贈)	(一八四三)天保14・3・21(64)	a殿
106	新朔平門院	藤原祺子	仁孝		鷹司政煕	(一八四七)弘化4・10・13	皇太后	(一八四七)弘化4・10・13(37)	B新
107	新待賢門院	藤原雅子	仁孝	孝明	正親町実光	(一八五〇)嘉永3・2・27	准三宮	(一八五六)安政3・7・6(54)	a新

〔註〕類別の項の上段は性格に依る分類。Aは国母后宮、Bは非国母后宮、aは国母准后、bは非国母准后。下段は院号の由緒に依る分類。殿は殿邸名、宮は宮城門号、内は内裏門号、八は八省院門号、豊は豊楽院門号、新は旧号に新の字を冠したもの、後は後の字を冠したものを示す。

この一覧表について若干説明を加えると、まず一人で二度院号宣下をうけた70の後醍醐天皇皇后藤原禧子は、元弘二年(一三三二)五月二十日光厳天皇の勅によって礼成門院の号を宣下されたが(『花園天皇宸記』)、翌年六月五日後醍醐天皇が京都に還幸するや、即日旧《もと》の如く皇后たるべき旨宣下された(『公卿補任』)。ついで禧子は同年七月十一日皇太后に転上したが、十月十二日崩ずるに及び、御存生の儀をもって後京極院の号が宣下されたのである(『宣秀御教書案』親王除服事)。つまり後醍醐天皇は礼成門院の号を認めなかったのであり、98にも礼成門院の号が見えるのは、こうした事情によるものであろう。南北両朝の対立の厳しさをのぞかせる一例であるが、実は69の崇明門院も両朝対立の荒波にもまれた一人である。すなわち禖子内親王は元弘元年（一三三一）十月二十五日光厳天皇の勅により崇明門院の号を宣下されたが（『花園天皇宸記』）、元弘三年後醍醐天皇が隠岐より還幸ののち院号を停められた。しかしその後さらに延元三年（一三三八）四月二十八日に至り、光明天皇の勅により院号を復したのである（『歴代皇紀』）。また76の新待賢門院の号が107にも用いられたのは、76を南朝の号として無視したためであろうか。78嘉喜門院・79新宣陽門院の院号宣下の年時は明らかでないが、前者については、『新葉和歌集』巻十六雑歌上に収める福恩寺前関白内大臣の歌の詞書に「嘉喜門院女御にましくける比」云々とあり、後者については、同歌集巻十七雑歌中の妙光寺内大臣の歌の詞書に「新宣陽門院いまだ一品宮と申けるが」云々とある記述などによって、共に南朝において院号を宣下されたことが確認できる。なお確証は得ないが、傍例によれば、両者とも准三宮の宣下をもうけていた可能性が強い。また院号宣下の日付について説明を要するものが、江戸時代に若干ある。まず90の後光明天皇生母壬生院は承応三年（一六五四）十月五日消息宣下をもって院号のことを沙汰されたが、その日付は、同年九月二十日崩じた後光明天皇の遺志を尊重して、天皇生前の八月十八日とされたのである。こうした異例の沙汰が生じたのは、後水尾天皇の嫡后東福門院を憚ったためであるという（『宣順卿記』）。91の新広義門院は、延宝五年（一六七七）七月五日病危急に依り准三宮を宣下されたが、院号が実際に宣下されたのは十月三日であった。

しかしその宣旨の日付は、「御現存之分」として准后宣下と同日とされた(『基量卿記』『季連宿禰記』)。97の新中和門院の場合も、享保五年(一七二〇)正月二十日病危急に臨み准三宮を宣下され、院号の宣下はおくれて没後の同月二十七日になったが、その日付は中御門天皇の勅命により准后宣下と同日の二十日とされた(『御湯殿上日記』)。一覧表では三例とも名分上の日付を採用した。92の逢春門院の場合はやや複雑である。後西天皇の生母藤原隆子は貞享二年(一六八五)五月十七日病危急に及んで准后宣下をうけ、ついで二十二日薨じた。しかし院号については、『兼輝公記』の十七日条に「今日准后宣下あり、是れ所労危急に依るなり、門院に於いては、後西院御在世の時密々付け留《と》めらるる故、更《あらた》めて之を定めらるるに及ばずと云々」とあり、同月二十四日条にも「此の准后密々門号を定めらるる由、先日勅に依り承る所なり、陣定《じんのさだめ》に及ばずと雖も女院と為す」と見え、厳密にはその宣下の日付を確定し難いようにも思われる。ただ女院とされたことには疑いをはさむ余地がない以上、上記の『兼輝公記』の趣旨と傍例を勘案すれば、名分上は准后宣下の日にかけるのが穏当であろう。

さて女院の歴名を掲げ、簡単な経歴などを付したものに、『女院小伝』『女院記』『門院伝』或は『本朝女后名字抄』(女院の項)などがある。『女院小伝』は、東三条院より陽禄門院まで七十七人の女院を掲げ、その排列も一覧表と一致する。明応七年(一四九八)菅原和長《かずなが》の撰した『本朝女后名字抄』も、後人の増補部分を除いた嘉楽門院ないし豊楽門院までは、南朝の二女院(一覧表の78・79)を載せないほかは、同じく一覧表と一致する。『女院記』は、『門号記』と題する写本もあり、豊楽門院の次に一覧表には採らなかった吉徳門院を掲げて終っている。『門院伝』は、最後の女院新待賢門院まで収めるが、これを明和二年(一七六五)滋野井《しげのい》公麗《きんかず》が編集した『女院号便覧類聚』——この書は『女院記』の記述と親近性が強く、同記が編集の素材の一つとなったことはほぼ間違いないであろう——と対校すると、開明門院の項まで両者の記事はほぼ一致し、前者は後者を書写し、恭礼門院以下を増補したものと考えられる。そして両書には、上記の吉徳門院のほか、同じく一覧表には採らなかった福来門院・安福門院・北白川院・蒼玉門院・清光院の五女院号を載せている。しかしこれらはみな院号宣下の事実が不明確で、少なくとも正規の院号とみなすには根拠が乏しい。いま『門院伝』の排列に従って簡単に検討を加えてみると、まず玄輝門院(48)の次に掲げる福来門院は、摂政一条実経《さねつね》の女で、後宇多院妃であるとするが、これに相当する人物を他の文献に求めることはできず、その存在も疑問である。恭礼門院(101)の院号宣下の記事を載せる『紀光卿記』明和八年(一七七一)七月九日条に「福来門院号の事、権帥公麗(鷹司輔平)、南朝の女院号の由、兼日殿の辺並びに右府(近衛内前)等に申入るるの間、用いられず、余(柳原紀光)之れを勘うるに、曾つて所見なし、不審の事なり」とあるのによれば、この福来門院の号は、上述の『女院号便覧類聚』の編者滋野井公麗が言い出したことらしい。しかしかの『続史愚抄』の大著を撰した柳原紀光《やなぎわらもとみつ》にして「曾無所見」というのに徴すると、公麗の僻見かと思われる。

次に新室町院（73）の後に載せる安福門院は、関白二条道平《みちひら》の女で、後醍醐天皇の女御藤原栄子であるというが、栄子については『園太暦』延文二年（一三五七）四月十三日条に「安福殿と号す、先朝の女御なり」と見え、『尊卑分脈』には「安福殿祗候」と注している。「安福門院」の号も、恐らくこの「安福殿」から来たもので、正規の院号とは認めがたい。豊楽門院（86）の次に掲げる北白川院は、邦良《くになが》親王女嬉子内親王を指すが、『本朝皇胤紹運録』に「寿成門院御同宿、北白河」と注し、吹上本『帝王系図』に「北白川」と注している程度で、女院号の根拠とするには不充分である。その次に掲げる蒼玉門院は、後土御門天皇の後宮で、後柏原天皇の生母源朝子をいう。朝子は「三位局」と称され、明応元年（一四九二）七月二十日薨去に際し准三宮を宣下されたが、『女院号便覧類聚』および『門院伝』にはこの日にかけて「今日院号云々」と記している。しかし他に院号宣下の徴証は見当らないし、永正元年（一五〇四）七月十八日の贈皇太后宣下に際しても、その仰詞には「故准三宮従三位源朝臣朝子」と見えるだけで（『宣胤卿記』）、それまでに院号宣下があったとは考えられない。なお『本朝皇胤紹運録』には、後柏原院に注して「母准三宮源朝子、蒼玉院贈内大臣女」と記すが、蒼玉門院なる号も、或は父の蒼玉院贈内大臣すなわち庭田長賢《ながかた》の号と混淆したものではなかろうか。

以上の四院号は、上記の『女院小伝』『女院記』『本朝女后名字抄』にはいずれも載せていないが、『門院伝』において蒼玉門院の次に掲げる吉徳門院の号は、『女院記』や『本朝皇胤紹運録』などにも見える（但し書陵部所蔵の甘露寺親長奥書本の紹運録には書足し部分にも見えない）。この吉徳門院は、後奈良天皇の後宮で、正親町天皇の生母藤原栄子を指すが、その院号宣下については明確な徴証がない。この栄子の卒去した大永二年（一五二二）十月十日の『二水記』の記事には、「御阿茶の局《つぼね》卒《しゅつ》す、若宮（方仁親王）の御方の御母堂なり、壮年惜しむべきなり」と見えるだけであるし、さらに永禄元年（一五五八）九月二十六日贈皇太后を宣下される迄に（『公卿補任』）、院号を宣下された様子もない。一覧表は院号宣下の事実が確認できるものに限ったので、吉徳門院の号は載せなかった。最後に、『門院伝』の新上東門院と中和門院の間に掲げる清光院は、正親町天皇の後宮で、陽光太上天皇の生母藤原房子であるが、これは恐らく法号の類で、女院号とは認められない。

以上の検討によって、東三条院に始まる女院を百七人に限定した女院一覧の根拠はほぼ明確になったと思う。次にこの一覧表を見ながら女院の拡大と多様化のあとを追ってみよう。

三　女院の多様化

東三条院のケースを一般化して表現すれば、天皇の生母である后宮（三后の総称）が、出家のため后位を退くに当り、院号を宣下されて女院になったということになる。なかんずく出家は女院になる直接的な契機のようにみえるし、次の上東門院の例もまったく東三条院の場合に一致するが、その次に女院となった陽明門院は、院号宣下より二十数年前に落飾しており、早くも落飾と院号宣下との直接的な関係は消滅し、以後も両者の間に不可分の関係は認められない。これに対し、㈠天皇の生母すなわち国母《こくも》であることと、㈡后位に在ることとは、終始院号を宣下される基本的な要件として生きつづけている。女院の成立の経緯からすれば、㈠と㈡の要件を共にみたすのが女院の基本型というべく、それを女院一覧に拾うと、1・2・3・6・8・14・15・26・31・37・45・76・89・99・101の十五例を数える。しかしこの基本型は、二条院のケースで㈠と㈡が分離して以来、種々の変型を生み出し、院号宣下の対象はしだいに拡大されていった。以下その主要な経過を追ってみよう。

まず4の二条院は、㈠の要件を欠く最初の例で、院号宣下に新しい道を開いた。延久六年（一〇七四）六月十六日太皇太后章子内親王は二条院の号を宣下されて女院となったが、それは同日の『隆方朝臣記』に「先例なしと雖も、左府（藤原師実）の女御を以って中宮職に転ぜらるべし、仍って件の宣旨を下さるるなり」とある如く、この月二十日に立后が予定されていた白河天皇女御藤原賢子のため、后位に空席をもうける必要があったからである。すなわち当時中宮には後三条天皇の妻后馨子内親王、皇后宮には後冷泉天皇の妻后藤原歓子、皇太后には同天皇の妻后藤原寛子、太皇太后にはこの章子内親王が位し、誰かが后位を退かなければ賢子を皇后に立てることができなかったのである。『記録部類』院号の部一所収『澄池記』には「世推して云く、中宮最も院号に当る、其の故は、先帝《後三条》の后、今上《白河》の継母なりと」と見え、馨子内親王が院号宣下をうけるに最もふさわしいとされたが、実際には太皇太后が后位を退き、皇太后が太皇太后へ、皇后宮が皇太后へ、中宮が皇后宮へと順送りに転上したのである。そこには女院を後宮におけるもう一つの尊貴な地位としてみる意識が前面に出ており、以後この観念に基づいて宣下された女院が数多く生まれた。また5の郁芳門院の場合も、中宮媞子内親王が堀河天皇の准母であったとはいえ、宣下の直接の契機は、寛治七年（一〇九三）二月堀河天皇の女御篤子内親王を皇后に立てるためであった。そしてこれより内親王→非妻后の皇后→女院のルートが開かれ、さらに10・16・21・23・28・33・38・50（この姈子内親王は院号宣下後に後宇多上皇の宮に入る）・65の九例を生み、非妻后の皇后で女院にならなかったのは、鳥羽天皇の准母太皇太后令子内親王だけという結果になった。

　こうして内親王から非妻后の皇后を経て女院となるルートが定着するのと平行して起り、さらにこれに代替する役割を果したのが、内親王→准三宮→女院のルートであり、11の八条院と18の宣陽門院を二つのステップとして、数多くの内親王女院を輩出させた。すなわち鳥羽上皇の寵妃美福門院の生んだ暲子内親王は、久安二年（一一四六）わずか十歳で准三宮の宣下をうけ、さらに応保元年（一一六一）十二月二条天皇の准母の名目で八条院の号を宣下されたが、実質的には㈠も㈡も欠除したまま女院となった初例である。これが18の宣陽門院に至ると、「后位に非ず、母儀に非ず、院号を蒙むるの例、今度始めなり」（『玉葉』）と評された如く、わずかに准后の宣下をうけていたとはいえ、名実共に㈠も㈡も欠いた内親王を女院として遇する道を開き、25・32・35・36・39・40・42・43・47・49・51・52・56・57・60・61・63・67・69・71・72・74・79・98の二十四例がこれに続いた。そして上記の郁芳門院以下の十例とこの二十六例を対比すると、40前後を境として、後者が前者を引き継いだ状況がよく読みとれる。また55の瑞子女王の場合も、『実躬卿記』（『院号定部類記』所収）に「孫女立后の儀なく院号の事、先例なしと云々、仍りて院（後宇多）御猶子《ゆうし》の儀と為して此の事あり」とある如く、女院にする条件を整えるため、後宇多上皇の猶子（名義上の養子）の儀をもって院号を宣下したもので、この類型に入るべきケースであり、且つこの型の女院の本質を物語る好例である。

一方、八条院によって准后の院号宣下の例が開かれるや、比較的出自の低い国母が、准三宮の宣下をうけたうえ、院号を宣下される道も開かれた。それには平安末期以降、摂家以下の家格が形成される過程で、后位にのぼり得るものは、皇親ないし摂家・清華などの上流公家出身者に限られるようになったことが背景となっており、女院は中流以下の公家出身の国母を遇するには恰好の地位とみなされるに至った。そのうえ鎌倉末期以降、立后そのものが中絶したため、国母准后の院号宣下はますます盛行し、100の開明門院の如く、准三宮の宣下さえうけずに女院となった異例をも生んだ。これを一覧表についてみると、国母准后は、17の七条院を始め、20・22・27・48・58・59・64・68・77・78・80・81・83・84・85・86・87・88・90・91・92・95・96・97・105・107の二十七例にのぼる。82の北山院は、皇親でもなく、後宮でもなく、足利義満《あしかがよしみつ》の申請に依って生まれた異例中の異例であるが、名分上は「母儀准后」として院号を宣下されているので（『荒暦』）、上記の開明門院と共に、国母准后の女院に准ずるものとして分類した。

以上述べてきた女院の拡大の足どりをまとめると、国母后宮＝Aから出発した女院は、国母と后宮の分離に因って非国母后宮の女院＝Bを生んだが、ついでB中の未婚内親王の皇后の院号宣下を媒介として、准后内親王の女院＝bが輩出し、それが非皇親の後宮にも波及する一方、これを踏み台にして国母准后の女院＝aが数多く出現するに至ったと整理することができる。百七人にのぼる女院の整理分類にはいろいろ方法があると思うが、基本的な観点から、上記の基準によってA・B・a・bの四種に分類したのが、一覧表の最下段の類別である。

なお女院の没後贈号は、45の京極院が文永九年（一二七二）八月九日薨じた際、即日「御平生之儀」をもって院号を宣下されたのが実質的な初例で（『新抄』）、70・86・91・97・98・102・106の薨日宣下のケースも、事実上は贈号とみなされるが、名実共に没後追贈の例は、95・103・105の三例である。

四　院号の変遷

この一覧表をみてまず目につくのは、百七にのぼる様々な院号であろうが、その選定と変遷には一定の法則性がある。女院の宣下は、公卿の仗議《じょうぎ》を経て宣下されるのを原則とし、院号の選定もその議定において論議されたが、女院の増大と名目化は、この議定の関心を院号の選定に集中させ、仗議そのものも院号定《いんごうさだめ》と称されるに至った。元来、さきにも述べた「院号者以御領処為其号」という原則は、すでに初例のときから確立していたが、室町時代の『荒暦』応永十四年（一四〇七）三月五日条にも、院号は御在所の号を用いるのが「本儀」であり、「正義」であるといい、江戸時代末までこの原則が生きつづけたことは、『公明卿記』天明三年（一七八三）十月十二日条に「御居所の号・御領の号等甚だ然るべきなり、近代御居所・御領等なし、仍りて挙げ奏する能《あた》わず」とあるのによって裏付けられる。しかし女院の増加と、『公明卿記』にみえるような客観情勢の変化に伴い、院号を一、二の規準で律することはできなくなり、多様な院号を生み出すこととなった。以下その変遷の大筋をたどってみよう。

最初の東三条院の号は、詮子が父兼家から譲与された東三条殿に由来するが、次の上東門院も、『左経記』に「御在所上東門院旧名号、を以って院号と為す」とある如く、彰子が父道長から譲与されて居所としていた上東門邸に因って名づけられた。この号は『左経記』に「旧名号」と明記するように、決して新たに門号によって命名されたものでない点は注意を要するが、次の陽明門院の号は新号である。すなわちその院号宣下に際しては、禎子内親王の御領所枇杷《びわ》殿に因り枇杷院と号すべしとする説と、同殿が陽明門大路に当るから陽明門院とすべしという説が討議され、後者に決まったのである（『水左記』）。恐らくこの選択には、上東門院を佳例として追うという意識が強かったと思われるが、この後いわゆる「門院」号が多くなったため、結果的に上東門院が門院号の初めとされるに至った。次の二条院も章子内親王の殿邸に由来するが、郁芳門院の号も、その御領所大炊《おおい》殿が大炊御門《おおいみかど》大路に当るため、その宮城門に因って名づけたと『江記』（『記録部類』院号の部二所収）等に見える。従って『今鏡』（すべらぎの上、もちづき）に、大炊御門に御所がないのに郁芳門院と名づけたと述べているのは誤解である。

以上の如く、この五例はそれぞれ居所ないし領所の殿邸に由来するが、その殿邸に縁由のある宮城門の号が用いられたのが踏み台になって、まったく殿邸とは関係なく、宮門号を院号に採る例が生まれた。6の待賢門院がその初例である。中宮藤原璋子は当時三条殿を御在所とし、二条殿をも領していたが、三条院・二条院はすでに天皇の追号および女院号として用いられているため、南三条院或は美福門院（二条大路に面する宮城の南門の号に因る）などの説が挙がり、結局上東門院・陽明門院の佳例を追って、宮城東面の北から第三門、待賢門を院号に採るのがよいとする意見が議定されたのである（『記録部類』院号の部二所収、『朝隆卿記』『中右記』『師遠記』など）。

こうして女院号は、殿邸名と宮門号の二系列を生じたが、東面の宮城門から始まった門号は、美福門・皇嘉門と南面の門号に及び、さらに西面・北面の宮城門に波及する一方、14の建春門院に至って、初めて内裏の外郭門にも及んだ。それまでにも、建春門は「其名頗優也」（『本朝世紀』久安五年八月三日条）とされ、且つ東面の門でもあったので、院号の候補に挙げられたことがあるが、内裏の門のため憚られたものである。こののち院号は、18の宣陽門院を初例として内裏の内郭門にも及び、さらに51の永陽門院から八省院の門号が、56の陽徳門院から豊楽院の門号が用いられるようになった。かくて宮城諸門十二、内裏諸門二十八、八省院の諸門二十、豊楽院の諸門十二、計七十二の宮門号が女院号に採用されるに至った。女院が門院とも称される所以である。しかし宮門号には当然限りがあるし、また八省院北門の嘉喜門は伊勢幣を立てるため憚るべしとか（但し南朝では用いられた）、会昌・応天・朱雀等の朝堂院の南大門は院号に用いるべきではないというような禁忌もあったので（『公明卿記』天明三年十月十二日条）、かなり早くから旧院号に「新」の字を冠して、院号選択の道を拡げることが論議された。すでに内裏門採用の初例となった建春門院の院号定において、新陽明門院・新三条院の号が挙げられ（『兵範記』）、ついで春華門院の院号定に際しても、後鳥羽上皇から「旧号に新の字を加うべし」との意向が示されたが（『記録部類』院号の部六所収、不知記）、46の新陽明門院に至って初めて旧号に新の字を冠する例が開かれ、さらに73の新室町院から殿名に新の字を加える例が始まった。この新の字を冠する院号は十三例（うち76と107は同名）にのぼり、その十二例は女院の旧号に因っているが、104の新清和院は「清和天皇を追い奉り、新清和院と云々、頗る御嘉号か」（『山科言成卿記』）といわれた特例である。また70の後京極院は、旧号に後の字を加えた唯一の例である。後京極院は45の京極院と同じく薨日に「御存生之儀」をもって院号を宣下された例であるから（『宣秀御教書案』親王除服事）、或はこの共通点に由って名づけられた号であろうか。以上の諸院号に、殿邸名に因る二十一の院号を加えたのが、百七の全女院の号である。

女院については、以上に述べたほか、さらに論ずべき幾多の問題があると思うが、小論はそれらの議論の基礎となるべき制度上の沿革を略述したに止まった。この小論を足場にして、女院に関する考究が深められ、発展させられることが出来れば幸いである。

里内裏沿革考

一　歴代皇居略年表

所謂「里内裏」は、平安・鎌倉時代においては、「里第（亭）」「里第皇居」或は「里内《さとうち》」と表記される場合が多く、『今鏡』の「おほうちわたり」の条に、「十月（保元二年）におほうちつくりいだしてわたらせ給、（中略）ちかき世には、さと内裏にてのみありしかば、かやうの御すまゐもなきに、いといまめかしく、めづらかなるべし」と見え、『明月記』建暦元年（一二一一）十一月二十二日条に「行幸とは、七条の院の三条どの、さとだいりになりて、あすぎやうからあるなり」とあるのが、「里内裏」の語の管見に触れた早い例である。「里第」はもともと広く使われた一般的な用語で、古くは『続日本後紀』承和九年（八四二）七月丁酉条に藤原継業《つぐなり》の「高橋里第」が見え、『三代実録』貞観九年（八六七）十月十日条に藤原良相《よしみ》が「直廬に病を得、退きて里第に就く」とあり、さらに『日本紀略』康保五年（九六八）二月一日条の「左大臣（源高明）里第に於いて政務を行う」、『為房卿記』承暦三年（一〇七九）四月二十六日条の「今日中宮（藤原賢子）入御す、御懐妊の事に依り、王相の忌を避けんが為め、去月里亭に出御せるなり」の例の如く、廷臣や中宮についても用いられた。その皇居について用いられた例は、『後二条師通記』寛治三年（一〇八九）正月七日条の「里亭堀河院」、『中右記』寛治八年十月二十四日条の「国史以後皇居焼亡廿四度内裏十四度、里亭九度、太政官朝所一度、」、同記天永三年（一一二）八月十九日条の「里亭皇居」など、枚挙にいとまない。「里内」も『江家次第』巻八「里内駒牽儀」、『長秋記』長承三年（一一三四）六月七日条の「二条東洞院里内」など、その例は必ずしも少なくないが、大勢としては平安時代には「里第（亭）」の用例が多く、鎌倉時代以降「里内」の語が前者をしのいで一般化したとみられる。

以上の諸例でも明らかな如く、「里第」「里第皇居」或は「里内」は、「大内」＝平安内裏に対する称であり、早く江戸時代の有職家谷村光義も「里内」を釈して「大内に非ず、里第を以って御在所と為すの名なり」と書いている（『建武年中行事略解』）。筆者も先年同趣旨の解釈を試み、里内裏を天皇の生母の里方なる摂関第などに引きつけて解釈するのは必ずしも適切ではないと述べたが（拙著『平安貴族社会の研究』所収、「摂関政治論」）、その後太田静六氏がすでに昭和十二年に「里内裏」の語義を追究して、同様の釈義を論述されていることを知った（『建築学会論文集』六号所収、「冷泉院と里内裏」）。なお「里第」「里第皇居」或は「里内」の用例を集めてみると、相互に若干のニュアンスの相違を感じさせる場合もあるが、一貫した明確な差違を見いだすことも難しいので、以下の叙述では敢えてニュアンスの相違を度外視して適宜使いわけることとした。

ところで筆者は上掲小論において、摂関政治に関連して里内裏の問題にも言及し、里内裏が必ずしも摂関家ないし摂関政治に直結するものではないこと、また里内裏はまず皇居制度の変遷のなかで考えるべきことなどを主張したが、小論はその宿題に一応の解答を試みたものである。

周知の如く、天徳四年（九六〇）九月二十三日の平安内裏焼亡は、皇居史上に大きな画期をもたらし、その後の皇居の変遷はかなり頻繁且つ複雑である。しかしその変遷の実際を確実に把握し、整理することが考察の前提となるので、煩をいとわず、まず歴代皇居略年表を作成してみた。範囲は村上朝の皇居に始まり、後醍醐朝に至る約四百年間である。

歴代皇居略年表（村上朝より後醍醐朝まで）

1　殿第名には周知の如く同名異殿、異名同殿の例が多いが、本表では混乱を避けるため一殿一名に統一し、初出箇所に所在を示した。但し史料上所在を断定するのが困難なものも若干あるが、一応私案を注しておいた。
2　践祚前より掲記の殿第を御在所としている場合は、践祚の月日を遷御の月日に充てた。なお年次には西暦年次を付した。

3　方違行幸などの短期滞在の殿第は原則として省略した。

4　最下欄に典拠名の一部を載せたが、そのほか裏松固禅の『皇居年表』を始め、藤岡通夫氏著『京都御所』・川上貢氏著『日本中世住宅の研究』等も参照させていただいた。

天皇	皇居	遷御年月日	補説	典拠
村上	内裏	天慶9(九四六)・4・20	践祚	日本紀略
	冷泉院	天徳4(九六〇)・11・4	9・23内裏焼亡、職曹司に遷御	日本紀略 扶桑略記
	内裏	応和1(九六一)・11・20	新造落成	日本紀略
冷泉	内裏	康保4(九六七)・5・25	践祚	日本紀略
円融	内裏	安和2(九六九)・8・13	践祚	日本紀略
	堀河院	貞元1(九七六)・7・26	二条南、堀川東、藤原兼通第、5・11内裏焼亡、職曹司に遷御	日本紀略 栄花物語
	内裏	貞元2(九七七)・7・29	新造落成	日本紀略
	四条院	天元4(九八一)・7・7	四条坊門北、大宮西、藤原頼忠第、前年11・22内裏焼亡、職曹司、太政官庁に遷御	日本紀略 百錬抄
	内裏	同・10・27	新造落成、9・13職曹司に遷御	日本紀略
	堀河院	天元5(九八二)・12・25	後院として公家造営、11・17内裏焼亡、職曹司に遷御	日本紀略 百錬抄
花山	内裏	永観2(九八四)・8・27	新造落成、堀河院にて受禅、即日遷御	日本紀略

一条	内裏	寛和2(九八六)・6・23	践祚	日本紀略
	一条院	長保1(九九九)・6・16	一条南、大宮東、東三条院御所、6・14内裏焼亡、太政官庁に遷御	日本紀略 本朝世紀
	内裏	長保2(一〇〇〇)・10・11	新造落成	日本紀略 権記
	一条院	長保3(一〇〇一)・11・22	11・18内裏焼亡、職曹司に遷御	日本紀略 権記
	内裏	長保5(一〇〇三)・10・8	新造落成	日本紀略
	東三条殿	寛弘2(一〇〇五)・11・27	二条南、西洞院東、藤原道長第、11・15内裏焼亡、太政官朝所に遷御	御堂関白記 小右記
	一条院	寛弘3(一〇〇六)・3・4	修造竣工	日本紀略 御堂関白記
	内裏	寛弘5(一〇〇八)・6以前	新造落成	御堂関白記
	一条院	寛弘6(一〇〇九)・4以前		御堂関白記 権記
	枇杷殿	同・10・19	近衛北、東洞院西、藤原道長第、10・5一条院焼亡、織部司に遷御	日本紀略 御堂関白記
	一条院	寛弘7(一〇一〇)・11・28	新造落成	権記 御堂関白記
三条	東三条殿	寛弘8(一〇一一)・6・13	一条院にて受禅、即日遷御	権記 御堂関白記
	内裏	同・8・11		小右記 御堂関白記
	枇杷殿	長和3(一〇一四)・4・9	2・9内裏焼亡、太政官朝所、松本曹司に遷御	日本紀略 小右記

	内裏	長和4(一〇一五)・9・20	新造落成	小右記 御堂関白記
	枇杷殿	同・11・19	11・17内裏焼亡、太政官松本曹司に遷御	小右記 御堂関白記
後一条	京極院	長和5(一〇一六)・1・29	土御門南、京極西、土御門殿、上東門第ともいう、藤原道長第、践祚	小右記 日本紀略
	一条院	同・6・2		小右記 左経記
	内裏	寛仁2(一〇一八)・4・28	新造落成	御堂関白記 左経記
後朱雀	内裏	長元9(一〇三六)・4・17	践祚	左経記
	京極院	長暦3(一〇三九)・7・13	6・27内裏焼亡、太政官朝所に遷御	百錬抄
	二条殿	長暦4(一〇四〇)・10・22	二条南、東洞院東、藤原教通第、9・9京極院焼亡、故藤原惟憲第に遷御	春記
	内裏	長久2(一〇四一)・12・19	新造落成	扶桑略記
	一条院	長久4(一〇四三)・3・23	前年12・8内裏焼亡、太政官朝所に遷御	扶桑略記
	東三条殿	同・12・21	12・1一条院焼亡、藤原頼通の高陽院に遷御	扶桑略記
後冷泉	京極院	寛徳2(一〇四五)・1・16	東三条殿にて受禅、即日遷御	践祚部類抄
	二条殿	寛徳3(一〇四六)・4・4	これより先太政官朝所、大膳職に遷御	百錬抄
	内裏	同・10・8	新造落成	百錬抄 扶桑略記

	京極院	永承3（一〇四八）・11・10	11・2内裏焼亡、太政官朝所に遷御	百錬抄
	冷泉院	永承6（一〇五一）・7・19	新造落成	百錬抄
	高陽院	天喜1（一〇五三）・8・20	中御門南、堀河東、冷泉院怪異あり	百錬抄 扶桑略記
	四条殿	天喜2（一〇五四）・2・16	四条南、西洞院東、藤原頼通第、1・8高陽院焼亡、冷泉院に遷御	百錬抄 栄花物語
	京極院	同・9・22		百錬抄
	四条殿	同・12・28	12・8京極院焼亡、藤原長家の三条大宮殿に遷御	百錬抄
	一条院	天喜4（一〇五六）・2・22	冷泉院より殿舎を移築	平定家記 栄花物語
	三条堀河殿	康平2（一〇五九）・2・8	三条北、堀河東、藤原頼通第、1・8一条院焼亡、前年2月新造内裏未使用のまま焼亡	百錬抄 康平記
	高陽院	康平3（一〇六〇）・8・11	新造落成	康平記 扶桑略記
後三条	閑院	治暦4（一〇六八）・4・19	二条南、西洞院西、もと東宮御所、践祚	本朝世紀 扶桑略記
	二条殿	同・9・4	6・26三条大宮殿に遷御	本朝世紀
	三条大宮殿	同・12・28	三条坊門南、大宮東、御子左第ともいう、12・11二条殿焼亡、閑院に遷御	帥記 本朝世紀
	高陽院	延久1（一〇六九）・6・21	増築竣工	百錬抄
	四条殿	延久2（一〇七〇）・12・17	皇太后藤原寛子御所	十三代要略

	内裏	延久3（一〇七一）・8・28	新造落成	百錬抄 栄花物語
白河	内裏	延久4（一〇七二）・12・8	践祚	扶桑略記
	高倉殿	延久5（一〇七三）・9・16	土御門南、高倉西、藤原頼通第	扶桑略記
	内裏	延久6（一〇七四）・6・16		隆方朝臣記
	高陽院	承保2（一〇七五）・8・14		扶桑略記
	六条院	承保3（一〇七六）・12・21	六条坊門南、高倉西、新造落成	園太暦所収勘例
	高陽院	承保4（一〇七七）・10・9		扶桑略記
	内裏	同・閏12・25		水左記
	高陽院	承暦3（一〇七九）・9頃		為房卿記
	内裏	承暦4（一〇八〇）・2・6	高陽院焼亡	扶桑略記 百錬抄
	堀河院	同・5・11	藤原師実第	水左記 帥記
	内裏	同・11・3		水左記
	堀河院	永保2（一〇八二）・8・3	7・29内裏焼亡、六条院に遷御	扶桑略記 百錬抄
	六条院	永保4（一〇八四）・1・22		公卿補任 行類抄

	三条殿	同・2・11	三条北、烏丸東、三条内裏、三条烏丸殿ともいう、前年12月新造落成	百錬抄 安鎮法日記
堀河	堀河院	応徳3（一〇八六）・11・26	践祚	扶桑略記
	大炊殿（南殿）	寛治8（一〇九四）・10・24	大炊御門南、西洞院東、太皇太后藤原寛子御所、堀河院焼亡	中右記
	閑院	嘉保2（一〇九五）・11・2	白河上皇御所	中右記
	二条殿	永長2（一〇九七）・9・23	藤原師通第	中右記
	高陽院	同・10・11	新殿竣工	中右記
	内裏	康和2（一一〇〇）・6・19	新造落成、永保焼亡以来19年	殿暦 中右記目録
	高陽院	同・8・16		殿暦 中右記目録
	内裏	康和4（一一〇二）・9・25		中右記 殿暦
	堀河院	長治1（一一〇四）・12・5	中宮篤子内親王御所、藤原師通譲進	中右記 殿暦
	内裏	長治2（一一〇五）・6・8		中右記
	堀河院	嘉承1（一一〇六）・12・25		中右記
鳥羽	大炊殿（西殿）	嘉承2（一一〇七）・7・19	大炊御門北、東洞院西、白河上皇御所、践祚	殿暦 中右記
	小六条殿	同・12・9	六条坊門南、烏丸西、六条殿、西六条殿ともいう	殿暦 中右記

内裏	天仁1(一一〇八)・8・21	11・21大嘗祭挙行	殿暦 中右記
大炊殿(西殿)	同・11・28		中右記
内裏	天仁2(一一〇九)・7・1	大炊殿怪異あり	殿暦
大炊殿(西殿)	同・9・21		殿暦
内裏	天永2(一一一一)・2・23	大炊殿怪異あり	殿暦 中右記
土御門万里小路殿	同・4・27	土御門北、万里小路西、源雅実第	殿暦 中右記
高陽院	同・9・20		殿暦 中右記
小六条殿	天永3(一一一二)・5・13	高陽院焼亡	殿暦 中右記
大炊殿(東殿)	同・10・19	大炊御門北、東洞院東、新造落成、翌年正月内裏において元服儀挙行	殿暦 中右記
小六条殿	永久2(一一一四)・8・8	8・3大炊殿焼亡、藤原長実第に遷御	殿暦 中右記
土御門万里小路殿	永久3(一一一五)・8・25		殿暦
大炊殿(東殿)	同・11・26	新造落成	殿暦 百錬抄
土御門万里小路殿	永久4(一一一六)・8・17	大炊殿焼亡	殿暦 百錬抄
土御門烏丸殿	永久5(一一一七)・11・10	土御門南、烏丸西、土御門室町殿ともいう、新造落成	永久五年遷幸記 百錬抄

崇徳	土御門烏丸殿	保安4(一一二三)・1・28	践祚	法性寺関白記
	三条京極殿	大治4(一一二九)・12・8	三条南、京極西、鳥羽上皇御所、土御門殿増築	中右記
	土御門烏丸殿	大治5(一一三〇)・3・4	修造竣工	中右記 百錬抄
	二条殿	長承2(一一三三)・12	二条東洞院殿ともいう、鳥羽上皇御所	百錬抄 中右記
	小六条殿	保延4(一一三八)・3・5	2・24二条殿焼亡、三条桟敷殿に遷御	十三代要略 百錬抄
	土御門烏丸殿	同・4・19	修造竣工	百錬抄
	小六条殿	同・11・24	土御門殿焼亡	百錬抄
	土御門烏丸殿	保延6(一一四〇)・11・4	新造落成	百錬抄
近衛	土御門烏丸殿	永治1(一一四一)・12・7	践祚、この後しばしば小六条殿に遷御	践祚部類抄
	四条東洞院殿	久安4(一一四八)・6・26	四条北、東洞院東、土御門殿焼亡	本朝世紀 台記
	八条殿	仁平1(一一五一)・6・6	八条北、東洞院西、美福門院御所、四条殿焼亡	本朝世紀 百錬抄
	小六条殿	同・7・5		本朝世紀
	近衛殿	同・11・13	近衛北、烏丸西、藤原忠通第、10・18小六条殿焼亡、六条烏丸殿に遷御	本朝世紀
後白河	高松殿	久寿2(一一五五)・7・24	姉小路北、西洞院東、美福門院御所、践祚	兵範記

	内裏	保元2(一一五七)・10・8	新造落成	兵範記 愚管抄
	高松殿	保元3(一一五八)・4・1		兵範記
二条	内裏	同・8・11	践祚	兵範記
	東三条殿	同・10・14	藤原忠通第	兵範記
	内裏	同・11・19		兵範記
	大炊御門高倉殿	永暦1(一一六〇)・8以前	大炊御門北、高倉東、これより先平治の乱に際し六波羅殿、八条殿等に遷御	山槐記
	東三条殿	永暦2(一一六一)・5頃		山槐記
	高倉殿	同・10頃	土御門高倉殿ともいう、藤原基実第、これより先しばしば内裏に遷御	山槐記
	二条東洞院殿	応保2(一一六二)・3・28	押小路南、東洞院西、押小路殿、東洞院殿ともいう、新造落成	百錬抄
六条	高倉殿	永万1(一一六五)・6・25	践祚	顕広王記
	内裏	仁安1(一一六六)・10・21	11・15大嘗祭挙行	兵範記
	五条殿	仁安2(一一六七)・1・22	五条北、東洞院東、藤原実長第	愚昧記 兵範記
	土御門殿	同・5・19	土御門北、東洞院東、土御門東洞院殿、正親町殿ともいう、藤原邦綱第、五条殿怪異あり	愚昧記 兵範記
	内裏	同・7・7		兵範記

	五条殿	同・8・27		愚昧記 兵範記
	内裏	同・9・30	9・27五条殿焼亡、高倉殿に遷御	愚昧記 兵範記
	高倉殿	仁安3（一一六八）・1・29		兵範記
高倉	閑院	同・2・19	藤原基房第、践祚	玉葉 兵範記
	内裏	同・3・11	3・20即位式挙行	玉葉 兵範記
	閑院	同・4・9	この後閑院を本所とし、しばしば内裏に遷御	兵範記
	八条殿	安元3（一一七七）・6・12	八条院御所、4・28八省院等焼亡	玉葉 百錬抄
	閑院	同・6・26		玉葉 百錬抄
	八条殿	同・8・14		玉葉
	土御門殿	同・9・26	藤原邦綱所進	庭槐記
	八条殿	同・10・8		玉葉
	閑院	同・11・12	修造竣工	玉葉
	五条東洞院殿	治承4（一一八〇）・1・10	五条南、東洞院西、藤原邦綱第、天下大乱に依る	玉葉
	閑院	同・2・16	2・21譲位	玉葉

安徳	五条東洞院殿	同・2・21	践祚	玉葉 百錬抄
	内裏	同・4・9	4・22即位式挙行	玉葉
	摂津福原殿	同・6・3	遷都	玉葉 百錬抄
	五条東洞院殿	同・11・26	還都	山槐記
	八条殿	治承5(一一八一)・2・17	平頼盛八条院に申請して新造	玉葉 百錬抄
	閑院	同・4・10	寿永2・7・25西海に遷幸	吉記 百錬抄
後鳥羽	閑院	寿永2(一一八三)・8・20	践祚	玉葉
	内裏	寿永3(一一八四)・7・5	7・28即位式挙行	山槐記 玉葉
	閑院	同・8・1		山槐記
	内裏	文治1(一一八五)・4・27	4・25神器還京	玉葉 百錬抄
	閑院	同・6・16		玉葉
	大炊御門殿	同・7・22	大炊御門北、富小路西、藤原経宗第、閑院地震に依り破壊	山槐記
	閑院	同・12・25		玉葉
	大炊御門殿	文治3(一一八七)・8・12	閑院改築	玉葉 吾妻鏡

	閑院	同・11・13	修造竣工、この後しばしば内裏、大炊御門殿等に遷御	玉葉 吾妻鏡
	内裏	建久7(一一九六)・11・24	閑院修造	三長記
	閑院	同・12・21	修造竣工	三長記
	大炊御門殿	建久9(一一九八)・1・9	1・11譲位	三長記 猪隈関白記
土御門	閑院	同・1・11	践祚	三長記
	内裏	同・2・20	3・3即位式挙行	猪隈関白記
	閑院	同・3・9	この後しばしば内裏に遷御	猪隈関白記
	内裏	元久1(一二〇四)・12・27	翌年1・3元服儀挙行	明月記 百錬抄
	中院殿	元久2(一二〇五)・2・11	六条北、烏丸西、源通光第、閑院修造	百錬抄
	大炊御門殿	同・6・29	藤原頼実第、中院殿怪異あり	明月記
	閑院	同・8・28	修造竣工	明月記 百錬抄
	大炊御門殿	承元2(一二〇八)・12・1	11・27閑院焼亡、内裏に遷御	猪隈関白記 明月記
	冷泉万里小路殿	承元3(一二〇九)・7・11	冷泉北、万里小路西、冷泉殿、万里小路殿、大炊御門殿ともいう、四条隆衡第	猪隈関白記 明月記
	大炊御門殿	同・11・10		百錬抄

順徳	押小路殿	承元4(一二一〇)・11・25	押小路南、烏丸西、三条坊門殿ともいう、後鳥羽上皇御所、践祚	玉蘂 宮槐記
	内裏	同・12・20	12・28即位式挙行	百錬抄 行類抄
	大炊御門殿	承元5(一二一一)・1・28		猪隈関白記
	内裏	同・10・19	大嘗会のため遷幸せるも延引	玉蘂 明月記
	三条烏丸殿	同・11・23	三条南、烏丸西、三条殿ともいう、七条院御所	明月記 仲資王記
	内裏	建暦2(一二一二)・10・25	11・13大嘗祭挙行、これより先紫宸殿新造	玉蘂 明月記
	三条烏丸殿	同・12・1		玉蘂 明月記
	閑院	建暦3(一二一三)・2・27	新造落成	光親卿記 百錬抄
	高陽院	同・4・27	後鳥羽上皇御所、この後しばしば高陽院に遷御	明月記 百錬抄
	閑院	同・5・24	承久1・7・13大内宜陽殿等焼亡	明月記 百錬抄
	大炊御門殿	承久3(一二二一)・4・16	4・20譲位	徳大寺相国記
仲恭	閑院	同・4・20	践祚	徳大寺相国記
	高陽院	同・5・15	承久の乱に依る	承久三年四年記
後堀河	閑院	同・7・9	践祚、嘉禄3・4・22内裏焼亡、廃絶	践祚部類抄 百錬抄

四条	閑院	貞永1（一二三二）・10・4	践祚	兼経公記 民経記
	冷泉万里小路殿	嘉禎3（一二三七）・秋	四条隆親第、閑院修造	百錬抄 玉蘂
	閑院	嘉禎4（一二三八）・2・11	修造竣工	百錬抄
後嵯峨	冷泉万里小路殿	仁治3（一二四二）・1・20	践祚	後中記 百錬抄
	閑院	寛元2（一二四四）・7・26	四条天皇崩御後清涼殿代を改築	平戸記 百錬抄
	冷泉万里小路殿	寛元4（一二四六）・1・22	1・29譲位	葉黄記
後深草	冷泉富小路殿	同・1・29	冷泉南、富小院東、富小路殿ともいう、西園寺実氏第、践祚	葉黄記
	閑院	同・2・13		兼経公記 百錬抄
	冷泉富小路殿	宝治3（一二四九）・2・1	閑院焼亡	兼経公記 百錬抄
	閑院	建長3（一二五一）・6・27	新造落成	吉黄記 百錬抄
	冷泉富小路殿	正元1（一二五九）・5・28	5・22閑院焼亡、三条坊門殿に遷御、閑院内裏廃絶	吉黄記 百錬抄
	冷泉万里小路殿	同・11・15	後嵯峨上皇御所、11・26譲位	百錬抄
亀山	冷泉富小路殿	同・11・26	践祚	践祚部類抄
	五条大宮殿	文応1（一二六〇）・12	五条北、大宮東、五条殿、大宮殿ともいう、大宮院御所	続史愚抄

	冷泉富小路殿	文応2(一二六一)・1		続史愚抄
	二条殿	弘長2(一二六二)・2・12	二条高倉殿、二条東洞院殿ともいう	仁部記
	五条大宮殿	文永2(一二六五)・5・7		新抄
	冷泉万里小路殿	同・8・24		新抄
	五条大宮殿	同・11・16		新抄
	二条殿	文永3(一二六六)・1・23		新抄
	五条大宮殿	同・11・3		新抄
	二条殿	文永7(一二七〇)・9・7	8・22五条殿焼亡、冷泉万里小路殿に遷御	吉続記 続史愚抄
	冷泉万里小路殿	文永10(一二七三)・4・18	前年後嵯峨上皇より伝領	吉続記
	二条殿	同・10・20	冷泉殿焼亡	門葉記巻一六二 続史愚抄
	押小路殿	文永11(一二七四)・1・25	翌日譲位	文永代始公事抄 増鏡
後宇多	二条殿	同・1・26	践祚	践祚部類抄 増鏡
	冷泉万里小路殿	弘安1(一二七八)・閏10・13	亀山上皇御所、二条殿焼亡	勘仲記
	近衛殿	弘安6(一二八三)・1・6	山大衆冷泉殿に乱入	勘仲記

	冷泉万里小路殿	同・2・25	近衛殿怪異あり	実躬卿記
	二条殿	同・10・20	新造落成	勘仲記 一代要記
伏見	冷泉富小路殿	弘安10(一二八七)・10・21	践祚	伏見院宸記 践祚部類抄
	春日殿	正応3(一二九〇)・3・10	春日南、万里小路西、玄輝門院御所、浅原為頼皇居乱入事件に依る	中務内侍日記 一代要記
	冷泉富小路殿	同・6・19		続史愚抄
	二条殿	永仁5(一二九七)・4・28	4・18富小路殿焼亡、春日殿、土御門殿に遷御	一代要記 歴代皇紀
後伏見	冷泉富小路殿	永仁6(一二九八)・7・22	新造落成、践祚	践祚部類抄
	二条富小路殿	同・8・17	二条南、富小路西、富小路殿、二条殿ともいう	公秀公記 続史愚抄
後二条	二条殿	正安3(一三〇一)・1・21	践祚	践祚部類抄
	冷泉万里小路殿	嘉元2(一三〇四)・6・13	二条殿修造	実躬卿記
	二条殿	嘉元3(一三〇五)・7・10		実躬卿記
花園	土御門殿	徳治3(一三〇八)・8・26	准后藤原相子・陽徳門院御所、践祚	槐抄 践祚部類抄
	二条富小路殿	同・11以前		花園院御即位記
	冷泉富小路殿	文保1(一三一七)・4・19	新造落成、もと後伏見上皇御所、徳治元年焼亡、幕府造営料進献	花園院宸記

	土御門殿	文保2(一三一八)・2・24	2・26譲位	資朝卿記
後醍醐	冷泉富小路殿	同・2・26	践祚	継塵記
	笠置行宮	元弘1(一三三一)・8・27	8・24南都に潜幸	大乗院日記目録 増鏡
	隠岐行宮	元弘2(一三三二)・4・3	3・7京都発御	元弘日記並裏書 増鏡
	冷泉富小路殿	元弘3(一三三三)・6・5	二条富小路殿、京極内裏ともいう、隠岐より還京	元弘日記並裏書 増鏡
	東坂本行宮	建武3(一三三六)・1・10	足利尊氏京都侵攻、富小路殿焼亡	神皇正統記 梅松論
	花山院	同・2・2	近衛南、東洞院東、花山院家定第、還京	元弘日記並裏書 皇年代略記
	東坂本行宮	同・5・27	足利尊氏再度侵攻	元弘日記並裏書 神皇正統記
	吉野行宮	同・12	12・21出京、吉野に潜幸	関城書裏書 梅松論

二　後院から里第へ

村上天皇の天徳四年（九六〇）九月初めて平安宮の内裏が焼亡したとき、天皇が遷御したのは後院の冷泉院（これより以前、冷然院を改名）であった。天皇が本宮より他に遷御する必要の生じた場合、その御在所に充てられるのが後院の主要な機能であり（上掲拙著所収、「後院について」）、すでに仁明天皇は内裏修理のため承和九年（八四二）四月から十一月まで冷然院に滞在し、文徳天皇も同じく内裏修造のため仁寿四年（八五四）四月同院に遷り、そのままそこに崩御した前例がある。すなわち天徳の冷泉院遷御は、後院の本来の機能がいまだ健在であったことを物語る。なお太田静六氏は上掲論文において、仁明天皇の承和九年に遷御した冷然院を「第一回目の里内裏」と主張されているが、後院を里第と同一視して里内裏に含める見解には賛成できない。

ついで円融天皇の天延四年（九七六）五月ふたたび内裏が炎上し、天皇は職曹司《しきのそうじ》に難を避けた後、七月に至って太政大臣藤原兼通《かねみち》の堀河第（兼通は閑院第に移居）に遷御した。これを後世からみて、里内裏の初例とするのが普通である。ただこの堀河第遷御について、『栄花物語』に「ほりかはの院をいま内裏といひて、よにめでたうの丶しりたり」とあるのは目を惹く。このののち天元四年（九八一）七月円融天皇の遷御した四条院につき、『日本紀略』に「太政大臣（藤原頼忠）の四条坊門大宮第なり、之を以って後院と為す」と見え、『百錬抄』に「太政大臣私家を以って造進、後院と為すなり」とすること、さらに天元五年十二月遷幸の堀河院につき、『日本紀略』に「件の院後院と為し、公家造らる」と見えることなどを勘案すれば、堀河院や四条院が一時的にしろ後院の機能を果すものと見なされていたことがわかる。恐らく累代の後院たる冷泉院や朱雀院が当時冷泉上皇の御所とされていたので(『日本紀略』安和二年八月十六日条・天禄元年四月二日条)、その代役を堀河院等に期待したのであろうが、また天皇が本宮を去って外宮に出る場合は、後院をその御在所に充てるべきであるという観念が強く働いているのであろう。次の一条朝における一条院も、同様の理由で後院の代替機能を果している。一条朝においても冷泉院・朱雀院は冷泉上皇或は円融上皇の御所とされたが、長保元年(九九九)六月の内裏焼亡に際し、天皇は母后東三条院藤原詮子の一条大宮院に遷御した。この一条院は、詮子が伝領して「いみじうつくらせ給て、みかどの後院におぼしめすなるべし」(『栄花物語』)といわれ、その後もしばしば皇居に充てられて、「一条の院をば今内裏とぞいふ」(『枕草子』)ともてはやされた。

ところが一条天皇が寛弘二年(一〇〇五)十一月十六日三度目の内裏炎上に遭うや、少しく状況に変化が生じた。天皇は取り敢えず太政官朝所に遷御したが、翌十七日陰陽師を召して行幸の吉方を問い、左大臣藤原道長の東三条第を吉として、同月二十七日遷幸した。この東三条第は、この年十二月十七日同第において行われた臨時旬《しゅん》の儀に関連して、「件の東三条院は御(後)院に非ず、仮に御在所と為す、更に冷泉院の儀に準ずべからざるか」(『小右記』)と評された如く、後院たる冷泉院に対比して、後院でないことが強調されている。つまり内裏焼亡に際しては、後院ないしそれに準ずる殿第に遷御する先蹤を捨て、適宜に御在所を選定する道を開いたのである。ついで天皇は翌三年三月一条院に遷御したが、一方では同年二月造内裏始を行い、十一月には還宮日時を勘申させている（『御堂関白記』）。しかし天皇が実際に内裏に還御したのは寛弘五年の五、六月頃らしく、しかも翌年の四月にはすでに一条院に遷っていると推測される（『御堂関白記』『権記』等）。しかも寛弘六年十月一条院が焼亡した後も、内裏には還御せず、藤原道長の枇杷第《びわてい》に遷り、一条院の新造落成を待って、寛弘七年十一月これに入御した。そして天皇は翌年六月一条院において譲位後、間もなく崩御し、次の三条天皇が同年八月漸く内裏に入御した。こうして内裏焼亡に当っては、内裏の造営を待って速やかに還御するのを常とした慣例も破られるに至ったのである。

さらにこうなると、内裏が焼亡しても直ちに造営に着手する動きもにぶり、後朱雀天皇の長暦三年（一〇三九）七月内裏が焼亡した後は、一年数箇月後の長暦四年十月漸く内裏造作始が行われた（『春記』）。ついで長久三年（一〇四二）十二月焼亡後の内裏造営日程は明らかでないが、四年後の永承元年（一〇四六）十月に至って漸く後冷泉天皇が新造内裏に遷御し（『百錬抄』）、さらに永承三年十一月の焼亡後は、天喜二年（一〇五四）四月の上棟まで五年半の歳月を要した（『扶桑略記』）、しかも還御以前の天喜六年二月、新造内裏は未使用のまま焼失してしまった（『百錬抄』）。そして仮皇居の対象が後院ないし後院に准ずる殿第から一般里第に拡大されて、東三条殿・枇杷殿・二条殿・京極殿・高陽院・四条殿などが次々に御在所に充てられる一方、寛弘七年新造の一条院や康平三年（一〇六〇）新造の高陽院の如く、もとより皇居として造営された殿第、『中右記』の所謂「本より皇居に作らるるの家」(天永三年八月十九日条) も現われて、しだいに内裏・里第の併用が本格化していったのである。

三 内裏・里第の併用

後三条天皇は治暦四年(一〇六八)四月後冷泉天皇の崩御のあとを承け、多年東宮御所としてきた閑院において践祚し、ついで大納言藤原信長《のぶなが》の三条大宮第、関白藤原教通の二条殿、前関白藤原頼通の高陽院などに居を遷したが、その間大極殿の再建に努めると共に、内裏の造営に着手し、延久三年(一〇七一)八月漸くその工を終えて新造内裏に遷御した(『園太暦』貞和二年七月二十一日条所載の勘例、『百錬抄』等)。その姿勢には平安宮復興の熱意を窺わせるものがあるが、翌四年十二月早くも皇位を白河天皇に譲ってしまった。新帝は内裏において践祚したが、その後は高陽院・六条院・堀河院などの里第と内裏の間を往復し、両者を適宜御在所として併用した。高陽院は摂関家の豪第として著名であるが、後朱雀天皇が長久四年(一〇四三)十二月一条院の炎上後一時これに遷御し、さらに後冷泉天皇も天喜元年(一〇五三)八月同第を皇居とした。しかし翌年正月高陽院は焼失し、その際遷御した京極殿もその年十二月に焼け、天喜六年二月には新造内裏が未使用のまま焼亡、さらに康平二年(一〇五九)正月新造の一条院も焼失した。そこで同年六月高陽院再建の議が起り、藤原師実《もろざね》を上卿《しょうけい》として造高陽院定が行われ、翌年正月上棟、八月遷幸あり、以後崩御まで八年間里内裏となった。ついで後三条天皇もこの殿第を修造して、内裏の竣工するまで二年間ほどこれを皇居とし、白河天皇も主要な里内の一つとしてしばしばこれに遷御したのである（『百錬抄』『栄花物語』『康平記』および『園太暦』貞和二年七月二十一日条所載の勘例）。

一方、白河天皇は承保三年（一〇七六）七月六条院の造営に着手し、十二月には高陽院から新宮に遷御し（上掲『園太暦』）、さらに承暦四年（一〇八〇）二月高陽院が焼失すると、翌永保元年八月三条殿の建造を始め、三年十二月落成、翌年二月これに入御した（『水左記』『安鎮法日記』『百錬抄』）。以上の経過を追って目につくのは、高陽院・六条院・三条殿がみな朝議により皇居として造営されたことであり、これが内裏と里第皇居の併用を常態化する背景となったのである。しかし白河朝および内裏再建後の堀河朝においては、まだ内裏と里第がほぼ対等に併用されていたが、鳥羽朝に入ると、里第を平常の御在所とし、内裏は晴の式場として用いられる傾向が強まった。

鳥羽天皇は嘉承二年（一一〇七）七月堀河天皇崩御のあとを承け、祖父白河上皇の仙洞大炊殿においてわずか五歳で践祚し、ここを本所として、大嘗会など事あるときにのみ内裏に遷幸した。その後、大炊殿において怪異が度重なったため、天永二年（一一一一）九月高陽院に遷ったが、翌年五月同院が焼亡したので、上皇は公卿を院御所に召集し、何処を皇居とすべきかを諮問した。公卿は評議の結果、「近日内裏已《すで》に在り、早やかに遷御宜《よろ》しかるべきか」と奉答したが、上皇は「定め申すの旨尤《もっと》も然るべし、但《ただ》内裏は殿舎甚だ広博、幼主御坐《おわしま》すの条思いあるべきか、殿上《てんじょう》・諸陣常に以って無人なり、仍りて頗る其の恐あるべきか、新たに里亭を作られ渡御するは如何」との意向を示した。すなわち議定の趣旨はもっともだが、幼少の天皇が広博な内裏に常住するのは考えものだから、新しく里亭を造って渡御するのが良くはないかというのである。そこで公卿等も「仰せの旨尤も然るべし」と承服し、速やかに吉所を占って里亭の地を定めることになった。こうして名目的には内裏を「御本所」としながらも、「里亭皇居」に常住するようになると、「本被作皇居之家」の造営が望まれ、ひいてはその里第に内裏の様態が取り込まれるようになる。このときの里第は上皇御所大炊殿の東方、東洞院大路の東側の地に造られ、同じく大炊殿と称されたが、その南殿の南庭には桜と橘が植えられた（『中右記』天永三年五月十三日・六月一日・八月十九日・十月十八日条）。さらに永久四年（一一一六）八月この大炊殿が二度目の火災に遭って焼失し、そのあとを承けて新営された土御門烏丸殿についても、『百錬抄』に「殿舎は大略大内に模す」とあり（永久五年十一月十日条）、後年の『法性寺関白記』にも「件の所頗る大内の様体に似せ模すか」と見える（保安四年正月二十八日条）。この里第は以後も崇徳・近衛朝を通じて最も主要な里内として用いられ、久安四年（一一四八）六月焼亡後も、仁平二年（一一五二）三月「土御門内裏造作定」を、十月には上棟を行なったが、翌三年九月大風のため半作のまま殿舎が倒壊してしまった（『台記』『本朝世紀』）。

こうした相継ぐ「本被作皇居之家」の造営は、おのずから内裏を用いずに放置する傾向を強め、ために火災の難はまぬがれたものの、内裏の諸殿舎はしだいに荒廃して、久安六年八月大風のために仁寿殿が倒壊したときは、「近年内裏の殿舎地を払って顚倒、残る所此の一殿なり」という状況であった（『本朝世紀』）。しかし後白河朝に入ると、かの信西入道が大内復興の工を起し、保元二年（一一五七）十月それが完成すると、天皇は内裏に遷御して御在所とし、二条朝以降はふたたび内裏と里第の併用が常態となった。ついで高倉天皇の安元三年（一一七七）四月二十八日、洛中の火災が大内にも及び、大極殿以下八省院・神祇官・民部省・式部省等が焼失したが、内裏殿舎は焼亡をまぬがれた（『玉葉』『百錬抄』）。朝廷は同年八月早くも造八省院行事所始を行なったが（『玉葉』）、その後源平争乱などの影響を受けて進展をみず、文治五年（一一八九）に及んで漸く源頼朝が院宣を奉じて大内修営に着手し、紫宸殿・清涼殿等にも修造の手を加えたが（『吾妻鏡』文治五年二月十二日・三月十三日条、『玉葉』同年十二月三日条）、結局大内の完成をみるには至らなかった（『玉葉』建久二年二月十三日条、『明月記』建仁二年六月十四日条等）。ただ安元の罹災後も、安徳天皇の即位礼を始め、天皇・東宮の元服儀等、事あるごとに大内に幸し、依然内裏・里第併用の方式を取り続けた。しかし承久元年（一二一九）七月大内《おおうち》守護《しゅご》源頼茂《よりも》追討の戦火に依って宜陽殿・校書殿等が焼け（『百錬抄』）、さらに後堀河朝の嘉禄三年（一二二七）四月二十二日、鷹司室町より発した火が内裏に及び、「承久回禄の後僅かに新立の殿舎」も半作のまま灰燼に帰し、淑景舎《しゅげいしゃ》の北舎一宇を残すばかりとなって、終に平安内裏は廃絶するに至ったのである（『百錬抄』『明月記』『民経記』）。

そしてこの間皇居として最も頻繁に使用されたのは閑院であるが、ことに順徳天皇の建暦造営の閑院は、内裏の規模を本格的に取り入れ、内裏に取って代る里内として、内裏の衰亡を促進したことも否定できない。

四　里第の内裏化

閑院が里内裏として使用されたのは後三条朝に始まる。閑院は藤原冬嗣《ふゆつぐ》の創建にかかる著名な第宅で、弘仁五年（八一四）四月冬嗣が嵯峨天皇の行幸を迎え、「供張《きょうちょう》（接待饗応）の宜《よろ》しき、甚だ雅致《がち》（風雅な趣）あり、天皇翰を染めたまい、群臣詩を献ず、時人以って佳会と為す」と国史に見える（『類聚国史』巻三十一）。そして平安中期には藤原師輔《もろすけ》の末男公季《きんすえ》＝閑院太政大臣の伝領するところとなり、さらにその男実成《さねなり》の聟となった藤原能信《よしのぶ》がこれを領した（『左経記』長元元年九月十六日条）。能信は関白頼通《よりみち》の異母弟であるが、尊仁親王《たかひと》（後三条天皇）の立坊に尽力し、みずから春宮大夫となり、閑院を東宮御所として親王を擁護し、さらに実成の男公成《きんなり》の女茂子を養女として親王に配した。茂子はすなわち白河天皇の生母である。こうした縁故によって、後三条天皇は治暦四年（一〇六八）四月閑院において践祚、二箇月余の間これを皇居とし、さらに白河上皇は嘉保二年（一〇九五）六月新造して院御所とし、程なく堀河天皇の里内裏に充てて約二年間皇居としたが、承徳二年（一〇九八）四月にはこれを取り壊して鳥羽に移築し（『中右記』）、その跡地は鳥羽天皇を経て、その皇女八条院の領するところとなった。ところが仁安二年（一一六七）十二月摂政藤原基房《もとふさ》が八条院領二町のうち一町を賜わって殿第を営み（『玉葉』）、翌年二月高倉天皇の践祚に当ってこれを里内裏に供して以来、閑院はふたたび歴代の皇居として頻繁に使用されるようになった。ことに文治元年（一一八五）七月の地震により大破した閑院を、源頼朝が朝命を奉じて修造するに至り（『玉葉』『吾妻鏡』）、閑院は本所的皇居としての地位を確立したのである。

しかし基房の造営した閑院は「尋常の式」の殿第で、とくに内裏の規模にならったものではなかったが、承元二年（一二〇八）十一月の焼亡の後を承けて、順徳天皇の建暦三年（一二一三）二月に新造落成した閑院は、「大内に摸して」面目を一新した（『古今著聞集』）。『遷幸部類』に収める『光親卿記』建暦三年二月二十七日条には、この「新造内裏」について次の如く説明している。

閑院は、二条以南、西洞院《にしのとういん》以西なり、此の所は中山入道関白（藤原基房）の領なり、而れども高倉院の御宇《ぎょう》公家に進ぜらる、其の後已《すで》に数代の皇居と為る、新院（土御門）御在位の間、去る承元二年炎上す、仍りて去年沙汰あり、実朝卿《さねとも》に仰せられ造営せらる、春比《ころ》指図を下され、七月事始、十二月上棟、三ヶ月の内忽ち成風の功を終う、予（藤原光親）最前より奉行の事、即ち辞し申すと雖も、猶《なお》仰せ下さる、造宮行事は古来人を撰ばるるか、而るに今其の撰に応じ、其の節を遂ぐ、公に付き私に付き悦《よろこ》ばざるべからず、実朝卿の知行国は遠江・駿河・武蔵・相模等なり、其の内相模を以って造宮国に定められ了《おわ》んぬ、指図は今度多く大内を摸せらる、但し南庭は猶池是れ古池なり、あり、仁山智水、以って聖賢に備うべき者か、紫宸・清涼・宜陽・校書殿《きょうしょでん》、日華・月華等の門、軒廊《こんろう》・弓場殿《ゆばどの》等大略違わず、或は間数を縮め、或は寸法を減じ、便宜に随いて斟酌あり、

南庭に古池を残しているところなど、なお従来の里第の面影を偲ばせているが、「要須の所〴〵たてそへられ」て（『古今著聞集』）、里第の内裏化に大きく前進したのである（『建築学会論文集』二九号所収、太田静六氏「閑院内裏の研究」）。

この建暦造営の閑院はそののち後深草朝に至るまで存続し、その間上記の如く内裏が廃絶したため、名実共に内裏に代る皇居の本所とされたが、宝治三年（一二四九）二月焼亡したので、ふたたび幕府をして造進させることになった。造営は建長二年（一二五〇）七月に着手し、翌

年正月早くも上棟、六月には遷幸を迎える運びとなったが、『吉黄記』にも「今度紫宸・安福・春興殿及び露台《ろだい》以下等、偏《ひとえ》に大内を摸せらる」とある如く、かつての内裏の規模を模するものであった。『吾妻鏡』建長二年三月一日条に載せる各殿舎の造営分担目録から目につくものを拾うと、紫宸殿・清涼殿・仁寿殿・宜陽殿・校書殿・春興殿・五節所・小御所・釣殿・記録所・陣座・軒廊・弓場殿・北対《きたのたい》・北御台盤所・西対・北弘御所・御厨子所《みずしどころ》・御台盤所・蔵人所・釜殿《かなえどの》・日華門・月華門等があり、そこには平安内裏の南半部の殿舎＝天皇の「御殿」の主要なものはほぼ含まれている。しかしこの閑院は正元元年（一二五九）五月早くも焼亡し、後年再興の議もあったが、「閑院末代に於いては叶《かな》うべからず」との幕府の意見で実現せず（『花園院宸記』文保元年四月十九日条）、高倉朝以来九十余年にわたって里内裏の頭首の地位を占めていた閑院もここに廃絶するに至った。

さて閑院の焼亡後は、直ちにこれに取って代るような本所的な皇居は出現せず、持明院・大覚寺両統迭立の事情も反映して、かなり多くの里第が里内裏に充てられ、皇居はその間を移り動くことになったが、それでも主要な皇居はおのずから数箇所に落ち着いた。冷泉万里小路殿・冷泉富小路殿・五条大宮殿・二条殿・二条富小路殿などがそれである。冷泉万里小路殿が里内裏に充てられたのは土御門天皇の承元三年（一二〇九）に始まるが、その後、四条・後嵯峨両朝の皇居となり、さらに閑院廃絶後は、後深草・亀山・後宇多・後二条各天皇の宸居に用いられ、冷泉富小路殿と並ぶ代表的な里内裏となった。この殿第は、早く『玉葉』文治二年（一一八六）四月二十八日条に四条隆房《たかふさ》の第宅として見え、その男隆衡《たかひら》を経て隆親《たかちか》へ伝えられたが、後嵯峨天皇の譲位後その仙洞となり、ついに同上皇の領有に帰した。その理由としては、上皇の妻后大宮院姞子の母今林准后《いまばやしじゆごう》貞子が隆親の姉であった縁などが推測されるが、ともかく文永九年（一二七二）正月十五日付の上皇の処分状には「冷泉殿」と載せて亀山天皇に譲られ、さらに後宇多上皇に伝領された。その間おもに大覚寺統歴代の皇居或は仙洞に充てられ、さらに後醍醐天皇の東宮邦良《くになが》親王（後二条天皇皇子）の御所となったが、元応元年（一三一九）九月三日焼亡廃絶した（『花園院宸記』）。

これに対し、冷泉富小路殿は持明院統と縁の深い殿第である。この殿第は承久の乱後出家した藤原親兼《ちかかね》より西園寺《さいおんじ》公経《きんつね》の領有に帰したものといい（『五代帝王物語』後深草天皇条）、公経の男実氏《さねうじ》は外孫の久仁《ひさひと》親王（後深草天皇）が皇太子に立つや、これを東宮御所に供した。親王はここで践祚し、間もなく閑院に遷御したが、宝治三年（一二四九）二月閑院の焼失後、その再建まで一年半にわたってこの殿第を皇居とし、さらに正元元年（一二五九）五月の閑院焼亡後にも里内裏に充てた。ついで亀山天皇もこの富小路殿で践祚し、一年ほどの間皇居としたが、その後は後深草上皇の仙洞、伏見・後伏見両天皇の皇居或は仙洞となって持明院統に伝領された。嘉元二年（一三〇四）七月八日付の『後深草院処分状案』に、「此の富小路亭は、故入道太（西園寺実氏）

政大臣の東二条院（後深草中宮公子）に譲進せる地なり、然れども今に於いては数代の皇居、多年の仙洞なり」と載せられる所以である。そしてこの間、永仁五年（一二九七）四月の焼亡後は直ちに再建されたが、徳治元年（一三〇六）十二月再び焼失し（『実躬卿記』）、後述の文保元年（一三一七）の富小路内裏造営まで十数年間この地は放置されていた。

次の五条大宮殿は後深草・亀山両天皇の母后大宮院姞子の御所で、亀山天皇がこれをしばしば皇居とし、五条内裏とよばれたが、文永七年（一二七〇）八月焼亡した。亀山・後宇多・伏見・後二条各天皇の里内裏となった二条殿は、二条高倉殿或は二条東洞院殿ともいわれ、由緒の古い殿第である。それが初めて里内裏に充てられたのは、後朱雀天皇の長暦四年（一〇四〇）十月で、『春記』にはその使用状況がかなり詳しく記されているが、当時は内大臣藤原教通《のりみち》の里第であった。同第はさらに後冷泉・後三条・堀河各天皇の里内裏となり、その間大二条関白教通から後二条関白師通《もろみち》に伝えられたが、師通の没後やがて白河上皇の領するところとなり、仙洞が造営された（『百錬抄』保延四年二月二十四日条）。その後、崇徳朝にも里内裏が営まれ、ことに後鳥羽上皇はこの地を愛して二度にわたり壮大な仙洞を造営し、ついで後嵯峨上皇も後宮平棟子の御所を営んで仙洞にも用いたが（『仙洞御移徙部類記』）、さらに上記の如く主として大覚寺統歴代の皇居に充てられた。後伏見・花園両天皇の里内裏となった二条富小路殿は、単に二条殿とも富小路殿ともいわれたため、二条高倉殿や冷泉富小路殿と混同され易いが、『花園天皇御元服部類記』所収の『継塵記』延慶四年（一三一一）正月三日条「今日御元服の日なり、皇居二条殿二条以南、富小路以西、東礼、正安御元服の皇居なり、」の記事などによってその位置を確認できる。

こうして閑院焼亡後は、皇居は上記の殿第其の他の間をかなり頻繁に移り渡ったが、徳治三年（一三〇八）八月後二条天皇が二条殿において崩じ、花園天皇が践祚するや、皇居を定着させようとする気運が起り、内裏造営の事が議せられた。すなわち正和元年（一三一二）六月二日の伏見院評定において造内裏敷地の事が議せられ、閑院の再興が一決されたが（『師守記』貞治四年六月五日条）、幕府の「閑院末代に於いては叶うべからず」（『花園院宸記』文保元年四月十九日条）との意見により、二条の北、富小路の東の冷泉富小路殿（徳治元年十二月焼亡）の旧地に閑院を模して造営することになった。その造営には幕府が料所を献じ、鷹司基忠《もとただ》が指図を作進し、ついで西園寺公衡《きんひら》が造作の衝に当ったが、正和二年基忠が、同四年公衡が相ついで薨じたためか、これが竣工を見たのは文保元年に入ってからである。『公衡公記』正和四年八月十四日条には、檜皮を葺くべき殿舎として、紫宸殿・校書殿・軒廊・左近陣・弓場殿・清涼殿・仁寿殿・黒戸御所・安福殿・春興殿・宜陽殿・五節所・一対《いちのたい》・対屋物所・本所蔵人所が掲げられているが、完成した殿第は「大略閑院を摸す、但《ただ》間数多く以って減少す、但清涼殿は減ぜず、便宜なきに依りてなり、校書殿を以って陣座と為す、弓場は門外に在り」（上掲『花園院宸記』）という。閑院内裏の規模には及ばないまでも、それに准じ、それに代り得る機能をもった里内の造営を目指し、ふたたび里第の内裏化が復活したのである。そしてこの殿第は幕府の造営料所寄進によるためか、皇位が大覚寺統の後醍醐天皇に移った後も、引き続いて皇居とされたが、建武三年（一三三六）正月足利勢の京都侵攻に際し戦火に遭って焼亡した。(補註)

以上の如く、閑院廃絶後は、持明院・大覚寺両統の迭立が皇居の選定に色濃く反映し、前者はおもに冷泉富小路殿・二条富小路殿を、後者は冷泉万里小路殿・二条殿・五条大宮殿を里内裏に充てたが、その反面、両統の枠を越えて皇居を定着しようとする気運が起り、富小路内裏の造営に結実した。そしてこの一見相反する二つの面を背景として、次代の土御門東洞院殿＝土御門内裏が成立するのである。

結び——土御門内裏の成立

土御門東洞院殿が世人の注視を集めるようになったのは、長承二年（一一三三）前関白藤原忠実《ただざね》の女泰子（高陽院）の院参に当り、その御所として鳥羽上皇が忠実および近習受領らに命じ、壮麗な殿第を造営させたのに始まる（『長秋記』）。その第内には、忠実の宇治から出京した際の宿所も設けられ、さらに忠実の愛子頼長《よりなが》もしばしば寄宿逗留したので、政界の一拠点にもなった。九条本『延喜式』所載の左京図（平安末期の成立）に「高陽院」と記載される所以である。しかし久寿二年（一一五五）十二月高陽院泰子がこの寝殿において崩じたので、翌年四月御堂建立のため、白河福勝院に壊し渡された（『兵範記』）。その後、藤原邦綱《くにつな》がこの地に殿第を営み、六条・高倉両朝にはしばしば里内裏にも充てられ、「先々時々皇居と為るの所」（『山槐記』治承四年三月四日条）と謳われたが、やがて後白河上皇の領有に帰し、長講堂領の一部として、上皇の皇女宣陽門院より後深草上皇に伝えられ、鎌倉末期には同上皇の後宮准后藤原相子およびその所生陽徳門院の御所となっていた。しかしこれが単なる「私領」ではなく、長講堂領の伝領者の「進止」のもとに置かれたことは、嘉元二年（一三〇四）の『後深草院処分状案』に次の如く明記されている。

土御門第は准后相子、に譲り賜う、定めて陽徳門院に譲り進ぜるか、子細あるべからず、但《ただ》此の処は始終私領と為すべからず、已《すで》に新長講堂と称す、本堂事あるの時、仏事等委《ゆだ》ね移し行い修理せしむ、是れ長講堂領なり、本所の進止勿論の事なり、

後深草上皇始め、持明院統の各上皇がしばしばこれを仙洞に充てたのも、上記の如き殿第の性格によるものであろう。そして花園天皇がここで践祚して一、二箇月間皇居とし、また譲位に先立ってここに遷御し、ついで光厳天皇がこれを里内裏としてからは、光明天皇以下北朝歴代の皇居の本所となり、「土御門殿は始終皇居と為すべきの間、暫く仙洞に用いらるるの条、其の憚れあるべきか」（『園太暦』貞和四年九月十三日条）といわれるに至った。こうして室町・

戦国時代を通じて、皇居はまったく土御門東洞院の地に定着して土御門内裏とよばれ、さらに近世初頭以降数次の拡張修営を経て禁裏御所＝京都御所に引き継がれたのである。

以上数節にわたって述べたところを概括すると、次の如く要約することができる。

㈠ 天徳四年平安内裏焼亡以後の仮皇居は、初めは後院の制に拠って、後院ないしそれに准ずる殿第が充てられ、内裏復旧後は速やかに還御するのを本則とした。

㈡ 一条朝の三度目の内裏焼亡を機に、仮皇居の対象が一般里第にも拡大されると共に、内裏が復旧しても直ちには還御しない傾向が生じた。

㈢ 前条の傾向と表裏をなす現象として、朝廷が内裏以外に「本被作皇居之家」を造営し、この里第皇居と内裏を併用する風が馴致された。

㈣ 幼少の鳥羽天皇が践祚した頃から、内裏と里第皇居の機能分化が起り、内裏は晴の儀式・祭祀の場、里第が常住の皇居とされた。

㈤ この機能分化は、里第皇居に内裏の規模を取り入れると共に、特定の里第を本所的な皇居とする傾向を強めた。この傾向は源頼朝の閑院修造以降いちだんと顕著となり、さらに内裏の廃亡によって閑院は名実共に内裏に代る皇居の本所となった。

㈥ 鎌倉中期、閑院内裏の廃絶以後は、花園・後醍醐両朝の富小路内裏の出現まで、持明院・大覚寺両統の迭立が皇居の撰定に強く影響したが、富小路内裏が焼亡し、南北朝の対立が本格化するなかで、持明院統に伝領された土御門殿が北朝の皇居として定着し、現在の京都御所へ向けて歩を運びはじめたのである。

（補註）後醍醐天皇は冷泉富小路殿において受禅し（『継塵記』）、爾後同殿を皇居としたが、この皇居については、『増鏡』に「二条富小路のむかしの院のあとに、あづまよりつくりてたてまつる内裏」と書いているので、二条富小路殿ともよばれた可能性もあり、川上貢氏の『日本中世住宅の研究』では、この文保元年造営の富小路内裏を「二条富小路内裏」の名称で掲記している。一方、元弘三年六月天皇が隠岐より還幸して入御した皇居については、『元弘日記並裏書』以下の諸史料に「二条富小路皇居」或は「二条皇居」「二条内裏」と見える。そして建武三年正月足利勢が京都に侵攻して焼いた皇居は、「二条富小路皇居」（『官公事抄』等）とする史料のほか、「京極内裡」（『東寺王代記』、『官公事抄』所載異説）とする史料もあるが、『梅松論』には「近比は閑院殿より以来は、是こそ皇居の御名残也」とも書いている。二条富小路殿と称された殿第には、別に二条の南、富小路の西に位置する殿第もあり、後伏見・花園両朝の皇居にもなっているが、後醍醐天皇の皇居は、上掲の諸史料を総合すると、二条の北、富小路の東、京極の西に位置する富小路殿と考えるのが穏当であろう。

院宮分国と知行国再論

一　旧稿の要旨

曩に竹内理三博士還暦記念会が『律令国家と貴族社会』を編集刊行してから、早くも十年になろうとしているが、筆者もその際「院宮分国と知行国」なる小編を載せていただき、多年気にかけていた院宮分国と公卿知行国について私見を述べてみた。（補註一）この問題は、従来主として史料の量的および質的制約にわざわいされて、研究がおくれているものであることは周知のとおりである。しかし問題の重要性からいっても、その速やかな解明が望まれるのは当然であり、筆者もそれに何ほどか寄与することが出来れば幸いであると考え、勇断をふるって試案を提示してみたのである。しかして筆者は院宮分国と公卿知行国に関する旧来の通説的見解に根本的な疑問を懐いていたので、旧稿においては、まず分国と知行国の基本的な構造を明らかにすることを主眼とし、両者の発展形態については簡単にその展望を述べるに止まった。もちろん石丸熙氏の指摘されたように（『北大文学部紀要』二八号所収、「院政期知行国制についての一考察」）、院政期から鎌倉時代にかけて著しく発展する院宮分国と知行国を、同期の政治・経済の変遷過程のなかに如何に位置づけるかということが、きわめて重要な問題であるとする認識に異論をさしはさむつもりはない。しかしそのためには、両者の基本的な性格・構造を解明するのが先決問題であり、それをおろそかにした議論は、結局空論に終らざるを得ないと考えたので、敢えて焦点を基礎的な問題に絞ったのである。その要旨を列挙すれば、次の如くに要約出来る。

㈠　旧来の通説は、さしたる根拠もなく、院宮分国と公卿知行国は年給《ねんきゅう》（補註二）制度に由来すると説いているが、時野谷滋氏の論証（『史学雑誌』五九の三所収、「年給制度の基礎的考察」および『日本古代史論集』下巻所収、「知行国制の起源」）の結果、両者の年給起源説は成り立たなくなったと考える。

㈡　分国制が任官関係の公文書にも表記される公式の制度であるのに対し、知行国制は、佐藤誠実氏のいわゆる「朝廷の私事」（『史学雑誌』一一の一所収、「揚名考補之餘」）で、両者は起源も性格も異なる。

㈢　分国制と知行国制の構造上の相違を端的に示すのは、分国主と知行国主との立場の違いで、前者の骨格を簡単に図示すれば、

(A)　国主（院宮）――国守――国衙

となるのに対し、後者は

(B) 中央――[知行主＝国守]――国衙

となり、知行国主は立場上は国守と一致する。

(四) 知行国を分国に充てるケースが存することも、両者の構造上に相違のあることを裏付けるもので、その構造は(B)の「中央」を(A)の「国主」におきかえることによって説明出来る。(補註三)

もっともこの小論によって、院宮分国と公卿知行国の構造がすべて明らかになったと自負するつもりは毛頭なく、残念ながらいまもって解明し得ない点がいくつか残っているので、更にその空白を一つ一つ埋めていく努力をつみ重ねなければならないと考えている。ただ少なくとも、分国と知行国とは本来その起源も性格・構造も異なる制度であったという点は、小論において論証出来たと思うし、この認識がまた両者の実体を解明する出発点になるとも考えているが、この認識は、その後、時野谷氏によって支持され(『続日本古代史論集』下巻所収、「知行国制の成立」。以下〝成立〟と略称)、甚だ意を強くしている。しかし一方では旧稿発表後も、石丸氏の前掲論文の如く、依然として「知行国制が分国制の発展した形態である」と考え、「院宮分国制は年給制の発展したもの」とする論考があり、時野谷氏の〝成立〟とも、上記の旧稿要旨の(四)などについて見解を異にするところがあるので、この機会に再び院宮分国と公卿知行国について、二、三検討を加えてみたいと思う。

二　院分受領

さて石丸氏の論文は、平氏知行国の解明を主要な目標とされたものであるが、その前提として、院宮分国および知行国の制度史的概念についても見解を述べておられる。その要旨をまとめて列記すれば、次のようになると思う。

㈠　院宮分国制は年給制の発展したもので、院宮の年給として受領が給付されることに起源をもつが、初期の段階では、給付の対象になる国が「分国」として固定せず、単に「院分」「宮分」として受領が任命されるにすぎない。

㈡　院宮分受領は、任料を当該院宮に納めるほか、任期中に院宮の必要に応じて「功」を提供する。

㈢　白河院後期から鳥羽院期にかけて、院分、宮分の受領、就中院分受領の対象任国が固定し、院分受領国と呼ぶべきものが約三十箇国に及んだ。

しかしこれらの見解は、通説および拙稿の見解に対比させながら、各々の一致点と相違点を明らかにしておくという立場で提示されているだけで、ほとんど論拠が示されていないため、論議の対象とするのは困難である。ただそのなかでも㈢の見解については、石丸氏がとくに力点をおいているところで、更に「院分受領国とは、院分受領の対象国が、定任等により固定した国々のこと」であると規定し、「院宮分国と知行国についての、通説的理解および橋本説と私見との相異点は、いわゆる分国制について、院分受領国という概念を用いることにより、発展した段階での〃分国〃=上皇等の知行国と区別したこと」にあるとも主張され、その論拠も或る程度同氏の「院政の構造的特質について」(『北大史学』一二号)のなかに示されている。従って「院分受領国」というような概念が成り立つかどうかは、石丸氏の所論の成否を握る鍵となるが、それにはまず院分受領とは何かということから検討し直す必要がある。それは(一)、(二)の所説をも含めて、「院分受領」なるものを正確に把握しているかどうか、疑問を感じさせるものがあるからである。

そこでまず『西宮記』『北山抄』『江家次第』の三書について、正月県召除目《あがためしじもく》の次第を見ると、受領の補任は、別勅に依るものなどを除いて、公卿の挙状をもとにして議定するのを原則とし、これを「受領挙」といった。しかしてその受領挙に預かるものは、大別して旧吏(公文勘済を了えた旧受領)・任中と新叙に分けられ、新叙は外記・史以下諸司官人の巡任(叙爵後それぞれの巡による任命)に依るが、『西宮記』には巡任に預かる官人として、外記・史のほか、式部丞・民部丞・左右衛門尉を挙げ、『北山抄』には外記・史・三省丞録・衛門尉を挙げている。しかるに『江家次第』においては、新たに院分が姿を現わす。すなわち同書正月除目の「任受領」

の条を抄出すると、次の如くである。

任受領

旧吏・任中毎年必任之、

（中略）

新叙

蔵人或有五位蔵人任例、師家、

院或及三、四所、依本所挙被任之、

式部丞

民部丞或以輔被任之、

検非違使或以佐・大夫尉被任之、

外記

史以上或以五位外記・史被任、或有越本巡任之例、

別功

このうち「院」と表記され、「本所の挙に依り之を任ぜらる」と説明されているものが院分受領であることは疑いない。こうして『西宮記』『北山抄』に見えなかった「院分」が、受領挙の対象の拡大に伴って、蔵人や別功（経済的功績）などと共に加え入れられ、院政期の『江家

次第』のなかに定着し、制度化したのである。なお時野谷氏は上記の「知行国制の起源」（以下〝起源〟と略称）において、「院分」の用例を丹念に検討し、「院・女院に闕国が宛てられ、その受領の申任権が給せられる制度を、国をとって御分国制とよび、受領をとって院分受領制と呼ぶという概念」が成り立つことを論証されたが、この明快な概念規定は、上掲の『江家次第』の記述にも合致する。筆者も旧稿で指摘しておいたとおり、院宮分国が後白河院政期ころからしだいに変質し、知行国と同質化する傾向を強めたことは確かであるが、その変質の過程を考えるうえでも、まずその基本的な概念を確実に把握しておく必要があると思う。

また「院分」を含む受領挙について、もう一つ注意しなければならないのは、これが年給制とは全く別個の範疇に属することである。それを除目の次第に即していえば、内給以下院宮給などの補任は除目第一夜（初夜）に、受領挙は第三夜（竟日）に行なわれるのを原則とし、これは『西宮記』以下三書の次第においても、『中右記』（例えば寛治六年正月二十五日条、元永元年正月十六日・十八日条など）その他の記録に載せる実例においても一貫して変らない。従って受領挙の一部として補任される院分受領を年給の一部とする主張は成り立たない。結局、院分受領ないし院分国の制度は、もともと年給制とは直接の関係をもたず、平安中期以降、個別的、特例的に起ったものが、しだいに慣例化して受領挙のなかに加えられ、制度化し、更に皇后宮分・中宮分などに広まって、院宮分国制に発展したのである。なお附言すれば、皇后宮・中宮などの分国が史料に現われるのは、院・女院等の分国よりかなり時代がくだる。吉村茂樹氏の作成された院宮分国表（『国司制度崩壊に関する研究』所収）においては、『山槐記』治承三年（一一七九）正月六日条に見える中宮平徳子の分国尾張が五十一番目の事例として初めて挙げられ、その後は鎌倉中期になって散見されるようになる。吉村氏は事例の一端を表示したに過ぎないと断わられているが（『台記』久安二年十一月十三日条には、皇后藤原得子が越前国を賜わっていたことが見える）、この表によって大勢を判断することは出来る。また皇后・皇太后・太皇太后を経て女院となった二条院章子内親王の経歴記事（『中右記』長治二年九月十七日条）のなかで、延久六年（一〇七四）六月十六日「改めて二条院と為す」という記述に「受領に預からず」と注していることも、院号宣下と分国給与との間に密接な関係のあること、更に言えば、后位に在る間は受領に預からないことが前提になっていたように読みとられる。

以上の検討によって、㈠の如き院宮分国制の年給制起源説は、もはや成立の余地がないと思われるし、㈡の任料（任官に対し支払う財貨）についても、これに賛成し得る材料を筆者はもっていない。しかも㈠、㈡の所説について、石丸氏はほとんど論拠をあげていないが、一方、これらに直接関わる問題について、時野谷氏はすでに〝起源〟において、通説に批判を加えながら詳しく論じており、且つその論旨は、嘗つて同氏が発表された「年給制度の基礎的考察」に基づき強固に裏打ちされている。しかしてこの二論文に示された年給制度に関する見解に対しては、いままで正面から取り組んだ反論が出されておらず、筆者もこの問題に関する限り、基本的には同氏の所論を妥当と考えている。従っていま㈠、㈡の如き見解を主張するためには、時野谷氏の所説を否定し得る論拠を示さなければならないであろう。

最後に㈢の所説についてみると、「院分受領国」なる概念の当否は別としても、石丸氏の主張されたような事実が、実際に存在したとは考えられない。すでに旧稿でも指摘したように、白河上皇の分国の実例は、いま管見の及ぶ限りでは二十四例を数えるが、鳥羽上皇の分国はわずか五例に過ぎない。しかもその五例のうち、三例は白河院政期に「新院分」として充てられたもので、鳥羽院政期のそれは二例に止まる。白河院政期の院分受領は、新院分・女院分を含めると三十箇国ほどにのぼるが、鳥羽院政期に入るとそれが激減したことは否定出来ないところである。この現象の反面として、鳥羽院政期以降院領・女院領等の荘園が急激に増加した事実にも注目する必要がある。とも角、石丸氏の所説においても、白河院政期に三十箇国ほどの院分受領が拾えることは主張し得ても、それが「固定」していたと論断し得る根拠は見当らない。かの有名な『中右記』大治四年(一一二九)七月十八日条の「卅余国定任事」も、院分受領国が固定したと判断する根拠として援用されているが、筆者は、これも実例に徴すれば、相当数の国の受領の任期が重任や延任などによって長期化した現象を誇張して表現したものと理解しており、この三十余国が固定化した院分受領国であると断ずるには、更にそれ相当の根拠が必要であろう。院分国が後白河院政以降特定の三、四箇国に固定する傾向を示し、ついには持明院統の播磨国に代表されるように、相伝の対象とすらなったことは旧稿に略述したが、白河院後期から鳥羽院期にかけて、院分受領の対象任国が固定し、それが約三十箇国に及んだというような事実を裏付ける根拠は見当らないのである。

なお院分受領に関連して、「院宮に対して一年を限りに受領を与えるという年分受領制」が存したと主張する説（『史窓』二八号所収、角野陽子氏「知行国制度の成立」）があるが、いったい年分受領を「年分即ち一年を単位とした受領」と解釈することが可能であろうか。「年分受領」という用語は、時野谷氏が〝起源〟において整理されたように、『扶桑略記』にのみ見える特異な用語であるが、郁芳門院媞子内親王の院分受領について述べた『中右記』永長元年（一〇九六）八月七日条の「毎年受領一人を給う」という記事は、『扶桑略記』寛治七年（一〇九三）正月十九日条の「中宮媞子院号宣旨を蒙る、封戸旧《もと》の如し、年分受領を賜う」に対応するから、「年分受領を賜う」とは「毎年受領一人を給う」と解釈される。しかしてその補任の実例も、『中右記』寛治七年二月五日条に丹波（守は源季房《すえふさ》）、同記永長元年正月二十三日条に淡路守藤原家光《いえみつ》の二例を見出し得るが、それが一般受領とは異なった、「一年を単位とした受領」とは到底考えられない。『朝野群載』巻二十八に収める「主計寮合否続文」には、丹波守源季房が嘉保二年（一〇九五）まで在任していたことを明記しているのである。また『中右記』寛治八年三月十八日条に載せる淡路前司藤原有定《ありさだ》の経歴に、「故陽明門院分に依り、往年淡路国に任じ、任中公文《くもん》を済《な》し了《おわ》んぬ、治国に依り、今年正月従上《じゆじよう》に叙す」とあるのも、院分受領が任中公文を勘済し、治国の賞に依って叙位（従五位上）された例であり、橘頼里《よりさと》が寛治四年陽明門院分に依り越中守に任じ、「八ヶ年秩満、任中公文を済」し、承徳二年（一〇九八）春得替《とくたい》（任期満了による交替）したという記事（『中右記』承徳二年五月十日条）も、院分受領が任期や任中功《こう》過《か》（在任中の功績と過失の評価）などについて、一般受領と差違のないことを物語っている。

院分受領については、まだ不明な点が少なくないので、更に解明の努力をつみ重ねなければならないが、性急に結論を求めるあまり、恣意的な解釈に走ることは慎まねばならないであろう。

三　知行国と分国の複合

筆者が旧稿において公卿知行国が院分国に充てられたケース、すなわち知行国と分国の複合形態の存在を指摘したのは、その事実が知行国と分国の構造上の相違を裏付ける論拠になると考えたからである。その際挙げた事例は、左の四例である。

㈠　丹波国……寛治七年（一〇九三）二月以降、右大臣源顕房《あきふさ》の知行国のまま郁芳門院分国

㈡　三河国……嘉承元年（一一〇六）十一月の時点で、白河院分国であると同時に、右衛門督藤原宗通《むねみち》の知行国であったと認められる。

㈢　備中国……永久二年（一一一四）正月以降、権大納言藤原宗通の知行国のまま白河院分国に充てられた。

㈣　因幡国……保安元年（一一二〇）七月の時点で、白河院分国であると同時に、権大納言藤原宗通の知行国であったと認められる。

しかるに時野谷氏は、〝成立〟において、これらの事例を一々検討され、私見に対し否定的な見解を示された。そこで次には、同氏の加えられた検討の当否について調べてみよう。

まず㈠の丹波国について、時野谷氏は「顕房が国務を執ったことを、直接、立証する史料は存しない」と断じ、従って拙稿にいう知行国・分国複合体をとってはいないと結論されている。これは旧稿において、史料引載の繁を避け、出典として文書名を挙げるに止めたため誤解を招いたものと思われるので、改めて論拠を明示することとする。すなわち天仁二年（一一〇九）七月十日付丹波国在庁官人解案（竹内理三氏編『平安遺文』一七〇七号文書）に次の記文がある。

然る間、左京大夫《(源顕仲)》の任に御《おわしま》す応徳三年、東寺の御塔当国重任の功を申し請われ造営の間、所司等件の免田を□せんが為め、彼の村内の荒田を申し請い開発を致し、本免に相い加え寺領と為し、灯油・仏供並びに御塔守護の料に宛てんが為め申し請うの日、右丞相（源顕房）の御沙汰たるに依り、国司に仰せられ、去作の外に於いては、免じ奉らるる所なり、

このうちまず源顕仲《あきなか》の丹波守在任について調べてみると、顕仲は応徳元年（一〇八四）十二月藤原顕季《あきすえ》が丹波守から尾張守に遷任されるに伴い（『公卿補任』）、尾張守から丹波守に遷った（『朝野群載』巻二十八所収、「主計寮大勘文」）。顕仲は寛治七年正月まで在任したが、この年の春除目で刑部卿に遷り、代って弟の季房《すえふさ》が丹波守になると同時に、丹波国は郁芳門院の分国に充てられたのである（『中右記』）。

次に「右丞相の御沙汰たるに依り」云々の文言は、丹波国の国務が右丞相すなわち守顕仲の父顕房の「御沙汰」であったから、顕房が国司に命じて寺家の申請を聴許したと解される。また㈢の備中国の例——嘉承元年十二月藤原伊通《これみち》が守に任ぜられ、保安元年正月その弟重通《しげみち》がこれに代り、同時に白河院分国になったが、その間一貫して両人の父宗通が国務を知行したと考えられる（『公卿補任』『中右記』保安元年七月二十二日条）——からみても、守が顕仲から季房に代った後も、父顕房の知行は継続したと考えるほうが自然であろう。こうして分国主（郁芳門院）—知行国主（顕房）—国守（季房）の関係が成立したのであるが、郁芳門院は顕房の女中宮賢子の所生であり、この三者の親近関係がこうした複合形態を支える条件になったものと思われる。

㈡、㈢、㈣の例については、時野谷氏も、これらが白河院分国であること、同時に国守の父藤原宗通がそれぞれ国務を沙汰していたことをほぼ承認されているが、それでもこれらの事象のみを以って、知行国と分国の複合形態が存したとすることは出来ないと主張されている。その理由は、第一に「知行す」「沙汰す」などの文言に拠るだけでは、知行国と認定するのに不充分であるということ、第二に知行国においては、国主が国守の申任権をもつわけであるが、知行国と分国の複合形態を想定した場合、その国守の申任権は知行国主と分国主のいずれに属するのかという質問に答えられなくなるとされる。第一の理由については、次節に改めて触れたいが、結論を先にいえば、知行国と封戸《ふご》との直接的な関連を考える時野谷氏の見解には従うことが出来ないので、少なくともいまは旧稿で述べたとおり、国守以外の某が某国の吏務を「知行す」「沙汰す」等の文言、或はその事実を示す記述を文書・記録等に探し求め、それに依拠して、某国は某の知行国であると判断するよりほかないと思う。

第二の理由については、少し時代はくだるが、次の事例を以って解答することが出来る。すなわち『葉黄記』宝治二年（一二四八）十一月二日条には、葉室頼親《はむろよりちか》が丹波守に任ぜられたことを載せているが、その任命の経緯について、記主の葉室定嗣《さだつぐ》は次の如く説明を加えている。

日来高雅兼帯するなり、前黄門(葉室資頼)頗る所望の気あり、仍りて予申し任じ了んぬ、御分国司なり、予知行す、頼親がこの日「院御分」として丹波守に任ぜられたことは、『公卿補任』の頼親の官歴に拠っても確かめられる。上掲の記文は、丹波国が後嵯峨院分国で、且つその近臣定嗣の知行国であったが、定嗣は家門の長老資頼の所望を納れて、養子高雅《たかまさ》に代って資頼の嗣子（実は孫）頼親を守に申し任じたことを述べているのである。旧稿でも指摘したように、知行国制は『公卿補任』などにも一切痕跡を残していない「朝廷の私事」であるから、知行国主の申任権といっても、元来制度の表面に出る筋合いのものではない。それに対し分国の国守は、『江家次第』に明記するように、「本所挙」に依って任ぜられる。『葉黄記』の記述は、知行国と分国の複合体においては、本所すなわち分国主の国守推挙権の陰で、知行国主の申任権が機能していたことを示すもので、この両者は決して矛盾するものではなく、両立し得るのである。しかしてこの事例は平安末期まで遡らせても特に支障は見当らないし、この点から拙稿のいわゆる複合体が存立し得ないと考えねばならぬ理由はない。それどころか院分受領制は、制度的に市民権をもたなかった知行国の恰好の〝かくれみの〟の役割を果し、実際には現在確認し得る事例よりも遥かに多くの知行国・分国複合体が存在したのではなかろうかとすら考えられる。竹内理三氏は、嘗つてこのような事象を「知行国の複化」と表現され、「恐らく院宮の分国にのみ見られるものと思はれる」と述べられているが（『寺領荘園の研究』所収、「寺院知行国の消長」）、院宮分国と公卿知行国の複合形態の存在にいち早く着目された卓見である。

四　知行国と成功と封戸

鎌倉時代に入ると、安貞元年（一二二七）藤原定家《さだいえ》が信濃国を知行するに当り、「信濃国務の事、行わしめたまうべし者《てえれば》、天気に依り上啓件の如し」という後堀河天皇の綸旨《りんじ》を賜わり（『明月記』同年閏三月二十九日条）、宝治元年（一二四七）葉室定嗣が河内国を「拝領」したときも、後嵯峨上皇の院宣を賜わったことがみえる（『葉黄記』同年七月八日条）。更に吉田経長《つねなが》の『吉続記』文永十年（一二七三）六月七日条には、経長の知行国拝領について、左の如く記している。

参内、河内国拝領、頭内蔵頭奉行也、朝恩之至、自愛、
河内国可令知行給之由、
天気所候也、仍執達如件、
六月七日　内蔵頭在判
謹上右中弁殿

内《うち》に参る、河内国拝領す、頭内蔵頭《とうのくらのかみ》（内蔵頭兼蔵人頭）の奉行なり、朝恩の至、自愛せよ、
河内国知行せしめ給うべきの由、
天気候う所なり、仍って執達件の如し、

六月七日　内蔵頭在判
謹上右中弁殿

すなわちこのときは亀山天皇の綸旨がくだされているが、こうして知行国を拝領するに当っては、「治天の君」の綸旨または院宣を賜わるのを常としたようである。しかし知行国の事例について、常にこうした明確な記述を期待するのは無理である。上掲の『吉続記』の記事に即していえば、多くの場合、綸旨の引文を除いた地の文の、「拝領」とか「知行」とかいう文言によって判断するわけで、やはり総合的な史料判断によって知行国を拾い出すよりほかないであろう。それには時野谷氏が指摘されたように、不充分、不安定な要素も否定出来ないが、それかといって、上記の如き明確な史料がないという理由で、知行国の存在そのものまで否定することは出来ない。一方、知行国の認定に関連して同氏の提示された見解、すなわち(一)知行国と成功《じょうごう》（財物を献じて公費を助け、任官あるいは叙位されること）の関係、および(二)知行国と封戸（上皇・親王・公卿等に支給された戸。その戸からの租と調・庸が封主の収入となる）の関係について示された見解には疑問がある。

まず(一)について時野谷氏は、「父が〝功〟を子に譲り、また子の名で成功に応じ、事実上、その子を申任する」というような場合は、知行国ではないと主張されている。従って筆者が藤原宗忠の知行国として挙げた因幡国の例を検討して、これは成功の例であって、知行国の例にはならないとされ、源顕房の知行国と推定した丹波国の例についても、それは知行国ではなく、「成功の一種である重任の例と見るべきであろう」とされた。筆者もこの二例において成功が関係していることを否定するつもりはない。しかし成功に依る受領補任と、知行国とが両立し得ないとは考えない。それどころか、前述の如く、知行国主の受領申任権は制度の表面に出るべき性質のものではなかったから、成功は公卿等が知行国を獲得する最も有効な手段であったと思う。先にも触れた『江家次第』正月除目の条に照らしても、旧吏・新叙を通じて、「別功」は受領補任の有力な手段であった筈である。関白藤原忠実《ただざね》が知行国を賜わったことを、「関白太政大臣にして受領を兼ねる」と表現したように(『殿暦』永久四年十一月十六日条)、知行国主の立場は畢竟「受領」の立場にほかならないのであるから、知行国を獲得し、或は維持するため、一般の受領と同様、知行国主が成功を募るのも不思議はないし、その場合、当然表向きは国守——国主の子弟・近親の例が多い——の成功とされるのである。その一例を『兵範記』仁平三年(一一五三)四月二十日条・同年十月十八日条および『台記』久寿元年(一一五四)七月二十九日条・同年八月九日条の記述に依って示すと、久寿元年八月九日落慶供養した「鳥羽新造御堂御所」は、「御所並びに釈迦堂は、播磨重任の功を募り、禅閤(忠実)之れを造る」ものであり、阿弥陀堂も備後国の知行主中納言藤原家成《いえなり》が成功を募って造営したものであるが、正式の勧賞としては、播磨守源顕親《あきちか》（忠実室師子の甥）の重任の功、讃岐守藤原成親《なりちか》の遷任の功――備後守は家成の男家明《いえあきら》であったが、この年五月家成が死去した後、家明の異母弟成親の遷任の功に肩替りされたらしい――とされた。所詮「朝廷の私事」であった知行国を獲得するには、別功受領もまた、院分受領と並んで、恰好の〝かくれみの〟の役割を果したのであろう。

次に(二)について検討してみると、時野谷氏は「某々国を某の知行国である、と判定するためには、前述の支配方式（筆者註＝「国守以外の某が某々国の吏務を執るという形態」）に従っていることの外に、封禄として与えられていることを確認することが、どうしても必要なのである」と述べ、それに「適合する、ほぼ疑問の余地がないと思われる例」として、『朝野群載』巻七所収の「返上給封申改給他国解」を挙げられた。その全文を標題と共に示すと左の如くである（但し傍線記号は筆者の付けたもの）。

(イ)返上給封申改給他国、

請殊蒙　天裁、因准先例、(ロ)返上給封参河国、被改給伯耆国状、

右、請検案内、奉公之輩、(ハ)返上給封、申請要国者恒規也、近則去康和三年以後、返封之国々有其数、倩見傍例、中宮大夫源朝臣・大納言藤原朝臣・権大納言治部卿源朝臣・前権中納言大江朝臣・権中納言藤原朝臣等、各随申請、(ニ)改給要国、事為准的、敢無異論、望請天裁因准傍例、(ホ)返上参河国給封、被改給伯耆国、将知朝章之厳矣、仍勒状謹解、

嘉承二年九月　日

給封を返上して他国に改め給わんことを申す、

殊に天裁を蒙り、先例に因准して、給封を参河国に返上し、伯耆国に改め給わられんことを請うの状、

右、謹んで案内《あない》を検するに、奉公の輩、給封を返上し、要国に申し請うは恒規なり、近くは則ち去る康和三年以後、返封の国々其の数あり、倩《つらつ》ら傍例を見るに、中宮大夫源朝臣・大納言藤原朝臣・権大納言治部卿源朝臣・前権中納言大江朝臣・権中納言藤原朝臣等、各《おのおの》申し請うに随い、要国に改め給う、事は准的《じゅんてき》たり、敢《あ》えて異論なし、望み請うらくは、天裁傍例に因准し、参河国の給封を返上して、伯耆国に改め給わられんことを、将《ま》た朝章の厳しきを知る、仍りて状を勒《ろく》して、謹んで解す、

嘉承二年九月　日

このうち時野谷氏は、傍線㋩の部分を「給封を返上して、要国を申し請ふは恒規なり」と読み、「給与された食封を返上し、これに代わるものとして要国を申請する云々、という意味に解してよいと思う」として、食封《じきふ》（封戸を給わること、すなわち封戸の制）と知行国とを直結する根拠とされている。しかしいま㋑から㋭までの傍線部分を通じて読んでみると、㋩を上記のように解釈するのは無理であろう。すなわち㋑の部分は「給封を返上して、他国に改め給わらんこと

を申す」、㋺は「給封を参河国に返上して、伯耆国に改め給わらる」、㋩は「給封を返上して、要国に申し請うは恒規なり」、㊁は「要国に改め給う」、㋭は「参河国の給封を返上して、伯耆国に改め給わらる」と読むのが自然で、圏点を付けた個所は「を」ではなく、「に」と読むべきであろう。例えば㋑において「他国を改め給わらん」と読んだのでは意味をなさなくなると思う。㋩の解釈も、時野谷氏が註のなかで提示しながら、敢えて斥けられた解釈、「某国において給せられている食封を返上して、改めて他の要国において給せられるよう申請する」という解釈の方が妥当であろう。

以上のように解すれば、上掲の文書は封戸の改給を申請した文書で、知行国に関係づけることは出来ない。しかして封戸の改給申請が「恒規」といってもよい程通常の事柄であったのは、『新儀式』の「封戸を充つる事」に封戸を「申し改める」場合の手続を規定していることによっても知られるし、実例としては、『台記』康治二年（一一四三）十一月二十七日条に「師能《もろよし》（蔵人左少弁）、皇后宮の封を他国に改定するの文を下す」という記文もあり、更に同記久安三年（一一四七）五月十七日条にも次の如き事例が見られる。

美濃・備前・周防・阿波、不可宛封国之内也、具民部式上、件等国有余封、仍請改他国、其請文、載依違式請改之由、

美濃・備前・周防・阿波は、封を宛つべからざる国の内なり、民部式上に具す、件等の国余（藤原頼長）の封あり、仍りて

他国に改めんことを請う、其の請文、違式に依り改めんことを請うの由を載す、

この記事においても、「請改他国」は明らかに「他国に改めんことを請う」と読むべきで、式条に封戸を充てるべきでない国として規定されている諸国に頼長の封戸があるので、他国に改め給せられんことを申請したものである。これらの事例に徴しても、上掲の文書が封戸改給申請の文書であることは、もはや疑う余地のないところであろう。

　また時野谷氏は、『大槐秘抄』の有名な一節、「近代の上達部、おほく国を給はり候は、封戸のなきがする事なめり」云々の記述をもって、「知行国の給与は食封返上の代換措置として、説明されてきた」ものとされるが、この解釈もやや強引に過ぎる嫌がある。この一節は、前後の文脈から考えても、近代の公卿が多く国を給わるのは封戸のないためであると、知行国の盛行の原因を封戸の無実化に求めているだけで、上記の如き解釈には大きな論理の飛躍がある。結局、知行国の成立と封戸との間に直接の関係を認めることは無理であり、残念ながら時野谷氏の見解に従うことは出来ないのである。

結び

院宮分国と公卿知行国について、再び考察を加えてみようと試みたが、結局は旧稿発表後管

見に触れた諸氏の高説について卑見を述べるに止まり、更に新しい問題に発展させることが出来ずに終ってしまった。しかし旧稿に加えられた批判については、機会を見てお答えするのも義務と考え、敢えて卑見を述べてみたのであるが、諸氏の高説・御批判に拘らず、旧稿の所説は、大綱において訂正する必要を認めなかったし、反って諸氏の高説に導かれて聊か補強することが出来たと思う。諸賢の御寛容を乞う次第である。

(補註一) 前稿の冒頭に、院宮分国および公卿知行国について、一応次のごとく定義しておいた。院宮分国とは、「院分」或は「宮分」等に充てられた国をいい、「院」は太上天皇、すなわち一院・新院、及びそれに準ずる女院等を指す。「宮」は中宮・東宮・斎宮等を指す。小論では便宜上従来の用例に従って、これを分国といい、その制度を分国制と称することとする。公卿知行国は、公卿乃至これに準ずる廷臣が、国司に非ずして吏務の実権をとる国をいう。ここでは略して知行国といい、知行国制と称する。なお院宮分国については、「知行国」或は「御知行」「御沙汰」等の語も記録・文書等に見えるが、公卿知行国について「御分」或は「分国」等の語を用いた例は鎌倉時代以降に属し、それ以前は明らかに「分国」と区別しているので、小論でも混乱を避けるため、うえの規定に準拠し、混用しないこととする。

(補註二) 年給とは、毎年の叙位《じょい》・除目《じもく》に際し、院(上皇・女院等)・宮(中宮・斎宮等)・親王・公卿などに一定数を限って官職・位階を授かる者(任人・叙人)を申請させ、その申請者すなわち給主に任人あるいは叙人より任料ないし叙料等の財物を納めさせる制度。そのうち、官（諸司・諸国の判官・主典・史生など）を授けるのを年官、位（従五位下）を授けるのを年爵《ねんしゃく》といい、例えば大臣は諸国の目《さかん》一人・史生《ししょう》二人、参議は目一人というように地位によって差があった。またこの制度は天皇についてもあって内給《ないきゅう》といい、その外、地位によって院給（院分とはいわない）・中宮給・親王給・公卿給などといい、除目や叙位の尻付《しりづけ》（註記）にも書かれる公式の制度である。

（補註三）　ここに掲げた図式は前稿に載せた次の図式を簡略にしたものである。

院宮分国の本来の姿を料国制に求め得るとすれば、その構造は次の如く図式化することができる。

(A)

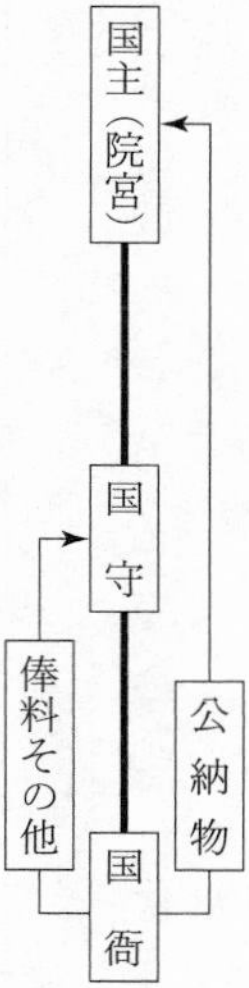

（勿論この図式は極端に単純化したもので、矢印の線は貢納のルートではなく、納入先を示したものにすぎない。また「俸料その他」とは、後述の(2)＋(4)を指すと理解していただきたい。以下の図式も同様である）

また一般の知行国の形態を(A)に倣って図式化すれば、図(B)の如くなる。これを(A)の図式と照らし合わせると明らかな如く、分国に於ける国主と知行国に於ける知行主とは、立場が全く異なるのであって、それでこそ両者の複合体も容易に生まれたのである。念のためにそれを図式化すると、図(C)のようになる。

(B)

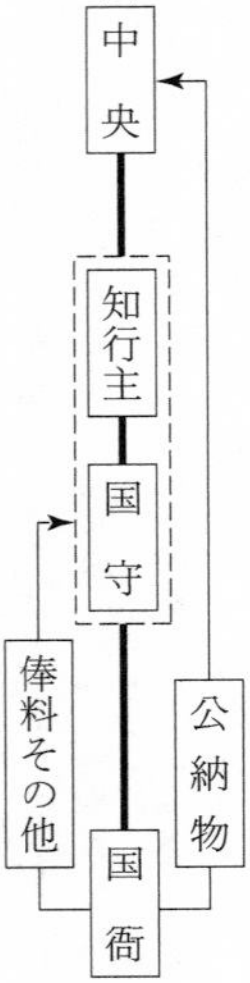

（中央とは、調庸・官物・封米等を納めるべき中央の官司・封家・社寺等全体を指す）

(C)

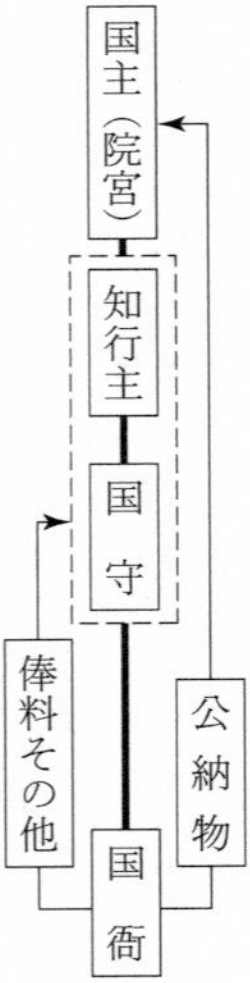

すなわちⒸはⒶ・Ⓑの複合形態にすぎず、院宮の分国であると同時に、公卿の知行国でもあったのである。

なお国守と立場を同じくする知行主の所得は別として、分国主の所得については、前稿に次のごとき私見を提示してみた。

　一体、平安中・末期の地方財政、或は国衙の収支等については、具体的なことは殆ど明らかにされていないが、国衙の徴収した財物は、ごく大雑把にわけると、(1)京進される公納物、(2)国司の俸料、(3)国衙の費用等に充てられ、更に(4)その余剰は、大部分受領の所得となったものと思われる。

　そして上記(1)から(4)までのうちに分国主の所得を求めれば、(1)か(2)の孰れかであろう。(3)の在地で消費されるものは別として、(4)は、公納物の定額化しつつあったこの時代では大きな割合を占めたであろうが、何といってもこれは受領が不法に収奪した財物であるから、それを公式の制度である分国制の国主の所得とする建前であったとは考え難い。また(2)の国司の俸料を国主の所得としたと考えるのも無理であるから、それは結局(1)に求めなければならないであろう。

Ⅲ

〝名字〟雑考——皇子女の命名を中心として

歴史上の人物を取り扱う場合、まず確定しなければならないのは、その名字であり、訓《よ》みである。ことに名字の正しい訓みを確定するのはなかなか難しい。もっともこれは過去の人名に限ったことではなく、現代の人名についてもこの種の難問に出遭うのは珍しくない。しかし歴史に残るほどの人物の名を正確に知りたいと思うのは当然で、そのために仮名表記の史料などを探し求めて、名字の正しい訓みを知ろうと努めるのであるが、古い時代ほど史料の制約による困難も加わり、一つの名字について数説の訓みが行われたり、確かな根拠はないながら一応妥当と思われる訓みをもって通用させているケースも少なくない。ただ幸いなことに、歴代天皇をはじめとする皇子女の命名の史料が比較的多く残されているので、その儀制の沿革を辿るなかで、名字にまつわる若干の問題を考えてみたいと思う。

上古の命名法

『文徳実録』嘉祥三年（八五〇）五月壬午（五日）の条に、「天皇（嵯峨）誕生、乳母《めのと》あり、姓は神野、先朝の制、皇子の生まるる毎に、乳母の姓を以ってこれが名と為す、故に神野を以って天皇の諱《いみな》と為す」（原典は漢文なるも便宜上、書き下し文に改めた。以下同じ）という記述がある。また『日本紀略』には、嵯峨天皇の諱を「賀美能」と表記しており、神野はカミノと訓まれたことも知り得る。一方、『続日本紀』を繙くと、孝謙天皇の諱阿倍（アベ）、平城天皇の諱小殿（ヲテ、但し後に安殿〝アテ〟と改名）が共に乳母の姓であることを示す徴証があり、そのほか崇峻天皇の泊瀬部（ハツセベ）、天智天皇の葛城（カヅラキ）、天武天皇の大海人（オホアマ）、元明天皇の阿閉（アベ）、元正天皇の新家（ニヒノミ）、聖武天皇の首（オビト）、桓武天皇の山部（ヤマノベ）、淳和天皇の大伴（オホトモ）なども、みな乳母の姓に拠る命名と考えられている。すなわち大化前後から平安時代初頭にかけて、皇子女等の名を乳母の姓に拠ってつける習慣が行われ、漸次「先朝の制」といわれるまでに定着したのである。もっともこれより先、生母の名をもって皇子女の名字とする風習もあったらしく、継体天皇の皇女茨田大娘《まんだのおほいらつめ》は母の名茨田関媛《まんだのせきひめ》に拠り、舒明天皇の名字田村《たむら》は母田村皇女に拠り名付けられ、弘文天皇（大友皇子）も母伊《い》賀采女宅子娘《がのうねめのやかこのいらつめ》の名に拠って伊賀皇子とも称された例などを挙げることができる。上記の「先朝の制」は、先行のこの風習と並び行われ、さらにそれを引き継いだものと考えることも可能であろう（帝国学士院編『帝室制度史』第六巻、第一編天皇、第四章称号。以下同書所載の史料によったところが多い）。

ところが仁明天皇に至って、この定制を捨て、二字の佳字をもって諱となす例が開かれた。仁明天皇は弘仁元年（八一〇）嵯峨天皇の皇子として生まれたが、唐風文化に心酔した嵯峨天皇は、旧習を廃して「正良」の二字を撰び、皇子の名としたのであろう。天皇の皇子は、正良をはじめ、秀良・業良・基良・忠良と、良の字を通り字とした佳字を諱とし、皇女の名字も正子内親王以下、すべて佳字に「子」を付し、さらに賜姓降下した信《まこと》以下の嵯峨源氏はみな一字の佳字を与えられている。これを平城天皇までの皇子女の名字と対比すると、きわめて対照的な様相を呈しており、命名者の意識の変化を明瞭に読みとることができる。

こうして一変した命名の制は、同じころから定制化しはじめた親王宣下の儀（大宝・養老令制では、親王は皇兄弟姉妹および皇子女の生得の称号）と結合して、しだいにその儀制を整えていった。いまそれを知り得る最初の例は、『九条殿記』に載せる冷泉天皇の誕生・命名の記事である。天皇は天暦四年（九五〇）五月二十四日村上天皇の皇子として生まれたが、父天皇は七月十一日儒臣の中納言藤原在衡《ありひら》に皇子の名字勘申を命じ、十四日陰陽師《おんみようじ》をして親王宣下の日時を勘申させ、十五日在衡の勘申した広業・憲平二号のうち憲平を勅定し、吉時午剋をもって親王宣下の儀を挙行した。しかも同記に親王宣下の日時を指して「皇子に御名を授け奉るべきの日時」と表現しているのは、当時すでに命名と親王宣下が一体の儀礼と観念されていたことを裏付けているが、ついでそれが儀制として確立した姿を『江家次第』に見ることができる。すなわち同書の「当代親王宣旨事」の条によれば、兼日蔵人頭が勅命を奉じて上﨟の博士に名字勘申を内命し、宣下当日勘文を進めさせる。その勘文は二ないし三種の名字を撰び、それぞれ「本文並びに音訓」を付注する。蔵人頭はこれを奏上し、名字を定める。ついで蔵人が某を親王となすべき宣旨を書いて陣に下す。宣旨を受けた上卿は、これを大弁に下し、大弁は史に下して太政官符を作成させ、公布施行させるのである。以上が親王宣下の儀の大要で、基本的には江戸時代末まで変わらなかったが、このうち名字の撰定と命名にしぼって、もう少し具体的にその沿革を検討してみよう。

名字の撰定と命名

上記の如く『江家次第』には、勘申する名字に「本文並びに音訓を注す」とある。本文とは名字の出典となった中国の経書等の章句であり、音訓とは反音と訓みである。反音とは反切の音のことで、唐以前は反といったが、その後反の字が謀反の反に通ずるのを嫌って切と改めたという。『江家次第』や下記の『中右記』では反とか反音といっているが、江戸時代の勘文では切の字を用いている。それはともかく、反切とは二個の文字の音、すなわち上の字の頭子音と、下の字の韻とを合わせて一音を構成するもので、その吉凶が名字撰択の規準の一つとなった。元永二年（一一一九）六月鳥羽天皇の第一皇子（崇徳天皇）の親王宣下に当たり、大学頭藤原敦光《あつみつ》の名字勘文について白河上皇の諮問をうけた藤原宗忠《むねただ》は、顕仁・為仁の二号のうち、「顕仁《あきひと》勝れり、就中反音欣《きん》なり、仍って顕仁勝れるの由」奉答した（顕の頭子音と仁の韻を合わせて欣となす）のはその一例である。

訓はもちろん名字の読み方で、命名に際しては名字のみならず、その訓みも定められたのである。しかし正しい訓みを知るのが困難なことは先に述べたとおりで、ことに女子の名字の訓みを示す史料はきわめて少ない。長元九年（一〇三六）十一月内親王となった後朱雀天皇の二皇女の命名について、『範国記』に「一宮の御名良子、良の字は長と読む、二宮の御名娟子、麗と読む」と記しているのは、その数少ない貴重な史料である。時代はくだるが、明正天皇が興子、後桜町天皇が智子と命名され、訓みもそれぞれヲキコおよびサトコ（後にトシコと改訓）と定められたことも、当時の記録によって確かめることができる。しかし久安四年（一一四八）藤原頼長《よりなが》が養女多子の入内に備えて名字を撰定した際、頼長の諮問に答えた大外記中原師安《もろやす》が、「親王並びに婦人の名、訓いまだ慥かならざるの字は用いず」といいながらも、「而れども近代の間、訓慥かならざる字等見え候」と述べて、命名の時点でも訓の不分明な名字が少なくなかった実情を指摘している（『台記別記』）。それはともかく、訓みもしばしば名字の優劣を定める論拠とされた。たとえば久寿二年（一一五五）守仁親王（二条天皇）の命名に際して勘申された名字のうち、章仁は訓みが新院（崇徳上皇）の顕仁と同じで、しかも「商人」に通ずる（音読でショウニン、訓読でアキヒトに通ずるとの意か）から憚りありとしてしりぞけられ（『兵範記』）、治承二年（一一七八）言仁親王（安徳天皇）の命名に当たり勘申された知仁も、その訓みが「世俗共人《ともびと》ト申事に混合」する恐れがあるとして採用されなかった例（『玉葉』）などがそれである。

江戸時代末の例によると、名字勘文は引文一紙と訓切一紙から成り、たとえば万延元年（一八六〇）命名の睦仁親王（明治天皇）の場合も、與仁・履仁・睦仁の三号の出典を載せる引文と、左の如き訓切が勘申された（『二条家日記』）。

與仁　久美比登　　切因
履仁　不美比登　　切隣
睦仁　武豆比登　　切珉

そしてその中から睦仁が採用されたのである。

さて名字が定まると、蔵人頭が立親王の宣旨を書き下すと『江家次第』には見えるが、やがて蔵人頭は名字の二字だけを書いて陣座に下し、宣旨を作成させるようになった。天治元年（一一二四）鳥羽天皇の第二皇子通仁親王の親王宣下に際して上卿右大臣に下された「御名文」は、「檀紙一枚に通仁の二字を書かる、此の外に字なし」と明記され、またこれは頭中将が書いたが、「古来勅筆なり、近代此の如し」とも注記されている（『永昌記』）。ついで大治二年（一一二七）親王となった同天皇第四皇子雅仁親王（後白河天皇）の場合も、頭中将が檀紙一枚に雅仁の二字のみを書いて陣に下したと『中右記』に見え、以後しだいにこれが流例となって江戸時代末に至った。いまその例を寛政十二年（一八〇〇）の光格天皇皇子温仁《ますひと》親王についてもう少し具体的にみると、親王宣下の陣の儀に先立って、蔵人頭が宸筆の二字の名字書を賜わり、これを清涼殿鬼間において筆写し、宸筆の名記は懐中にして、写の名記を陣に下す。ついで陣の儀が行われ、畢って左大史が作成した立親王の宣旨を親王のもとに持参する。一方、禁中からは別に長橋局《ながはしのつぼね》が御使として親王宣下の祝儀を持参するが、その際宸筆の名記も祝品に副えて賜わるのである（『平田職厚日記』『若宮御用日記』）。明治に入ると、皇族の制度も大いに改革され、令制に復して親王は生得の身位とされ、親王宣下は原則として廃止されたので、命名の儀は皇室誕生令のなかに規定されたが、そこでは前代の奥向きの行事であった宸筆の名記を賜わる儀礼が、表向きの命名の儀の中心として取りあげられている。

七夜命名の由来

また生誕後七日目に命名の儀を行う現制が成立するまでにも、長いいろいろな経緯があった。上記の如く親王宣下が定制化してから後は、皇子女の諱は親王宣下の際に定めるのを恒式としたので、命名以前の皇子女は、若宮・今宮・姫宮、あるいは一宮・二宮・三宮などと呼ばれた。これらの称呼は個性に乏しい汎称的な色彩が強く、幼称的な面もあるが、後三条天皇の第三皇子輔仁《すけひと》親王が命名後も三宮と称されたように、諱に代わる通称としても用いられたことに注意する必要がある。ところが江戸時代に入って、この通称的宮号について重要な変化が生じた。

その第一は、上記の若宮とか一宮とかいう汎称的な称呼とは別に、各人特有の個別的な称呼がつけられ始めたことである。後陽成天皇の皇子道晃《どうこう》法親王の吉《よし》宮、同皇子道周《どうしゅう》法親王の足《たり》宮などはその早い例で、以後、これが流例となり、さらに有名な仁孝天皇の皇女和《かず》宮親子内親王の例でも知られるように、諱に代用する通称としての性格をいちだんと強めた。ただ天皇の正配である皇后・女御の所生は、なお一宮あるいは女一宮など、数詞を含む称呼を用い、しかもそれが公式の称呼として公告されるようになった点も見落してはならない。

第二に、こうした称呼が七夜に当たって父君（天皇・上皇など）から賜わるようになったことである。平安時代以降、生誕儀礼の一つとして産養《うぶやしない》の儀がしだいに整い、生後三日、五日、七日、九日等に近親から産衣や食饌を贈って生誕を祝ったが、なかでも七日の産養は父君の催す行事で、最も盛大に行われた。そして時代がくだるに伴って漸次他は省略され、七夜に生誕の祝儀が集中するようになり、さらにその一環として、父君から上記のような宮号が与えられたのである。元文元年（一七三六）中御門上皇の皇子寛全《ゆたたり》親王（得度後は遵仁《じゅんにん》）が七夜に当たり政《まさ》宮の称を賜わったのはその早い例であるが(『御湯殿上日記』)、江戸時代末期には、命名の儀に準じて儒臣に佳字を撰ばせ、祝儀物と共に宸筆の名記(宮号)を賜わり、写をもって披露させた。再び和宮に例をとると、この号は文章道の東坊城《ひがしぼうじょう》(菅原氏)聰長《ときなが》の勘申したもので、『礼記』の「婦順《ふじゅん》備わりて后《のち》に内和《やわら》ぎ理《おさ》まる」の一句を典拠とし、七夜に当たって賜わったのである(武部敏夫氏著『和宮』)。

そしてさらに孝明天皇女御夙子《あさ》(英照皇太后)所生の第一皇女は七夜に当たり女一宮と称されたものの、第二皇女は富貴《ふき》宮と名づけられたように、正配所生の皇子女にも佳字を撰んで宮号とする例も生まれ、明治以降の命名の儀のなかに引き継がれた。すなわち明治に入って親王宣下の制が廃止されたのに伴い、皇子女は生誕後七日目に命名の儀を行い、佳字を含む宮号と諱を賜わることになって現制に及んだのである。なお明治八年(一八七五)一月皇子女誕生に関する内規が定められ、皇子の名字は某仁の二字、皇女の名字は某子の二字とすると規定されたが、とくに前者は皇室特有の伝統に基づくことはいうまでもない。

貴族の命名

以上皇子女の命名の手続や儀制について概略述べてみたが、民間のそれを知り得る材料はなかなか見当たらない。わずかに摂関家などの上流貴族について若干その記録が存する程度である。平安時代末期、前関白藤原忠実の男頼長の例はその数少ない好例の一つである。頼長は保安元年（一一二〇）五月、忠実の二男として生まれたが、五月すなわち菖蒲（アヤメとも読んだ）をめでる月にちなんで、幼称を「菖蒲若」と名づけられた。別に「綾若」とか「安也若」と表記されているので、アヤワカと訓まれたことがわかる。ついで大治五年（一一三〇）正月十一歳で内裏および鳥羽院・待賢門院三所の昇殿を許され、兄の関白忠通に伴われてその儀を遂げることになった。そこで三所に名簿を呈出するため、先ず名字を撰定した。名字は儒臣たる式部《しきぶ》大輔《たいふ》藤原敦光の勘申した隆平・師長・頼長の三号のうちから撰ばれた。忠実は腹心の権大納言藤原宗忠に諮問したところ、宗忠は、「隆平」は中古の相撲人の名であり、「師長」は菅家の博士の名と同じであるが、「頼長」は反音「良」であり、しかも御堂（道長）と宇治殿（頼通）の名字に通ずるところがあって大へんよいとして、「頼長」を推した。忠実・忠通はこの報答に賛成し、菖蒲若は「頼長」と命名されたのである（『中右記』）。さらに頼長の男兼長も、久安元年（一一四五）八歳の正月、父と同じく内裏や院御所の童殿上《わらわてんじよう》に当たって命名された。兼長は摂政忠通の猶子《ゆうし》になっていたので、その名字は忠通と頼長との間で相談され、式部大輔藤原顕業《あきなり》の勘申した忠経・基実・兼長三号のうち、忠経が撰ばれた。その理由は、兼長は「亀卜に当る者」の名であり、基実は肥後前吏・筑前前吏両人の名と同じであるが、忠経は反音「貞」で尤も吉であるからこれを用いるべきであるというにあった。そこでこれを宇治にいる忠実に報告したところ、忠経は謀反人（平忠常と同訓）の名であるから撰び直せと指示され、結局「兼長」の二字が採用されたのである（『台記』）。以上の二例においては、童殿上が皇子女の親王宣下に相当したわけであるが、名字撰定の手続などは、基本的には皇子女の場合と差異はない。ただ一般廷臣の間では、多くは元服とか叙位・任官等が諱（実名）を撰定する機会となったようである。

同名と改名

また上記の諸例にも見えるように、名字の撰択に際しては、過去あるいは現在の人名との同字または同訓がよく問題とされた。一応は「名字を撰ぶの時、帝王・后宮・摂籙・大臣・名人・刑人等を避く」(註)べきものとされたが（『台記別記』）、いろいろな制約のなかで佳字を撰べば、同字あるいは同訓の名字が用いられるのは止むを得ないこととともいえるし、国史大系本『尊卑分脈』索引を一見しただけでも、いかに同じ人名が多かったかがわかる。ことに同時期に同名の人物が存する場合は、よく注意しないと混同する危険がある。一条朝に共に大夫史（太政官の筆頭の五位左大史）として活躍した小槻《おづきのともちか》奉親と但波《たんば》奉親（前者の後任）はその一例で、時に両者を混淆した記述も見かけられる。ただ前者は奉親宿禰《すくね》、後者は奉親朝臣《あそん》であるから、この姓（かばね）の相異が区別の目安にはなる。また保元前後に現在した源俊通と藤原俊通《としみち》もまま混同されている。源俊通は頼長の家司で、官は少納言に至ったが、保元の乱後配流された。藤原俊通は太政大臣宗輔《むねすけ》の男で、平治元年（一一五九）参議に昇り、権中納言まで進んだ上流貴族である。しかし記録などには、共に「俊通朝臣」とか「俊通」と記された場合も多いので、両者のいずれかを見きわめるためには細心の注意が必要となるのである。

こうした例は他にも少なくない筈であるが、両者に主従的な関係のある場合、あるいは一方が謀反人とされた場合などには改名されることもあった。頼長の男師長《もろなが》の命名に当たり、摂関家の家司であった大外記中原師長が師業《もろなり》と改名したのは前者の例であり、保元の乱後上皇方の武士平忠正が忠貞と改名され、源義経が没落後追捕される身となって義行と改められ、さらに義顕と改名されたのは後者の例である。忠正《ただまさ》は時の権中納言藤原忠雅《ただまさ》と同訓であったためであり、義経は摂政九条兼実の二男、三位中将良経《よしつね》と同訓であったためで、もちろん当人の意志とは関係なく、朝廷において一方的に改名してしまったものである。ことに義行をさらに義顕《よしあき》と改めたのは、義経が京都の近辺に潜伏しているという情報におびえた朝廷が、その所在の露顕を念願してつけた名字である（『玉葉』）。

人名の問題は、広く民俗にも関わり、説くべきことは多々あるが、比較的確実な文献の多い皇子女の名字について明らかにすることができれば、それが名字一般の問題を考察する拠点の一つとして役立つのではないかと考えてこの小文を草した次第である。

（註）「名人」というのは、専門的な職能で名のある人を指すものと思われる。全くの推量に過ぎないが、「名人」の名を避けるのは、生まれた子の将来を束縛するのを忌避する気持からであろうか。

女帝と摂政

『古事類苑』官位部九の「摂政」の項には、「摂政ハ天皇ニ代リ、万機ヲ摂行スルモノニテ、幼帝及ビ女帝ノ時ニ之ヲ置ク」と書き出す解説を載せている。この解説は今日に至るまで多くの辞書・事典類に影響を与えたらしく、これに拠ったかと思われる記述を見かけることが少なくないが、近頃摂政のことを調べているうちに、この「幼帝及ビ女帝ノ時ニ之ヲ置ク」という表現は適切でないことに気付いた。

幼帝と摂政との関係についてみると、最初の人臣摂政藤原良房《よしふさ》が摂政の詔を賜わったのが清和天皇の元服後であるため、これを幼帝のときの摂政とすることができるか否かに問題はあるが、次の陽成天皇の践祚に当り摂政に就任した藤原基経《もとつね》以降は、幼帝を保輔して大政を摂行することを摂政補任の事由としており（但し一条朝に藤原道隆《みちたか》が天皇元服後関白から摂政に任ぜられているのは甚だ異例であるが、その理由は詳らかでない）、それに伴って天皇成人後は復辟《ふくへき》（政を還す）して摂政を関白と為すのが常例となったのである。

なお江戸時代には元服後摂政任命の事例が数例あるが、それは当時元服の時期に拘らず十五歳復辟の慣例が成立したため、元服後でも十五歳以前であればなお摂政を置き、復辟に際し摂政を改めて関白と為すのを例としたのである。それはともかく、天皇が未だ成年に達せざるとき(元服以前ないし十五歳以前)摂政を置くことは、平安時代以来ほぼ一貫した定制であり、それは明治の皇室典範および現在の皇室典範(但し満十八歳を成年とする)にも継承されている。

これに対し、女帝の践祚ないし在位が摂政補任の理由になったかというと、実は『古事類苑』の解説のように簡単に言い切ることはできないのである。

わが国の女帝は、周知のとおり、推古・皇極(斉明)・持統・元明・元正・孝謙(称徳)・明正・後桜町の十代八帝である。このうち摂政の置かれたとされるのは、推古・斉明両朝と、江戸時代の明正・後桜町二代で、他の六代は摂政の任命がない。この点が幼帝の場合と大きく異なるところである。

次に摂政が置かれた四代についてみると、推古朝の聖徳太子、斉明朝の中大兄皇子の摂政は、古来いろいろな議論はあるが、平安時代以降の人臣摂政と同列に論ずることはできないし、また摂政設置の理由を女帝である点のみに置くこともできない。しかしこれが摂政の先例として長く記憶された点も見のがすことができない。

それでは、江戸時代の女帝明正・後桜町二代の場合はどうであろうか。

まず寛永六年（一六二九）明正天皇の践祚に当り、前朝の関白一条兼遐《かねか》が摂政に補任されたが、時に天皇は七歳であったから、定制に拠り摂政が置かれたものと思われる。その際天皇が女帝であることが考慮されたか否かは断定できないが、第一義的には幼帝であったことが摂政補任の理由となったに違いない。従って天皇が十五歳になった寛永十四年には、当然の如く朝廷では復辟の準備にとりかかったが、ここで天皇が女帝であることが問題となったらしい。『道房公記』や『忠利宿禰記』によると、後水尾上皇は、この年のうちに復辟を行い、時の摂政二条康道《やすみち》を更めて関白と為すことを前提として、復辟後の天皇の四方拝以下の作法について諸臣の意見を徴している。しかしそれについては特に支障はないと考えられたらしく、この年十二月十二日に関白宣下を行うことを内定して、その前日京都所司代《しょしだい》板倉重宗《いたくらしげむね》に通告した。ところが重宗は、「此の如《かく》き事は関東に仰せらるべし、然らば当年の内は、大樹《たいじゅ》（将軍）御所労の故、此の如き事は申し遣る能《あた》わず、明春告げらるべし」と返答して来た。そこでこの旨を上皇に申し上げたところ、それならば復辟は延引すべしと裁断されたという。これについて道房《みちふさ》は、「此の事如何《いかん》、摂政関白に改むるの儀は、主上御年其の限ある事なり、明年既に十六歳に及び給う、旧例主上十二歳此の事あり、或は十一、三、五等御年に当る、摂政を改めて関白と為す、十六歳に及ぶ事如何、当時諸事此の如く万事関東に仰せ合わさる、然りと雖も公事限りある事難治の事か」と述懐して、復辟が十六歳に及ぶことを歎いている（以上『道房公記』）。そしてその後の経緯は、残念ながらいま知ることができないが、結局復辟のことは行われず、明正天皇の在位中摂政は存置されたのである。その理由は詳らかでないが、天皇が女帝であること以外には想像がつかない。

次に後桜町天皇の場合は、宝暦十二年（一七六二）天皇の践祚に当り、近衛内前《うちさき》が摂政に補任され、その在位中摂政が存続した。当時の記録には、摂政補任の理由を明記したものが見つからないが、天皇は践祚のときすでに二十三歳であったから、幼少をその理由にすることはできない。恐らく同じく女帝である明正天皇の例が先例となって摂政が置かれたのであろう。

さらに憶測すれば、明正天皇の復辟について通報を受けた幕府では、女帝の場合における復辟を不可とする意見が強く、女帝在位中は摂政を存置すべきであるという意向が支配的となり、朝廷も結局これに従わざるを得なくなったのではあるまいか。この意見には、武家的発想の臭いが強いことも否定できない。伊勢貞丈（一七八四年没）の『貞丈雑記』にいう、「摂政と申は、天子御幼少歟、又は女帝にて御座候時は、大臣たる人御うしろみをして、天下の政事を取行る、人を云也」との概念もこうして生まれたのであろう。そしてその際上古の推古・斉明両女帝の例も思い起され、女帝のときの摂政として一般化されたことも想像される。

これを要するに、結果として女帝のとき摂政を置くとすること自体は誤りとはいえないが、この観念が成立するまでには上記の如き経緯のあったことを忘れてはならないし、単純に幼帝と女帝を並列して、摂政は「幼帝及ビ女帝ノ時ニ之ヲ置ク」と表現するのは、誤解を招く懼れのあることを特に注意しておきたい。

蔵人五位と五位蔵人

『台記』久安元年(一一四五)八月十四日条に、記主藤原頼長《よりなが》が、石清水放生会の上卿《しょうけい》として八幡《やわた》へ下向する藤原宗輔《むねすけ》の要請に応じ、その前駈として「二町諸大夫四人《にのまち》」を遣わしたことが見えるが、この「二町諸大夫」について、頼長は「蔵人の五位に非ざるを謂《い》う」と説明を加えている。すなわち二町＝二流の諸大夫とは、蔵人五位以外の諸大夫を謂うとの意であるが、これによると、蔵人五位も諸大夫の範疇に入り、しかも諸大夫のなかでは羽振りがよかったことになる。なお二町の諸大夫については、同記康治二年(一一四三)五月二十五日条にも見え、この日の列見の儀で兵部輔代《ひょうぶのすけだい》を勤めた藤原為経《ためつね》が、「為経は本より有職の士なり、近来二町の諸大夫の中、第一たるべし」と評されている。これらの記述は、難解な「諸大夫」の語義を考えるうえで貴重な材料となるが、それはさて措き、蔵人五位については、『為房卿記』にも次のような記述がある。同記永保元年(一〇八一)七月十七日条には、記主藤原為房《ためふさ》が勧修寺一門の長者になったことに関連して、「氏人の中、見存の蔵人五位の上臈、予超越の人々」として、宣実《のぶざね》以下の名を挙げ、「合せて十人、皆是れ従上・従下の五位なり」と説明している。以上によると、諸大夫の範疇に入る蔵人五位＝蔵人大夫とは、六位の蔵人が叙爵するに伴い、蔵人を罷めたもので、もちろん五位蔵人ではない。

この蔵人五位＝蔵人大夫に類した呼称は他にもある。『中右記』元永二年（一一一九）五月三十日条に、中宮藤原璋子の御産（崇徳天皇誕生）産養《うぶやしない》第三夜に、「民部大夫五位、七人」が啜《すすり》粥《がゆ》（廻粥《めぐりがゆ》ともいう）の行事を勤仕したことが見える。これを『源礼記』（『図書寮叢刊御産部類記上』所収）同日条の記述と見比べると、この廻粥人七人は「皆是れ民部丞《じょう》を歴するの輩なり」と説明されており、『敦記』（同上所収）同日条にも、「已上七人、皆民部丞を歴するの輩なり」と見える。すなわち民部大夫とは、六位相当の民部丞が五位に昇ってその官を罷めたものをいい、五位の民部丞ではないと解される。この官名＋大夫の呼称は、『枕草子』にも見える。その第一七四段（『日本古典文学大系』本）に、「大夫は、式部の大夫、左衛門の大夫、右衛門の大夫」とあるのがそれである。『日本古典文学大系』本の補注によると、堺本には、「大夫は」が「やどりつかさならでただかうぶり得たるは」とあるという。宿官（叙爵して受領巡任を待つ間、かりに任ずる官）ではなくて、ただ五位に叙せられたものとの意であろうが、これもこの式部大夫などを上記の民部大夫と同様に解釈し得ることを裏付けるように思われる。もしこの解釈が許されれば、式部大夫は叙爵して式部丞の官を去ったもの、左衛門大夫・右衛門大夫も叙爵して衛門尉を去ったものの称となる。すなわち蔵人大夫・民部大夫の用例を根拠として、官（職）名＋大夫の呼称を解釈すれば、その場合の官（職）名は現官ではなく、前（元）官を指すことになる。

一方、平安中期になると、太政官の大史や大外記で五位に任ぜられるものが現われた。官位令によると、大史の相当位は正六位上、大外記の相当位は正七位上である。しかし延暦二年（七八三）の格により、大外記は正六位上の官となった。そして更に大史・大外記のうち、その上首が五位に昇り、大夫史・大夫外記と称してそれぞれ弁官局及び外記局の官人を統率し、後には官務及び局務と称されるに至ったのである。この風潮はしだいに他に広まり、中宮や春宮《とうぐう》の大夫進、あるいは近衛の大夫将監、衛門（検非違使）の大夫尉《たいふのじょう》、大宰府の大夫監《げん》などが諸記録に見えるようになり、それぞれの部局において重きをなした。そしてこれらに共通しているのは、大夫＋官名の形をとり、その官名は現官（三等官）であることである。すなわち蔵人五位型ではなく、五位蔵人型である。

平安中期以降の記録や文書には、官名＋大夫あるいは大夫＋官名の呼称が数多く見かけられるが、従来は両者の区別はあまり考えられなかった。しかしこれを官名＋大夫は蔵人五位型、大夫＋官名は五位蔵人型と解すれば、両者の別は鮮明になる。官名＋大夫の官名は前（元）官であり、大夫＋官名の官名は現官であるということになるからである。そして官名＋大夫をひきくるめた汎称が、蔵人五位を含む「諸大夫」の原義ではなかろうか。諸大夫とよばれた廷臣には四位を含む場合もあり、さらに諸大夫より公卿に進んだ例もあり、また江戸時代までに諸大夫の意味もかなり多様化したが、その原義をたどれば、この官名＋大夫に行きつくのではなかろうか。かなり武断の嫌いはあるが、敢えて試案を提示して大方の御教示を仰ぐ次第である。

（附記）大夫には、周知の如く、中宮大夫《だいぶ》・春宮大夫・大膳大夫以下、職司の長官の官名もある。また公式令授位任官条には、太政官においては三位以上を大夫と称し、寮以上においては四位を大夫と称せよと規定し、その寮以上とは、『令義解』や『令集解』の諸説によると、弁官以下を謂うと釈している。『儀式』や『延喜式』などに散見する「弁大夫」の呼称は、この弁官における喚辞に由来するものであろう。官位令によると、左右大弁の相当位は従四位上、左右中弁は正五位上、左右少弁は正五位下である。したがって弁官においては、原則として左右大弁のみが大夫と呼ばれたことになり、ひいては「弁大夫」が左右大弁の指称となったのであろう。「弁大夫」は官名＋大夫の形をとってはいるが、この大夫が五位の意味でないことは明らかである。その実例を一、二あげると、『本朝世紀』久安三年（一一四七）四月一日条の官政の記事中、左大弁藤原顕業《あきなり》を指して「大鞆火大夫《おおともひ》」と称した例が見える。また『類聚符宣抄』第七に、「左大弁藤原大夫宣」云々、あるいは「左大弁源大夫宣」云々の、弁大夫宣とも称すべきもの九例を収め、『別聚符宣抄』にも、「左大弁橘大夫宣」云々などの類例が二、三見える。それらはすべて左大弁が弁官中に宣したもので、そのなかには三位の左大弁も含まれているが、令意よりみて、大夫と呼ばれるのに支障はないであろう。この大夫には、あるいは弁官の上首ないし長官の意が含まれているかも知れないが（『吉部秘訓抄』所引の『吉記』に大弁を「長官弁」と指称する）、ともかく、「弁大夫」の大夫は五位の意味はなく、上記の諸大夫とは関係のない呼称である。

また『宣胤卿記』永正十四年（一五一七）十一月二十二日条に、次の記述がある。

一、大輔ヲ大夫ト書之、不レ可レ然之由、傍ニ余注付了、当時武家奉行等式、中務大夫・大蔵大夫ナト称スルハ、少丞ニテ叙爵輩称レ之、左衛門大夫・左近大夫ハ、左衛門尉ニテ叙爵、左近将監ニテ叙爵輩也、大夫マテヲ官ト思人多、仍為二後生一記レ之、

室町時代も末になると、本来の字義が変転し、あるいは忘れられつつある反面、原義の面影も若干とどめているので、参考までに紹介しておく。

古記録誤写誤読

史料を正確に読み、的確に理解するのはなかなか容易なことではないが、古記録の読解もその例外ではあり得ない。しかも手取り早く活字に翻刻されたものに頼るので、往々にして誤を犯すことになる。以下はわたしの失敗を披露するようなものでもあるが、気のついたものをいくつか例示してみよう。

まず中央公論社刊『日本の歴史』6や小学館刊『日本の歴史』7などによって広く世間に流布している例から取りあげてみよう。それは『中右記』の大治四年（一一二九）七月十八日条に載せる「法皇(白河)御時初出来事（法皇の御時初めて出来《しゅったい》の事）」七箇条のうちの一条で、上記の二書とも「神社仏寺封家の納物、諸国の吏まったく弁済すべからざる事」と書き下して引載している。これを史料大成本について見ると、「神社仏事封家納諸国吏、全不可弁済事」とあり、さらに写本を検すると、いま圏点を付けた文字のうち、「事」は「寺」の誤であることが判明するが、他の二字は流布本においても同じである。しかし書陵部蔵伏見宮本『白河院崩御部類記』所収の『中右記』(但し十六日条に収める)と対校すると、「神社仏寺封家納官諸国吏全不弁済事」という記文を得る。これによって、流布本の「納」の下に「官」を補い、「可」の字を削って、「神社・仏寺・封家・納官、諸国の吏全く弁済せざる事」と読めば、全く無理なく理解できるであろう。なお上記の部類記は鎌倉期の古写本で、大治四年七月六日から五年七月十五日まで、白河院の崩御・葬送・法会等に関する記文を抄出しているが、現存流布本の日次記とかなり大きな相違があり、しかも流布本の字句を訂正し得る点が少なくない。また『中右記』康和五年(一一〇三)十二月二十一日条の丹波守高階為章《たかしなのためあき》の卒伝にも「神祇仏寺封家納官、全以不弁済(神祇・仏寺・封家・納官、全く以って弁済せず)」と見え、これが一種の慣用句になっていたことを知り得る。上掲大治四年の記事は論文にもよく引用されるので、「納官」=納官物が落ちているのを小事として片づけるわけにはいかない。

数年前、紫式部の実名が「藤原香子」と判明したと世に喧伝され、国文・国史学界を驚かせたことがある。その根拠の一つは、『大日本史料』寛仁三年(一〇一九)八月二十八日条(東宮敦良親王元服の記事)に引載する『伏見宮御記録』の『光厳帝宸記之写』に「同香子同、同、」という人名を見つけ、これは上文をうけると、「藤香子御乳母、式部、」となり、これが藤式部ともよばれた紫式部の実名であるというのである。ところが『伏見宮御記録』にはかなり誤写が多いので、書陵部所蔵の原本(現書名は『東宮御元服勘例』)について調べてみると、問題の箇所は「源香子」

とあり、「同」は「源」の誤写と判明する。しかも東洋文庫蔵広橋本『東宮御元服部類記』所収の『行成卿記』にも、この記文に対応する記事があり、そこにも「源香子御乳母、式部」と明記している。紫式部香子説の根拠は、この『伏見宮御記録』の記述のみではないらしいが、これによって香子説の重要な根拠の一つがくずれたことは否定できない。

次の『兵範記』の記事も、氏長者に関する重要な記述であるが、史料大成本の字面が不正確なため誤解を生んでいる例である。すなわち保元元年（一一五六）七月十一日条に、関白忠通に氏長者を宣下したことについて、「今度新議、尤未珍重無極云々」とある字句がそれで、これでは意味がよくとれないが、陽明文庫蔵の原本と対校すると、「今度新儀出来、珍重無極云々（今度新儀出来《しゅったい》す、珍重極まりなし云々）」となって、その意味も明瞭になる。ついでに保元の乱に関する『兵範記』の記事のうち、とくに目立つ史料大成本の誤字を訂正しておくと、七月六日条の「追捕源親治男、件男頼治孫、親弘男也（源親治《ちかはる》の男を追捕す、件の男は頼治《よりはる》の孫、親弘《ちかひろ》の男なり）」の「親治男」は「親治身」の誤で、親治本人を逮捕したという意味であり、こうした「身」の使い方は当時の記録・文書に傍例がある。「親治の男」では誰が追捕されたのかよく解らなくなる。また同月十日条の「頼賢《よりかた》父被補六位判官代了」の「父」は「又」の誤で、上文の家弘《いえひろ》・為義が崇徳院判官代に補されたことをうけて「又」と書いたのである。頼賢の父は為義であるから、「父」では意味をなさない。なお以上の誤字はすべて書陵部所蔵の新写本によっても訂正できる。

　ところで史料大観本の『台記』には返点がうってあるので、初学者にとってはまことに有難い。わたしも初めて公家の日記を通読したのはこの『台記』で、返点があるため取りつき易かったからであろう。従っていまでも、この返点を無用よばわりする気はないが、これに引かれて誤読した経験もしばしばある。康治元年（一一四二）三月十五日条の西行法師に関する記事もその例である。これは西行が藤原頼長に自筆一品経《いっぽんぎょう》（法華経二十八品を一品ずつ分担書写するもの）の寄進を請うた有名な記事であるが、史料大観本に「不㆓軽承諾㆒」とあるのに惹かれて、承諾しなかったらしいと解釈し、人物叢書の『藤原頼長』にもそのように記述してしまった。しかしこれは不軽品《ふきょうぼん》を承諾したと解すべきことを後藤四郎氏に教示され、先年再版のときに訂正した。

　また『台記』の伝写本は、一部の年次を除いて、過半は近世以降の新写本しかなく、校訂に苦労させられる日記である。その反面、諸本の比較対校によって正確な記文を得たときの喜びはまた格別である。例えば康治二年七月二十一日条に「皇太后大進故業借送礼記正義摺本一部、七十巻、勝得万戸侯（皇太后大進故業礼記《らいき》正義《せいぎ》摺本《すりほん》一部七十巻、を借し送る、万戸侯を得るに勝る）」という一文がある。これは頼長の愛書家ぶりをもの語る記事としてよく引用される記文であるが、「故業」という人名は『尊卑分脈』にも見当らないし、どうも不審である。史料大観本の校訂者も不審に思ったらしく、八条本には「以業」とあることを注している。わたしも書陵部の蔵本で対校したところ、「故業」或は「以業」とする写本の多いなかで、広幡本と桂宮本は「故」の右傍に「殿本書ニ」と注し、柳原本は無理に判読せず、もとの字形を模写している。ところがこの摺本のことは、同年十一月三日条にも見え、そこでは「大宮大進有成」が進上したものとされている。従って「故業」は太皇太后宮大進有成と密接な関係のある人物と推測される。この有成は日野流藤原氏で、文章博士にもなった有成と思われるが、『尊卑分脈』をみると、その男に皇太后宮大進の「政業」がいる。これを念頭においてもう一度諸本を見ると、柳原本の字形は「殿」又は「政」の草体に近く、「故」と読めなくもない。すなわち本来「政」とあるべき字が、転写の間に「故」や「殿」や「以」と判読誤写されたものと思われ、この人名は「政業」が正しいと判断される。しかしこういう人名の誤は前後の文意から判断することが困難であるから、この場合のように正解を得ることは稀である。

なお嘗て内藤湖南博士は、図書寮本『尚書正義』の複製本の解題のなかで、上記の『台記』の記事を引用し、「故業」の故は有の誤で、業と成とは国訓が同じであるから、「故業」と「有成」は同人であろうと説かれている。そしてこれは皇太后大進＝大宮大進という誤解が前提になっているらしいが、大宮が皇太后宮の意味に転じたのは江戸時代以降で、それ以前は太皇太后宮を指すことは、すでに米田雄介氏が指摘されており（『日本歴史』二七八号、「大宮管見」）、

「故業」と「有成」を同一人と考えるのは無理である。

もっともここに取りあげた類の誤写誤読は、われわれもみな犯し易いもので、絶対に誤を犯さないと断言できるひとはいない筈であるから、こうした誤を責める気は毛頭ないが、現にひろく流布している誤写誤読を放置しておくのもよくないと考え、敢えて取りあげた次第である。

古記録と古天文学

公家《くげ》の日記を中心とする古記録の内容を精確に読みとるためには、広範な知識が必要であることは今更いうまでもない。しかしそれに必要な知識をすべて身につけることは殆ど不可能であろうし、とくに文献を扱うことを主眼としているわれわれにとって、馴染みの薄い自然科学の方面は、その道の専門学者の知見に頼らざるを得ない。そのうちでも天文暦法は日記と密接に関係するので、及ばずながらその方面の業績に多少関心を払ってきたが、近年元東京大学東京天文台教授斉藤国治氏が天文学の知識をもって古記録の天文記事の解析を試みられ、これを「古天文学」と名付て、その成果を『科学史研究』その他に発表され、最近は『星の古記録』(岩波新書、一九八二年)なる一書を刊行された。もちろん天文学の素養のまったくない私には、それらの内容をどの程度理解できたかも覚束ないが、そのうちとくに関心を惹いた一、二の点について紹介してみたいと思う。

『日本書紀』以下の古文献における天文記事のうち、とりわけ目につくのはいうまでもなく日食に関する記事であろう。日食は最大の天体異変として古代人の畏怖するところであったし、為政者は政務を廃し、格子《こうし》をおろして身を慎しむ習《ならわし》であったから、その予報は天文暦官の重要な職務でもあった。わが国における日食記録の初見は、『日本書紀』の推古天皇三十六年三月戊申（二日）条の「日蝕《は》え尽きたることあり」という記事である。これは西暦六二八年四月十日に当り、この日皆既食影は日本列島のすぐ沖合を西南から東北にかけて横たわり、飛鳥地方は最大食分〇・九三ほどであったから、「日蝕《は》え尽きたり」といってもよい状況であった。ところがこれに次いで同書舒明天皇八年正月壬辰（一日）条にも「日蝕《は》えたり」と見えるが、この日は西暦六三六年二月十二日に当り、天文計算では地球上どこでも日食がおこっていないことになる。これは書紀編纂上の誤か、暦官の予測の誤によるものかわからないが、以後の文献に見える日食記事にも正否の判断を迷わせるものがかなりある。たとえば『台記』康治二年正月一日条の日食に関する記事などはそのよい例であろう。

それによると、この日早朝蝕あるべしとする暦道と、蝕なしとする算道が旧年来論争していたが、結局晴天にもかかわらず日食も見えないので、元日節会をとり行った。しかしそれでも「当世の才士」といわれた藤原友業《ともなり》・同成佐《なりすけ》は「日出の間、少しく蝕する所を見る」といい、高《たか》階通憲《しなのみちのり》（のちの信西）は「全く蝕せず」と主張したという。これを渡辺敏夫氏の『日本・朝鮮・中国——日食月食宝典』で調べてみると、この日は西暦一一四三年一月十八日に当り、部分食はあったが、日本では見ることができなかった筈であるという。こうして天文計算によりはじめてその正否が確定できるわけであるが、ただ当時の人は、日蝕が正現しなかったのは高僧の行法によるとも考えたらしく、この時祈禱を行った青蓮院座主《しょうれんいんざす》行玄《ぎょうげん》は種々の褒賞にあずかったという記録（『玉葉』）もある。もっともこうした例はほかにもある。寛平九年九月一日、太政官がこの日日蝕あるべしと奏したので諸司は廃務したが、実際には日蝕がおこらなかった。これは律師《りっし》聖宝《しょうぼう》の修法《すほう》の効験によるものであるとして、聖宝に衾《ふすま》（被衣）一条を給わってこれを賞したという（『醍醐天皇御記』その他）。ところがこの日は西暦八九七年九月三十日に当り、部分食がわずかに南極地方をかすめただけで、日本では修法によらなくとも日食はおこらなかったのである。このように古記録の日食記事は、暦道の誤った予測によって書かれたものも少なくないから、事実を知るには、天文計算による検証と対照してみなければならない。

日食・月食にくらべると、われわれ素人には耳なれないが、星食の記事も古文献に見える。そのわが国の文献上の初見は、『日本書紀』舒明天皇十二年二月甲戌（七日）条の「星月に入る」という記事である。これは西暦六四〇年三月四日に当たるが、斉藤国治氏の計算によると、飛鳥地方では、この夜午後八時二十七分〝おうし〟座のアルファ星（固有名アルデバランという一等星）が月の東縁《へり》から潜入し、同九時二十五分に西縁《へり》から再出した現象を指すという。月は天球上を二十七日余をもって一周するので（朔望月に対し恒星月という）、その行路上にある恒星・惑星としばしば接近し(これを犯という)、時にはその星を掩蔽する。これを星食というのである。そして星食は潜入から再出までの継続時間は約一時間で、通過経路が月の外縁に近ければさらに短くなる。これに対し、皆既日食の場合は始めから終りまで約二時間、皆既月食は約四時間を要するから、食のおこった時刻を特定するには、日食・月食よりも星食のほうが適している。斉藤氏はこれに着眼されて、古文献に見える月星接近の記事を天文計算により検討し、わが国の古代・中世の人びとが一日の替り目をどこに置いていたかを実証された。

そもそも中国では、前漢の太初元年(西暦前一〇四)に始まる太初暦以来、暦算上の一日の始点を夜半すなわち子《ね》の正刻としたから、暦法を中国に学んだわが国でも、夜半日始規定をそのまま受け継ぎ、子に始まる十二辰刻の定時法を採用した。しかしそれは暦算上の規定で、少なくとも宮廷社会においては、寅《とら》の一刻を日始の時刻とした。つまり丑《うし》と寅の境を一日の替り目としていたのである。このことはすでに橋本万平氏の『日本の時刻制度』などに多くの史料を挙げて論証されているが、いま平安時代の記録から一、二の例を拾ってみよう。

『小右記』寛仁二年(一〇一八)十二月二十四日条に、「去夜丑時左大将教通《のりみち》の内方《ないほう》(人妻の敬称)男児を産めるの由、大納言の御消息あり」という記事が見え、さらにこの丑の時は、「今朝の消息」にいう丑の時であると説明を加えている。すなわち丑の時は二十四日の朝からいうと「去夜」になるのであり、実際二十三日から数えて七夜に当る二十九日に七夜の産養《うぶやしない》が行われている。誕日を確かめる場合は七夜などの産養から逆算することができる例も少なくないが、次の鳥羽法皇の崩御に関する『兵範記』の記事も、当時の一日の境を知るうえで恰好の例である。同記保元元年（一一五六）七月二日条には、法皇が没後御棺を御塔に納めるべき日時について、生前遺詔して「若し子丑の時に及びて事あらば、次日早旦奉納すべし、件の日おのずから御衰日に当らば、第三日寅一剋に入れ奉るべし」と指示したことが記されている。この記事は、子丑の刻はまだ前夜の延長であること、寅の一刻を一日の初刻としていることをよく物語っている。さらに室町時代末期の例を一つ付け加えると、明応九年（一五〇〇）九月の後土御門天皇崩御の記事がある。すなわち『宗典僧正記』に「九月廿七日ノ暁寅ノ時ヨリ後欤、廿八日御ホウギヨトさたアリ」と見え、崩御の時刻が寅の時より後であるから、二十八日と認定したというのである。

さて再び月星接近記事の検証にもどると、『日本書紀』には上記の舒明紀に次いで、天武天皇十年九月癸丑（十七日）条に「熒惑《けいわく》月に入る」という記事がある。この日は西暦六八一年十一月三日に当るが、斉藤氏の計算によると、飛鳥地方では、十一月四日午前二時ころ熒惑すなわち火星が月の北縁をかすめて通過した現象が観測された筈であるという。つまり書紀当時の暦でいえば、九月十八日丑時におこった天体現象であるが、それを十七日の日付にかけていることは、丑時を前夜の延長としていた証拠である。斉藤氏はこの例を含めて、月星接近記事六十五例を検証し、その結果を次のようにまとめられた。

(1) 食または接近が午前零時より三時の間におきた二十五例のうち、二十四例は前夜の日付をとっている。例外は一例。

(2) 午前三時より六時の間におきた三十五例のうち、三十四例は当日の日付をとっている。例外は一例。

(3) 午前三時をまたいでおきた四例のうち、三例は当日の日付をとっている。例外は一例。

(4) 残る一例は明らかな日付の誤記で、(1)(2)(3)の例外各一例も誤記と思われる。

こうして「古天文学」のうえからも、古代・中世における一日の替り目を検証することができたのであるが、九世紀中頃からほとんど間断なく伝存するわが国の古記録は、「古天文学」のデータの宝庫である。かの有名な神田茂氏編『日本天文史料』も古記録の伝存を重要な柱として生まれたわけであるが、一方、古記録の精確な理解のためには、いよいよ「古天文学」の知見に倚頼しなければならないであろう。

あとがき

このたび旧著『平安貴族社会の研究』の出版以後ほぼ十年間に書きとめた文章の大半をまとめ、『平凡社選書』の一冊に加えさせていただくことになりました。

ここに収載した論稿・小文は、それぞれその時の必要、あるいは関心に応じて書かれたものですから、それをとりまとめて一書に構成するには無理なところもありますが、いちおう三部に組み立ててみました。

まず最初にプロローグとして、平安貴族の日常生活を中心として、その生態を概観した「源氏物語の舞台」を掲げました。首題にそって賜姓源氏のことから入りましたが、主眼は『源氏物語』の記述を手がかりとして、平安貴族の常態を出来るだけ生々と描いてみることにありました。

第一部には、〝平安的なもの〟の出発点となった〝薬子の変〟に対する私見を述べた小論と、平安的な政権ともいうべき摂関政権および院政政権の成立過程とその構造を概観した論稿を収めました。

第二部には、平安時代に生まれ、育った貴族社会の諸制度の若干を取りあげ、その沿革・変遷をたどった小論を並べてみました。その太政大臣・女院・里内裏など、千年にも及ぶ長い歴史をもつ制度は、特定の時代に限定して考察したのではその本質をとらえることが出来ないので、いきおい叙述は江戸時代末までわたりました。

そして第三部には、研究余録ともいうべき小文を集めてみましたが、いままであまり取りあげられなかった問題、あるいは世間に誤解が流布している問題などを取りあつかったつもりです。

以上の論述はもともと相互に何の関係もなく書かれたものですから、まま重複したところもありますが、省略などの手を加えると論旨が通らなくなる懼れがありますので、もとのままにしておきました。ただ引用した漢文史料は原則として書き下し文に改め、時には原典の漢文と書き下し文を併記したところもあります。それは本選書の編集方針に依るものですが、一面では、筆者がどのように史料を読んで立論したかということを明示する点で、学問的にも大いに意味のあることだと思います。

私はもともと高尚な議論を展開する能力も興味もありませんが、書いたものは出来るだけ多くの人に読んでいただき、よりよく理解していただきたいと思っていますので、このたびこういう形で『平凡社選書』の一冊に加えていただいたことを心から喜び、関係者各位に感謝しております。殊に奈良の寓居まで出向かれて本書の出版を勧誘し、索引まで作成して下さった加藤昇氏には、深甚の謝意を表する次第であります。

昭和六十一年七月

正倉院大池池畔の寓居にて

橋本義彦

初出一覧（発表年次順）

源氏物語の舞台　『日本古代史の旅8　平安京――貴族王朝の舞台――』小学館　一九七五年五月
古記録誤写誤読　『日本歴史』339号　吉川弘文館　一九七六年八月
貴族政権の政治構造　『岩波講座日本歴史4　古代4』岩波書店　一九七六年八月
院宮分国と知行国再論　竹内理三博士古稀記念会編『続律令国家と貴族社会』吉川弘文館　一九七八年一月
女院の意義と沿革　井上光貞博士還暦記念会編『古代史論叢　下巻』吉川弘文館　一九七八年九月
〝名字〟雑考　『月刊百科』198号　平凡社　一九七九年三月
女帝と摂政　『日本歴史』395号　吉川弘文館　一九八一年四月
里内裏沿革考　山中裕編『平安時代の歴史と文学　歴史編』吉川弘文館　一九八一年一一月
太政大臣について（「太政大臣沿革考」と改題・収録）『日本歴史』410号　吉川弘文館　一九八二年七月
古記録と古天文学　『日記・記録による日本歴史叢書　月報6』そしえて　一九八三年三月
蔵人五位と五位蔵人　『日本歴史』427号　吉川弘文館　一九八三年一二月
〝薬子の変〟私考　土田直鎮先生還暦記念会編『奈良平安時代史論集　下巻』吉川弘文館　一九八四年九月

解説――貴族政治制度史研究の極致

美川圭

平安時代もなかばになって、中央集権的な律令体制が崩壊していくと、それまでの律令官僚たちはしだいに宮廷貴族に変化をとげる。実際の政治はほとんど地方の国司たちにゆだねたから、実際の政治にはほとんど関わらない。日々女房たちとの色恋、そして和歌の贈答、管絃や遊興、現実離れした形ばかりの儀式に明け暮れる。惰弱《だじやく》きわまる人々も、文学好きにとっては楽しいかもしれないが、歴史好きにとっては、これではいかにも頼りない存在である。この時代の宮廷貴族は、紫式部による『源氏物語』を頂点とする国文学の物語や和歌によって、こうしたイメージを人々に刻みつけてしまったように思える。

同じ頃、草深い農村から地方の現実と闘いながら、歴史上に登場するのが、泥臭くも勇ましい武士たちである。やがて、働く人々に寄生した貴族社会は、平安時代後期には武士によって打倒されていく。それは歴史の必然であり、『源氏物語』に描かれた世界は、いまだ貴族たちがかろうじて力をもっていた、つかのまの夢物語なのであった。

そうした一面的な歴史像に対して、それだけではないよと、異論をなげかけているのが本書である。プロローグは「源氏物語の舞台」となっており、平安貴族社会の基本的知識を、一般読者向けに解説している。しかし、この部分の背景となる学問的レベルはきわめて高く、まったくゆるぎがない。たとえ専門家であっても、自らの貴族社会の知識を再確認、整理するには格好な部分となっている。

そこでは、たとえば「多忙な勤務ぶり」という節がもうけられ、貴族たちの上日《じょうじつ》とよばれる出勤日数や清涼殿殿上間に出勤した月奏《げっそう》という記録から具体的な例が示されている。前者では天暦五年(九五一)を一例として上級貴族で年間百〜二百日、なかには二百六十八日におよび、弁(太政官の事務官)、外記《げき》(太政官の書記官)、史(弁の下僚)らは多く三百日にもなる。また、後者も嘉承元年(一一〇六)正月の月奏で、前年十二月にほとんどの蔵人頭以下殿上人が毎日内裏に詰めきりの精勤ぶりであることが示される。これだけでも、本書が歴史的事実をはっきり示し、しかもそれにもとづく論理はきわめて明晰、形而上的な難解さとは無縁であることがよくわかる。

Iの部には、二つの重要な論考が収載されている。「〝薬子《くすこ》の変〟私考」は平安初期におきた有名な事件をきっかけに、平安京が日本史上長く帝都として定着し、藤原北家が藤原他家をしのいで政界制覇の道を直進したことを明快に描く。なかでも、従来潜在的に天皇と同等の大権を有していた太上天皇の政治的地位が後退したと論じたことは、以後の太上天皇研究に大きな影響を与えた。太上天皇が、中国の太上皇帝型から、「父子の義」を前面に押し出した「院」へと変貌していったという指摘は、その後の研究者によって精緻に論証されていくのである。

次の「貴族政権の政治構造」は一九七六年発刊の『岩波講座日本歴史』に収載されていた論文で、本書の中核であり、白眉ともいえるものであると思う。現在に至るまで、貴族政権の政治制度について包括的に論じた、もっともすぐれた論文であろう。すでに四十年以上前の叙述とはいえ、その基本的な部分の学術的価値が低下することはない。将来にわたっても読み続けられねばならない古典的論文である。

以下に重要な点をいくつか挙げたい。まず、次の点から藤原忠平の執政期が摂関体制の成立期とみなされる。一に、基経のときには混同されていた摂政と関白の別が明確化したこと。二に、忠平の口伝と教命を核として、儀式と故実の作法が確立したこと。三に、天皇家、外戚である摂関、それらとミウチ関係にある親王・賜姓源氏・藤原氏などの貴族連合体制が成立し、それが摂関政治を支えるようになったことである。

また摂関政治の全盛期とされる兼家、道長の執政期の特徴を、次のように整理する。一に、摂政・関白が律令官職を超越した独自最高の地位を確立したこと。二に、摂関と太政大臣が分離し、後者が廟堂の長老や外戚を遇したり、天皇の加冠役をつとめるための名誉官的なものとなったこと。三は、摂関と藤氏長者との一体化である。さらに道長は、准関白としての内覧と公事を執行する執政の臣の地位を兼帯することによって、もっとも強力な摂関政治を展開した。このような怜悧な分析によって、摂関政治を、天皇の外戚が政治を壟断《ろうだん》する非制度的な専制政治としてきた旧説を論破している。

さらに院政成立についても、まず後三条・白河親政の意義から、的確な整理を行っている。一に、記録所が安易な受領擁護策のためではなく、従来国司に委任されていた荘園の存廃を太政官の処分権に収め、その運営を天皇が主導した点。二に、宮廷行事における天皇の主導権確立。三に、内廷経済の充実のための努力。四に、摂関家の法成寺や平等院に対抗する法勝寺の創建に着目する。そして、後三条・白河両天皇の譲位には皇位継承問題が深く関わっていたが、その譲位の時点では、のちに院政とされる執政方式は意図されてはいなかったとする。院政はその後、次のような段階をおって、形成、転換、変質する。

白河院政では、五歳の鳥羽天皇践祚《せんそ》を画期として、上皇の絶対的優位の確立に向かい、それが鳥羽院政に継承された。後白河と後鳥羽の院政は、政治的主導権を武家政権に奪われていくなか、それに対抗する旧勢力の結節点となり、貴族支配層内部での院の権威をいちだんと高めた。承久の乱によって公家政権は決定的打撃をうけたが、その後も、武家政権の監視と保障のもと、社寺を含む公家社会をいちおう支配した。後嵯峨院政では評定衆《ひょうじょうしゅう》と伝奏《でんそう》を柱とする執政体制が確立して、それが親政・院政を問わず継承され、記録所と文殿《ふどの》の役割が増大し、建武政権にも強い影響を与えた。南北朝時代には北朝では再び院政が行われたが、武家政権による国政の一本化が進み、院政の実質はさらに失われた。江戸時代でも院政は行われたが、国政上の実質はもはやなかった。白河・鳥羽と後白河・後鳥羽の質的差異を強調するとともに、後嵯峨院政以降を視野に入れ、従来の白河・鳥羽院政の前期院政、後白河・後鳥羽院政の後期院政という呼称の廃止を主張する。

貴族政治の構造では、政務の実態を朝政・旬政《しゅんせい》・官政・外記政などの「政《まつりごと》」と御前定《ごぜんさだめ》・殿上定・陣定《じんのさだめ》などの「定《さだめ》」に整理し、前者がしだいに形骸化し、実質が後者に移っていくとした。また「定」によって政務全体が運営されたのではなく、議定にかけずに処理する方法もあった。これも官奏の形骸化によって、そのワクからはずれたところに奏事が成立し、上皇の専制のもと近臣（中次）の役割が重くなり、ついに伝奏という院中の重職を生むとされた。これらの見通しは、その後さかんとなる平安・鎌倉期の朝廷政治制度研究の嚆矢《こうし》となった。

貴族社会の再編成についても、蔭位制《おんいせい》によって再生産の仕組みを与えられた貴族階級、その最上層の公卿が太政官の議政官の地位に加え、宮廷行事の運営の中心をになうことによって、単なる職制上の地位から身分的、階級的色彩を強め、平安貴族の中核となる。昇殿制の成立によって、天皇の側近として代替わりごとに殿上人が選定され、公卿の予備軍的な存在となった。

このようにして、天皇との外戚関係を代々結んだ摂関家、及びそれと姻戚関係を構築した宇多源氏、村上源氏らを中心とする宮廷貴族が形成された。そして院政期には、摂関と外戚との分離を前提に、摂家・清華・羽林・名家という家格が形成され、貴族社会の階層的構成の基本となった。

Ⅱの部には、「太政大臣沿革考」「女院の意義と沿革」「里内裏沿革考」「院宮分国と知行国再論」という、制度史として完成度の高い論稿が収載されており、前掲「貴族政権の政治構造」の重要部分を裏付ける各論となっている。

Ⅲは研究余滴的な小文が収められるが、いずれも古記録類に精通した著者の深い学識あってのものばかりで、きわめて味わい深い。

最後に、著者とのささやかな個人的エピソードをひとつ。著者は正倉院事務所長を最後に宮内庁を退官されたあと、しばらく東京駒場の前田育徳会尊経閣文庫に務められていた。その頃、要あって事前に史料の閲覧を申し込んだ。当日伺うと、出勤されていて、わざわざ閲覧室までおでましになり、夕方駒場東大前駅までの帰途、井の頭線沿いの喫茶店でコーヒーをご馳走になり談笑の機会をもうけていただいた。もはやそのときの話の内容はさだかには思い出せない。公家政治史を志した学生時代以来、著者の論文を乗り越えようともがいてきた身としては、まさに天にも昇る心地であった。いくつかの無礼極まる拙文での批判にもかかわらず。駅でお別れするときの温かい笑顔が忘れられない。今回、平凡社による本書の文庫化と解説執筆の申し出は、望外の喜びであった。すでに鬼籍に入られた著者の名著を少しでも多くの読者に読んでいただきたい。私の拙い紹介が、少しでもお役に立てれば、ほんとうに嬉しい。

（みかわ けい／日本中世史）

す

せ

さ

し

人名索引

姓氏家名・称号等はおおむね慣用読みによったが、
実名は音読し、同音は画数順に配列した。

[著者]
橋本義彦（はしもと・よしひこ）
1924年北海道釧路市生まれ。東京大学文学部卒業。宮内庁書陵部編修課長を経て、宮内庁正倉院事務所長。専攻、日本古代史。著書に『貴族の世紀』（講談社）、『藤原頼長』『平安貴族社会の研究』『源通親』『平安の宮廷と貴族』『正倉院の歴史』（以上、吉川弘文館）などがある。
2015年死去。

平凡社ライブラリー 901
平安貴族《へいあんきぞく》

発行日…………2020年5月8日　初版第1刷

著者……………橋本義彦
発行者…………下中美都
発行所…………株式会社平凡社
〒101-0051　東京都千代田区神田神保町3-29
電話　(03)3230-6579［編集］
(03)3230-6573［営業］
振替　00180-0-29639

印刷・製本……藤原印刷株式会社
ＤＴＰ…………大連拓思科技有限公司＋平凡社制作
装幀……………中垣信夫

ISBN978-4-582-76901-2
NDC分類番号210.39　B6変型判（16.0cm）　総ページ312

平凡社ホームページ　https://www.heibonsha.co.jp/